主　　编　曹士兵　中国应用法学研究所所长
副 主 编　关　毅　国家法官学院科研部主任
　　　　　刘　畅　国家法官学院科研部副主任
主编助理　边疆戈　国家法官学院科研部编辑
　　　　　苏　烽　国家法官学院科研部编辑

《中国法院年度案例》编辑人员（按姓氏笔画）
边疆戈　朱建伟　刘　畅　关　毅　苏　烽
杨小利　罗胜华　赵丽敏　袁登明　唐世银
曹士兵　曹海荣　梁　欣　程　瑛　谭　红

本书编审人员　罗胜华

中国法院

2019年度案例

国家法官学院案例开发研究中心◎编

公司纠纷

中国法制出版社
CHINA LEGAL PUBLISHING HOUSE

《中国法院年度案例》通讯编辑名单

序

法律的生命在于实施，而法律实施的核心在于法律的统一适用。《中国法院年度案例》丛书出版的价值追求，即公开精品案例，研究案例所体现的裁判方法和理念，提炼裁判规则，为司法统一贡献力量。

《中国法院年度案例》丛书，是国家法官学院于2012年开始编辑出版的一套大型案例丛书，之后每年年初定期出版，由国家法官学院案例开发研究中心具体承担编辑工作。此前，该中心坚持20余年连续不辍编辑出版了《中国审判案例要览》丛书近90卷，分中文版和英文版在海内外发行，颇有口碑，享有赞誉。现在编辑出版的《中国法院年度案例》丛书，旨在探索编辑案例的新方法、新模式，以弥补当前各种案例书的不足。该丛书2012~2018年已连续出版7套，一直受到读者的广泛好评，并迅速售罄。为更加全面地反映我国司法审判的发展进程，顺应审判实践发展的需要，响应读者需求，2014年度新增3个分册：金融纠纷、行政纠纷、刑事案例，2015年度将刑事案例调整为刑法总则案例、刑法分则案例2册，2016年度新增知识产权纠纷分册，2017年度新增执行案例分册，2018年将刑事案例扩充为4个分册。现国家法官学院案例开发研究中心及时编撰推出《中国法院2019年度案例》系列丛书，共23册。

总的说来，当前市面上的案例丛书百花齐放，既有判决书网，可以查询各地、各类的裁判文书，又有各种专门领域的案例汇编书籍，以及各种案例指导、案例参考等读物，十分活跃，也各具特色。而《中国法院年度案例》丛书则试图把案例书籍变得“好读有用”，故在编辑中坚持以下方法：一是高度提炼案例内容，控制案例篇幅，每个案例基本在3000字以内；二是突出争议焦点，剔除无效信息，尽可能在有限的篇幅内为读者提供有效、有益的信息；三是注重对案件裁判文书的再加工，大多数案例由案件的主审法官撰写“法官后语”，高度提炼、总结案例的指导价值。

同时，《中国法院年度案例》丛书还有以下特色：一是信息量大。国家法官学院案例开发研究中心每年从全国各地法院收集到的上一年度审结的典型案例超过10000件，使该丛书有广泛的选编基础，可提供给读者新近发生的全国各地的代表性案例。二是方便检索。为节约读者选取案例的时间，丛书分卷细化，每卷下还将案例主要根据案由分类编排，每个案例用一句话概括裁判规则、裁判思路或焦点问题作为主标题，让读者一目了然，迅速找到需求目标。

中国法制出版社始终全力支持《中国法院年度案例》的出版，给了作者和编辑们巨大的鼓励。2018年新推出数据库增值服务，2019年继续提供数据库增值服务并充实完善数据内容。购买本书，扫描前勒口二维码，即可在本年度免费查阅使用上一年度案例数据库。我们在此谨表谢忱，并希望通过共同努力，逐步完善，做得更好，真正探索出一条编辑案例书籍、挖掘案例价值的新路，更好地服务于学习、研究法律的读者，服务于社会，服务于国家的法治建设。

本丛书既可作为法官、检察官、律师等司法实务工作人员的办案参考和司法人员培训推荐教程，也是社会大众学法用法的极佳指导，亦是教学科研机构案例研究的精品素材。当然，案例作者和编辑在编写过程中也不能一步到位实现最初的编写愿望，可能会存在各种不足，甚至错误，欢迎读者批评指正，我们愿听取建议，并不断改进。

曹士兵

目　录

Contents

一、股东资格确认纠纷

二、股东出资纠纷

三、股东知情权纠纷

四、公司盈余分配纠纷

五、公司决议纠纷

六、股权转让纠纷

七、损害股东、公司利益责任纠纷

八、股东损害公司债权人利益责任纠纷

九、公司破产、解散和清算

十、与公司有关的纠纷

一、股东资格确认纠纷

1

股东资格的否认之诉

——韩某旭诉北京晨辉房地产开发有限公司股东资格确认案

【案件基本信息】

1. 裁判书字号

北京市西城区人民法院（2016）京0102民初第16008号民事判决书

2. 案由：股东资格确认纠纷

3. 当事人

原告：韩某旭

被告：北京晨辉房地产开发有限公司（以下简称晨辉公司）

第三人：刘某辉

【基本案情】

晨辉公司于2007年3月30日成立，股东共计两位自然人，即刘某辉和韩某旭。刘某辉出资900万元、韩某旭出资100万元，合计注册资本1000万元。出资时间均为2007年3月30日。

通过查询晨辉公司工商档案，韩某旭分别在公司章程、2007年3月27日编号为032703的《委托书》、出资时华夏银行出具的储蓄取款凭条上签字。因韩某旭对上述签字真实性不予确认，经法定程序委托北京京安拓普文书司法鉴定中心进行鉴定，后证实上述签字确非韩某旭本人所签署。

因2007年3月27日编号为032703的《委托书》中，“韩某旭”及刘某辉作为委托人委托全程登记注册代理（北京）事务所办理企业登记注册手续。2016年8月26日，全程登记注册代理（北京）事务所出具《证明》，内容为：“2007年3月底，刘某辉委托我事务所代办北京晨辉房地产开发有限公司企业设立相关事宜。刘某辉向我们提供了办理企业注册登记、领取营业执照需要的相关材料。我们事务所委派员工张雅莉代为办理企业设立登记工商相关手续，并陪同该公司法定代表人刘某辉领取了营业执照。在此事办理过程中，我们事务所办事人员始终没有见过韩某旭本人，也不认识韩某旭。”

【案件焦点】

1. 股东资格否定之诉能否适用《最高人民法院关于适用〈中华人民共和国公司法〉若干问题的规定（三）》第二十一条之规定；2. 否认股东资格的裁判条件。

【法院裁判要旨】

北京市西城区人民法院经审理认为：股东资格是指通过依法向公司出资或者认缴出资或经受让，抑或以其他形式继受公司股权从而成为公司股东，同时参与公司经营并依法享有获取红利等股东权利，且上述出资不违反法律法规强制性规定。本案中，韩某旭虽被登记为晨辉公司股东，但根据查明的事实，韩某旭从未实际出资，银行缴款均系他人代为；从章程签名及委托书签名系伪造的事实来看，韩某旭亦未参与晨辉公司的实际运营，其本人更是对晨辉公司毫不知晓，韩某旭不符合公司股东资格要求。

北京市西城区人民法院依照《中华人民共和国公司法》第二十八条第一款、《最高人民法院关于适用〈中华人民共和国公司法〉若干问题的规定（三）》第二十三条、《中华人民共和国民事诉讼法》第一百四十四条之规定，判决：

确认原告韩某旭并非被告晨辉公司股东。

【法官后语】

在司法实践中，股东资格否认之诉为数不多。本案中目标公司已被强制解散，韩某旭是在该公司债权人以股东损害公司债权人利益之诉的强制执行过程中知悉自己被冒名成了目标公司的股东。如不通知目标公司其他股东参加诉讼，韩某旭的股东身份只能通过其提交的单方证据予以确认。如判决韩某旭胜诉，而在该案中公司另一股东，即刘某辉提出反证，则本案的裁判结果将会受到挑战。

因韩某旭并非股东，其工商部门的股东登记亦应予以撤销，其出资亦应退回，而退回的出资势必会分摊到其他股东身上，作为有限责任公司，股份的占比直接影响责任的分担，韩某旭股东资格的否认必然会加重公司其他股东的清算责任，进而也会影响债权人其债权的有效实现。退一步说，即便公司是正常运营的，原告韩某旭诉请其不是被告晨辉公司的股东，一旦法院支持了韩某旭的诉讼请求，其名下的出资及股权登记撤销、股权对应出资退回后，根据有限责任公司人合性和资合性，也会对公司的经营管理产生实质影响。

综上，不论是消极的股东资格确认之诉还是积极的股东资格确认之诉，不论当事人是否申请，法院都应依职权追加目标公司其他股东为无独立请求权第三人参加诉讼。

编写人：北京市西城区人民法院　赵琳

2

仅凭出资事实不能认定取得了股东资格

——李某诉天全县二郎山水泥有限责任公司股东资格确认案

【案件基本信息】

1. 裁判书字号

四川省雅安市中级人民法院（2016）川 18 民终第 1092 号民事判决书

2. 案由：股东资格确认纠纷

3. 当事人

原告（上诉人）：李某

被告（被上诉人）：天全县二郎山水泥有限责任公司（以下简称二郎山公司）

第三人（被上诉人）：李某武等 17 人

【基本案情】

被告二郎山公司系2001年11月7日按国家政策企业改制而成立。2001年10月5日，天全县国有资产经营有限公司与17名股东签署《天全县二郎山水泥有限责任公司章程》。2001年10月13日，被告公司召开了首届股东代表大会，前述18名股东参加会议。成立时注册资本为775.8万元，股东为18人，其中，天全县国有资产经营有限公司以原天全县二郎山水泥厂国有净资产的部分产权作价356.8万元出资，占注册资本的46%；李某武等17人投入资本419万元，用于购买经天财发〔2001〕79号文件确认的原天全县二郎山水泥厂国有净资产剩余产权，占注册资本的54%。后来，按照天全县人民政府相关文件规定，将天全县国有资产经营有限公司出资中的330万元用于对原公司班子成员的期股激励。具体由原公司5名班子成员出资74万元，认购期股330万元。被告公司股东也变更为李某武等17人。现被告公司工商登记具体情况为：1. 法定代表人高志明。2. 公司类型有限责任公司。3. 注册资本775.8万元。4. 成立日期为2001年11月7日，登记核准日期为2014年5月23日。5. 股东17人即本案第三人，出资共计775.8万元。

其间原告李某向被告公司出资人民币20万元，被告公司于2003年3月5日向原告出具了编号为108号股权证，载明：1. 持股人李某；2. 编号108号；3. 实际出资股本额20万元；4. 单位名称天全县二郎山水泥有限责任公司；5. 公司董事长高某伦。被告公司在经营期间从2004年1月9日起至2010年2月4日止总共向原告分红7次。原告自认分红金额约20万元。但原告姓名并未记载于被告公司章程及股东名册。原告亦未参加被告公司的首届股东大会。2010年，被告公司停产。原告李某认为其向被告公司出资，公司出具股权证并参与公司分红能够确认李某的股东资格，而被告不认可原告的股东资格，并提出原告的诉讼请求超过法定诉讼时效，应当予以驳回，可以将被告视为公司的隐名股东，其出资20万元可参照被告公司停业时对其他股东的处理方式，按1:1的比例退回现金20万元。

【案件焦点】

李某向二郎山公司出资20万元并取得股权证是否能证明李某取得了公司的股东资格。

【法院裁判要旨】

四川省雅安市天全县人民法院经审理认为：原告李某实际向被告公司出资 20 万元并取得被告公司出具的股权证是事实。本案中原告不能仅凭出资的事实及股权证认定其具有被告公司在公司法意义上的股东资格。其一，结合被告公司成立背景（系 2001 年按政策改制设立，按当时改制文件规定，被告公司股份应由原天全县二郎山水泥厂内部职工出资购买并持有）；其二，公司的股东协议书、公司章程、股东名册等形式要件中，均没有原告李某的名字，原告也没有证据证明其参与股东协议、公司章程的商议以及被告公司的经营管理；其三，被告公司的验资报告中无法认定李某的出资成为被告公司的注册资本，原告李某也无充分证据证明其出资就是被告公司章程所规定的股东出资。对于原告诉称是实际出资人，是被告公司的“隐名股东”，因为有限责任公司的人合性特点，隐名变成显名涉及公司其他股东的权益，包括公司其他股东股份比例等问题，必须取得其他股东过半数同意。从公司稳定和股东权益等方面进行价值考量，对原告的诉讼请求依法不予支持。原、被告基于出资形成的债权债务可另行主张。原告提起的确认之诉属于形成权，该请求不应受诉讼时效制度的约束，故对被告公司提出原告李某起诉超过诉讼时效的答辩意见不予采纳。

四川省雅安市天全县人民法院依照《中华人民共和国公司法》第二十六条第一款、第二十八条第一款，《最高人民法院关于适用〈中华人民共和国公司法〉若干问题的规定（三）》第二十二条、第二十三条、第二十五条第三款，《中华人民共和国民事诉讼法》第六十四条、第一百四十二条之规定，判决：

驳回原告李某的诉讼请求。

李某持原审起诉意见提起上诉，并向二审法院提交二郎山公司第三次股东会议的《会议记录》复印件。四川省雅安市中级人民法院经审理认为：二郎山公司第三次股东会议的《会议记录》复印件只能证明李某出资 20 万元的事实，并不能据此认定其享有公司法意义上的股东资格。股东取得完整的股东资格和股东权利，必须符合实质要件和形式要件。实质要件是出资，形式要件是对股东出资的记载和证明，即公司章程记载、股东名册记载和工商部门登记。在实质要件上，根据本案相关证据，虽然可以认定李某实际向二郎山公司出资 20 万元，但无法认定其出资是按照《中华人民共和国公司法》第二十八条第一款的规定，在二郎山公司的验资报告中也无法认定李某的出资系公司章程所规定的股东出资。在形式要件上，公司章程、股东名册、工商登记部门均无记载李某姓名。李某仅凭二郎山公司出具的股权证，不足以认定其股东资格。对于原告李某系隐名股东的说法，只能证明李某向二郎山公司出资的事实，李某未能证明其对应的代持股股东姓名、代持股份等信息，其诉求将涉及公司其他股东股份比例，可能损害其他股东合法权益，影响有限责任公司的人合性。同时按照《最高人民法院关于适用〈中华人民共和国公司法〉若干问题的规定（三）》的规定，实际出资人请求公司变更股东、签发出资证明书、记载于股东名册、记载于公司章程并办理公司登记机关登记的，要经公司其他股东半数以上同意。在尊重公司意思自治的情况下，李某现未经二郎山公司其他股东半数以上同意。不予支持其上诉请求。

四川省雅安市中级人民法院判决：驳回上诉，维持原判。

【法官后语】

本案处理重点在于对股东资格取得的认定。股东资格不仅是一种身份权，股东对应着股权，是对公司股权的所有，也是一种财产权，股东是要参与公司经营决策的，不只是单纯挂一个名号，是要履行股东义务的，而不是坐等分红，其他不管。由于有限责任公司兼具资合和人合的特性，在尊重公司意思自治和保障股东权益的考量下，公司法意义上的股东资格的取得需要兼具形式和实质的要件。实质要件就是出资要符合《中华人民共和国公司法》第二十八条第一款的规定，成为公司章程所规定的股东出资。形式要件就是记载于公司章程、股东名册、工商登记部门，以公示的方式公之于众。只有两者兼备，才能认定其具有公司法意义上的股东资格。

本案的发生涉及国有企业改制。企业在改制过程中，吸纳了不少社会资本，尤其是代持股的现象很多，出现了许多“隐名股东”，这背离了企业改制的初衷。随着近年来公司的规范运作，对公司股东的要求日趋规范完善。本案的判决，明确了股东资格的取得、股东与公司之间的权利义务，维护了公司的自治稳定和社会的公平正义。

本案判决也只是驳回了原告的确认之诉，保留了其另行主张权利的诉权，同时也没有损害公司的稳定和其他股东的利益。

编写人：四川省雅安市天全县人民法院　韩鹏

3

未履行出资义务并不丧失股东资格

——厦门华龙兴业房地产开发有限公司、陈某辉诉叶某源股东资格确认案

【案件基本信息】

1. 裁判书字号

福建省厦门市中级人民法院（2017）闽02民终第4384号民事判决书

2. 案由：股东资格确认纠纷

3. 当事人

原告（上诉人）：厦门华龙兴业房地产开发有限公司（以下简称华龙兴业公司）、陈某辉

被告（被上诉人）：叶某源

【基本案情】

华龙兴业公司于1999年10月12日成立，注册资本8000000元。叶某源、陈某辉为华龙兴业公司的股东，叶某源持股52%，陈某辉持股48%。2010年8月4日，华龙兴业公司因不按照规定接受年度检验被工商部门吊销营业执照，现华龙兴业公司已进入清算程序。清算组成员为陈某辉、陈某祝、陈某恭。2014年5月26日，华龙兴业公司召开股东会会议，并形成决议，解除叶某源在华龙兴业公司的股东资格。华龙兴业公司、陈某辉与叶某源就该股东会决议的效力产生争议，于2014年6月23日诉至厦门市湖里区人民法院。厦门市湖里区人民法院就该案作出（2014）湖民初字第2748号民事判决，判决前述股东会决议合法有效，解除叶某源在华龙兴业公司的股东资格。叶某源不服一审判决提出上诉。厦门市中级人民法院就该案作出（2015）厦民终字第3441号民事判决，判决驳回叶某源的上诉，维持原判。华龙兴业公司已就该案向厦门市湖里区人民法院申请强制执行。厦门市市场监督管

理局于2016年8月31日向华龙兴业公司出具《受理通知书》。叶某源以华龙兴业公司的名义诉厦门中禾建设有限公司（以下简称中禾公司）不当得利纠纷一案，福建省高级人民法院于2014年8月13日作出（2014）闽民终字第629号民事判决，中禾公司应向华龙兴业公司返还不当得利8672812.39元及利息。叶某源就该案已向厦门市中级人民法院申请强制执行。华龙兴业公司以同中禾公司自行达成和解为由向厦门市中级人民法院申请终结执行。为此，叶某源向厦门市中级人民法院提出异议，厦门市中级人法院于2016年9月19日以"作为提起该不当得利股东代位诉讼原告的叶某源，对申请强制执行该不当得利的权利并不会随解除股东资格而自然丧失。即华龙公司虽为本案不当得利的权利承受人，但其对该不当得利的处分，仍应受叶某源上述权利的限制"为由，作出（2016）闽02执异25号执行裁定，继续执行福建省高级人民法院（2014）闽民终字第629号民事判决书。华龙兴业公司、陈某辉遂起诉至法院，请求判令：确认叶某源自始（1999年10月12日）不享有华龙兴业公司的股东资格和股东权利及利益。

【案件焦点】

叶某源股东资格丧失的时间起点。

【法院裁判要旨】

福建省厦门市湖里区人民法院经审理认为：出资义务是股东的最基本的法定义务，也是股东之间及股东和公司之间的约定义务。股东未尽出资义务时，公司可以通过公司章程的规定或者股东会决议限制股东权利。根据《中华人民共和国公司法》第四条的规定"公司股东依法享有资产收益、参与重大决策和选择管理者等权利"。资产收益即自益权，是股东出资的目的，因此出资与获利之间是原因和结果的关系。公司股东因未履行出资义务，其自益权当受到限制。参与重大决策即共益权，是公司股东参与公司重大事务与管理的权利，如表决权、召集权、知情权等，原则上不应受限制。公司股东未履行出资义务，公司通过股东会决议的方式，解除未履行出资义务股东的股东资格即为共益权的体现。叶某源自华龙兴业公司1999年10月12日成立时起即为公司股东，其参与的公司重大事务决策和管理所形成的决议等，不能因之后其股东资格被依法解除而失去效力。《最高人民法院关于适用〈中华人民共和国公司法〉若干问题的规定（三）》第十三条第一款规定"股东未履行或者未全面履行出资义务，公司或者其他股东请求其向公司依法全面履行出资义务的，人民法院应予支持”，说明股东未履行出资义务时，法律允许公司向股东催缴，股东可以补缴，并不是当然地丧失股东资格。因此，公司股东资格应自公司形成解除决议之后而丧失。华龙兴业公司、陈某辉请求确认叶某源的股东资格被解除后自始丧失的诉讼请求，没有法律依据。另外，双方当事人于2014年6月23日提起的是公司决议诉讼，主要是确认公司决议的效力问题，本案华龙兴业公司、陈某辉诉请确认的是叶某源股东资格丧失的时间起点问题，诉讼请求并不重复，叶某源的抗辩理由不能成立，不予采纳。

福建省厦门市湖里区人民法院依照《中华人民共和国民事诉讼法》第六十四条第一款规定，判决如下：

驳回厦门华龙兴业房地产开发有限公司、陈某辉的诉讼请求。

宣判后，华龙兴业公司、陈某辉提出上诉，要求撤销原审判决，支持其诉讼请求，确认叶某源自1999年10月12日华龙兴业公司成立开始就不享有股东资格及股东权益。福建省厦门市中级人民法院审理认为，一审判决认定事实清楚，审判结论正确，应予维持。

福建省厦门市中级人民法院判决：驳回上诉，维持原判。

【法官后语】

股东有向公司缴纳出资的义务，但股东的瑕疵出资并不当然否定公司的股东资格。在股东未履行出资义务时，出资股东可要求未出资股东承担相应的违约责任。如果否认其股东资格，也就丧失了要求未出资股东补足出资的根据。

根据《中华人民共和国公司法》的有关规定，，公司股东资格的丧失需经过法定的事由，履行严格的程序。股东的权利义务不因股东的单方意思表示或任意性行为免除。股东的权利包括自益权和共益权。自益权以履行出资义务为前提，共益权则原则上不受限制。公司股东未履行出资义务的，原则上其仍享有参与公司重大事务决策等管理的权利。

本案中，叶某源未履行出资义务，华龙兴业公司的出资股东有权要求其承担违约责任，其时叶某源并未丧失股东资格。其股东资格应在经过公司形成解除决议的法定程序后丧失。

编写人：福建省厦门市湖里区人民法院　王友平　谢逸萱

4

隐名股东的消极确认之诉

——益阳市高亿新型建筑材料有限公司诉邹某辉股东资格确认案

【案件基本信息】

1. 裁判书字号

湖南省沅江市人民法院（2016）湘0981民初第617号民事判决书

2. 案由：股东资格确认纠纷

3. 当事人

原告（上诉人）：益阳市高亿新型建筑材料有限公司（以下简称高亿公司）

被告（被上诉人）：邹某辉

【基本案情】

高亿公司成立于2015年11月10日，工商注册资料显示的各股东名单、认缴出资、持股比例情况为：邓某夫认缴出资99万元，持股比例16.5%；徐某安认缴出资120万元，持股比例20%；何某认缴出资60万元，持股比例10%；张某认缴出资69万元，持股比例11.5%；贺某峰认缴出资252万元，持股比例42%。邹某辉系益阳市资阳区人，在高亿公司成立之前，曾参与公司前期筹备工作。后因没有被记录入工商注册登记的股东名册，于2016年开始向高亿公司和其他股东主张自己也应享有公司股份，也是公司的股东，并享有股东的权利。在前述主张遭到公司及其他股东的拒绝后，曾采取堵路、封门等手段阻挠破坏公司的经营活动，双方就此形成纠纷。

邹某辉作为实际出资人于2014年4月1日成立了双辉公司，双辉公司经营过程中，因邹某辉取得并交由双辉公司使用的土地不符合环保规定和涉嫌侵占农用地，被有关行政部门和司法部门调查处理，邹某辉为规避查处，离开双辉公司。邹某辉为发挥双辉公司投入财产的效益，采取了出让部分双辉公司财产，由他人另行发起成立了高亿公司，双辉公司的土地、建筑物、设备等现已成为高亿公司的财产，双辉公司事实上停止了经营活动。双辉公司的股东张某由邹某辉安排以其原对双辉公司的出资作为对高亿公司的出资，成为高亿公司的创立股东，邹某辉的股权则以隐名形式存在。2016年4月26日，邹某辉参加了关于讨论部分股东转让股权给蔡某良、颜某宇的股东会议，并在会议决议上签字。高亿公司股东会议记录还显示，公司法人兼执行董事徐某安、总经理严某蛟、监事蔡某良确立的公司制度第一项为："公司所有股东含隐形股东在外洽谈的所有业务必须无条件纳入公司经营、生产、计算，一经发现有违此规定必须重罚，并取消其在公司的股东身份。"2016年6月13日，为处理高亿公司隐名股东间的股权比例问题，邹某辉、严某蛟、欧阳某平三人共同签署股权确认书，确认三人各在高亿公司占有股权10.5%，高亿公司法定代表人徐某安和监事蔡某良以见证人身份在股权确认书上签名。

【案件焦点】

隐名股东的资格确认问题及消极确认之诉的举证责任分配。

【法院裁判要旨】

湖南省沅江市人民法院经审理认为：高亿公司提起诉讼的实质是判决邹某辉不是公司的股东，高亿公司与邹某辉之间不具备公司与股东间的关系。对高亿公司而言，因消极确认之诉的举证责任受困于"只能证明有，而不能证明无"，故其主张邹某辉没有认缴或实际出资，未成为高亿公司股东，其提供证据证明没有存在的事实有现实困难，因此，其行为意义上的举证责任因其客观上无法提供证据证明而视为完成。但是，这并不当然代表其结果意义上的举证责任亦已完成，而需要反观邹某辉是否有证据证明高亿公司关于公司与其股东关系不存在的事实主张不成立。邹某辉不需要当然承担股东资格地位确实存在的举证责任，而是通过邹某辉的抗辩和证明来判断高亿公司主张的事实是否肯定成立。如果邹某辉没有提供任何股东资格关系存在可能性方面的证据，则高亿公司所主张的关于双方不存在公司与股东关系的事实即可确认。但是，如果邹某辉提供了足以令人怀疑高亿公司关于双方不存在公司与股东关系主张的有关证据，即使并不能够充分证明双方间公司与股东关系的存在，只要造成高亿公司举证未达到证明标准以致事实真伪不明时，根据举证责任的分配原则，高亿公司即应当承担败诉的法律后果。就本案高亿公司举证情况看，高亿公司提供公司的工商注册文件，以其记载股东内容的文件中没有邹某辉的名字为凭，否定了邹某辉的股东资格。该份证据仅证明了邹某辉不是公司显名股东，而邹某辉举证则证明高亿公司赖以存在的土地、建筑物及部分设备来源于邹某辉的投资形成，邹某辉仅是出于不想自己涉及的其他纠纷影响到高亿公司的经营，而采取由他人代持股份，自己隐名参与的形式来实质参与高亿公司的经营活动。邹某辉的举证证明事实，动摇了高亿公司诉请事实成立的可靠性，而双方举证责任承担的程度，使该案诉讼请求已无法进一步加以审理。就保护高亿公司实体权利的急迫性和必要性而言，并不必须由法院在本案中直接判决确认邹某辉不是高亿公司股东。此外，由于本案中邹某辉无权提起确认其具有股东地位的独立诉讼请求，本院也无权直接审查，但邹某辉却可以就确认股东资格真实存在问题另行提起诉讼，如果其进一步完成举证责任，并符合公司法规定的相关条件，其从隐名股东转为显名股东并非完全不可能，故为避免司法裁判可能发生的前后冲突，本案应以高亿公司举证不足为由予以驳回。

湖南省沅江市人民法院依照《中华人民共和国民事诉讼法》第六十四条第一款、《最高人民法院关于适用〈中华人民共和国民事诉讼法〉的解释》第九十条之规定，作出如下判决：

驳回原告益阳市高亿新型建筑材料有限公司的诉讼请求。

高亿公司坚持一审起诉意见提起上诉。湖南省益阳市中级人民法院经审理认为：公司法对有限责任公司股东已有明确界定，不符合公司法关于股东资格规定的自然人或法人，当然不具备股东资格，自然不享有股东权利，无须履行股东义务。此乃我国法律关于显名股东的相关规定。本案中，邹某辉不是高亿公司在公司登记机关登记的股东是不争的事实。同时，我国法律对实际出资人（隐名股东）的认定亦有相关界定。邹某辉是否系高亿公司的实际出资人不属于本案审理的范围。因此，邹某辉如无有效的法律文书或相关法律事实证明其为高亿公司股东，则高亿公司在不承认邹某辉股东地位的情况下，完全可以在公司经营活动中不赋予其权利义务，不以股东视之。邹某辉如有异议，可另行提起相关诉讼，而无须高亿公司作为原告起诉请求确认邹某辉不具有股东资格。故高亿公司的诉讼请求于法无据，不能支持。

湖南省益阳市中级人民法院依照《中华人民共和国民事诉讼法》第一百七十条第一款第（一）项之规定，判决如下：

驳回上诉，维持原判。

【法官后语】

本案的处理重点在于消极确认之诉的举证责任分配。消极确认之诉即原告起诉要求法院确认其主张的法律关系不成立的诉讼。如不考虑消极确认之诉的特殊性，很可能引发滥诉。

在本案中，高亿公司起诉请求法院确认邹某辉不具有高亿公司股东身份、不持有高亿公司股权，该诉系消极的确认之诉。邹某辉并非按照公司法的规定记载于股东内容文件的显名股东，但已举证证明出于自身原因，以隐名方式将土地、建筑物、设备等作为出资参与高亿公司经营。邹某辉举证证明的事实以致原告主张事实真伪不明。一审法院将本案举证责任划分为行为上的举证责任和结果上的举证责任，原告虽因“消极事实不举证”而完成了行为上的举证责任，但仍应承担结果上的举证责任，即当事实真伪不明、无法判断时，即使被告提供的证据的证明力并不足以证明涉案法律关系确实存在，但只要使双方主张的事实陷入真伪不明的状况，此证明就已经达到了民事诉讼“高度盖然性”的证明标准，原告应当承担败诉的法律后果。同时也是法院根据公平原则和诚实信用原则，综合当事人举证能力等因素确定举证责任的承担的结果。

在实践中，确认隐名股东身份的举证责任依法应在于隐名股东自身，怠于行使权利造成的不利影响依法也应归责于隐名股东。如公司在经营中不以股东视之，隐名股东完全可以完成举证责任，请求隐名股东“显名化”以获得“投资利益”。

编写人：湖南省沅江市人民法院　刘驰

5

隐名股东之资格确认

——黄某银诉北京乔纳柏森服饰有限公司股东资格确认案

【案件基本信息】

1. 裁判书字号

北京市第二中级人民法院（2017）京02民终第8190号民事判决书

2. 案由：股东资格确认纠纷

3. 当事人

原告（上诉人）：黄某银

被告（被上诉人）：北京乔纳柏森服饰有限公司（以下简称乔纳公司）

【基本案情】

黄某银系黄某金之弟。2009年4月25日，黄某金、黄某银、邹某销签订关于在北京开发CC&DD服装市场的“合作协议书”，协议中约定原告拥有35%的股份，黄某金拥有35%的股份，邹某销拥有30%的股份。同年，黄某银之妻王某珍向黄某金汇款120万元，汇款凭证上所注用途为“货款”。

2011年10月28日，黄某金与邹某销登记成立了乔纳公司，股东为黄某金和邹某销，其中黄某金出资7万元，邹某销出资3万元。公司经营范围为：销售服装、鞋帽、皮具、电子产品等。

2012年9月，黄某金因病死亡。

2013年1月8日，乔纳公司股东由黄某金、邹某销变更为全某和邹某销。其中全某出资7万元，邹某销出资3万元。但在企业变更（改制）登记（备案）申请书、乔纳公司第三届第三次股东会决议以及黄某金与全某的出资转让协议书上均出现了已逝者黄某金的签名。2016年3月4日，全某与熊某秀签订转让协议，约定：全某将乔纳公司中的股权7万元转让给熊某秀。乔纳公司办理了工商变更登记，公司章程显示熊某秀出资7万元、邹某销出资3万元，同时乔纳公司法定代表人变更为熊某秀。

黄某银认可其并未参与乔纳公司的经营管理。

【案件焦点】

黄某银和黄某金之间是否存在股权代持关系。

【法院裁判要旨】

北京市丰台区人民法院经审理认为：原告黄某银以其与乔纳公司前股东黄某金之间存在股权代持协议为由要求确认其享有乔纳公司35%的股权，在乔纳公司股东先后由黄某金变更为全某而后又变更为熊某秀的情况下，除涉及黄某银与黄某金内部的股权代持关系外，亦涉及乔纳公司以及其他股东是否同意黄某银享有股权的外部关系。从内部关系上看，黄某银主张存在股权代持关系即应承担相应举证责任。本案中，黄某银的举证情况不能证明其与黄某金之间存在股权代持关系，理由如下：第一，黄某银无证据证明其与黄某金之间签订过书面股权代持协议，亦无证据证明黄某金有书面遗嘱确认双方之间存在股权代持关系。第二，从《合作协议书》与乔纳公司成立的关联性上看，合作协议书签订于2009年4月，黄某金、黄某银、邹某销三方约定在北京开发CC&DD服装市场，但未提及成立乔纳公司。时隔两年半有余，乔纳公司方才成立，工商登记的股东仅为黄某金和邹某销，经营范围中除服装外还有其他诸多事项，故不足以确定《合作协议书》系黄某金、黄某银、邹某销三方设立乔纳公司的意思表示。第三，虽然黄某银之妻王某珍曾于2009年向黄某金汇款120万元，但汇款凭证上所注用途为“货款”，乔纳公司注册资本仅为10万元（其中黄某金出资7万元），黄某银未能证明上述汇款系实际出资，且黄某银亦认可其从未参与乔纳公司的经营管理，故无证据表明黄某银在乔纳公司行使过股东权利、履行过股东义务。第四，关于黄某银提交的2015年7月6日制作的《股东转让协议》。该协议书中虽然写明“黄某银作为隐名股东将35%的股份登记在哥哥黄某金的名下，黄某金在工商局注册的70%的股份，其中35%的股份系黄某银所有”，但须注意的是，该协议系黄某金去世后邹某销及邹某霞的表述，而并非股权代持合同关系中相对一方黄某金的认可；且该协议中表述为“邹某霞将乔纳公司35%的股份以130万元转让给邹某销”，但该协议出具时乔纳公司的股东为全某和邹某销，邹某霞并非乔纳公司登记的股东，并不一定享有乔纳公司35%的股权，故该协议的商定不排除有其他因素的综合商定，难以产生确认股权的效力。

从外部关系上看，有限责任公司具有人合性，实际出资人要被确认为股东，需要经过公司其他股东认可，以保护有限责任公司的人合性不被其破坏。《最高人民法院关于适用〈中华人民共和国公司法〉若干问题的规定（三）》（以下简称《公司法司法解释（三）》）第二十四条第三款规定：实际出资人未经公司其他股东半数以上同意，请求公司变更股东、签发出资证明书、记载于股东名册、记载于公司章程并办理公司登记机关登记的，人民法院不予支持。本案中，乔纳公司的现任股东为熊某秀和邹某销。熊某秀系通过受让工商登记股东全某的股权而成为乔纳公司股东，工商登记是对股权情况的公示，与公司交易的善意第三人有权信赖依据工商机关登记的股权情况作出判断，黄某银未能提供证据证明熊某秀非善意，故熊某秀的信赖利益受到法律保护。即使黄某银与黄某金存在股权代持关系，在熊某秀和邹某销均不同意黄某银享有35%股权的情况下，黄某银的主张，人民法院不予支持。

北京市丰台区人民法院依照《最高人民法院关于适用〈中华人民共和国公司法〉若干问题的规定（三）》第二十四条第三款、《中华人民共和国民事诉讼法》第六十四条第一款规定，判决：

驳回原告黄某银的全部诉讼请求。

黄某银不服一审判决，提出上诉。北京市第二中级人民法院经审理认为：黄某银提供的《股东转让协议》、汇款凭证、证人证言等证据不足以证明其与黄某金之间存在股权代持关系，黄某银对乔纳公司具有投资行为，是乔纳公司隐名股东的事实，黄某银亦认可其未参与乔纳公司的经营管理，从乔纳公司的工商登记情况亦无法认定黄某银的股东身份及持股比例。

北京市第二中级人民法院依照《中华人民共和国民事诉讼法》第一百七十条第一款第（一）项规定，判决：

驳回上诉，维持原判。

【法官后语】

司法实践中处理股东资格的认定问题通常遵循“双重标准，内外有别”的原则。在隐名股东和显名股东之间，隐名股东与显名股东签订股权代持协议，就权利义务的分配所达成的契约与一般民法或普通法所规定的契约并没有本质区别，一般民法或普通法上的契约理论完全适用于这种股东间的协议，只要该契约建立在双方合意和善意的基础上，就会对契约当事人产生约束力，在这种情况下，应当依据当事人双方的真实意思表示认定二者之间的法律关系，如债权债务关系、赠与关系或者行纪、信托关系等，但是该契约关系只能约束合同的相对方，不能据此对抗第三人。在隐名股东与其他股东或公司之间，当隐名股东与其他股东或公司之间发生权益纠纷，其他股东对隐名股东的股东资格的存在知情的，可以确认实际出资的隐名股东的股东资格，从而保护其应具有的实际的股东权益；如果隐名股东仅仅有出资，但是根本不尽股东义务也不享有股东权利，其他股东对隐名股东的股东资格的存在是不知情的，这是名为隐名股东，实际上却仅仅是投资借款人的身份，在这种情况下，显名股东应当具有股东资格，而与此相对的隐名股东在公司内不应该具有股东资格。

在处理公司内部法律关系时，应当遵循契约自由、意思自治的原则，着重进行实质性审查，对代持股协议书、是否实际出资、是否实际参与公司管理等都应进行重点审查；在处理公司外部法律关系时，为了维护交易秩序和保护善意第三人的利益，应当遵循公示主义原则，着重审查工商登记、公司章程、股东名册的内容及第三人是否善意。

编写人：北京市丰台区人民法院　吕慧敏　夏玉婷

二、股东出资纠纷

6

非典型抽逃出资行为的认定

——黑龙江新凯华机电设备安装工程有限公司诉哈尔滨天悦节能环保科技发展有限公司股东出资案

【案件基本信息】

1. 裁判书字号

黑龙江省高级人民法院（2017）黑民终第54号民事判决书

2. 案由：股东出资纠纷

3. 当事人

原告（上诉人）：黑龙江新凯华机电设备安装工程有限公司（以下简称新凯华公司）

被告（被上诉人）：哈尔滨天悦节能环保科技发展有限公司（以下简称天悦公司）

第三人（上诉人）：吉林长岭鸿聚通能源有限公司（以下简称鸿聚通公司）

【基本案情】

新凯华公司主张其没有向鸿聚通公司借款，收取案涉款项是配合鸿聚通公司和天悦公司抽回资金。因鸿聚通公司直接将4500万元转给天悦公司抽逃资金的情形明显，所以鸿聚通公司股东会决议借款给新凯华公司。天悦公司主张郭某青通过新凯华公司向其转款4500万元，用于偿还个人债务，其系代郭某青的债权人孟某、冯某辉收款，郭某青同时代吴某祥向天悦公司支付1800万元股权转让款。天悦公司并未向新凯华公司借款。鸿聚通公司股东吴某祥到庭陈述，郭某青告诉其天悦公司要借款4500万元，鸿聚通公司2014年1月8日的股东会是研究天悦公司借款，款项从鸿聚通公司走不行，通过新凯华公司转借。新凯华公司认为天悦公司应偿还其借款，故请求法院判令天悦公司偿还其人民币4500万元。鸿聚通公司认为天悦公司在股权增加后通过变通的方式，将注册资金抽逃，损害了鸿聚通公司利益，故请求法院判令新凯华公司与天悦公司诉争的4500万元返还给鸿聚通公司。

【案件焦点】

1. 民间借贷法律关系的成立条件；2. 非典型抽逃出资的认定。

【法院裁判要旨】

黑龙江省哈尔滨市中级人民法院经审理认为：鸿聚通公司股东会决议公司增加4500万元注册资本，由天悦公司出资，天悦公司持有的股份由原来的33.33%增至83.33%，并办理了变更登记。2014年1月7日，天悦公司缴入鸿聚通公司4500万元。2014年1月8日，鸿聚通公司将该款借给新凯华公司，2014年1月9日新凯华公司将该4500万元转入天悦公司。天悦公司提出案涉4500万元，并非其向新凯华公司的借款，而是新凯华公司法定代表人郭某青个人偿还案外人孟某1500万元、吴某祥1800万元、冯某辉1200万元的欠款。诉讼中，新凯华公司确定案涉4500万元系天悦公司为掩盖从鸿聚通公司抽逃注册资金的目的，借新凯华公司账户转款，该笔款项不是新凯华公司的自有资金，鸿聚通公司的诉请属实。鸿聚通公司股东会决议显示案涉4500万元系新凯华公司向其借款，且该笔款项已由鸿聚通公司转入新凯华公司，可以认定鸿聚通公司与新凯华公司之间系借款关系。鸿聚通公司提出案涉款项系天悦公司借新凯华公司账户取回在鸿聚通公司的注册资金。抽逃注册资金，应是股东利用关联交易将资金转出或者虚构债权债务关系将其资金转出。本案中，鸿聚通公司及新凯华公司的法定代表人均是郭某青，上述两公司的实际控制权均不在天悦公司的控制范围内，天悦公司无法利用上述两公司制造关联交易或者虚构债权债务关系。

黑龙江省哈尔滨市中级人民法院依照《中华人民共和国民事诉讼法》第六十四条、《最高人民法院关于适用〈中华人民共和国民事诉讼法〉的解释》第九十条之规定，判决：

一、驳回新凯华公司的诉讼请求；

二、驳回鸿聚通公司的诉讼请求。

新凯华公司、鸿聚通公司不服原审判决，提起上诉。黑龙江省高级人民法院经审理认为：关于新凯华公司主张能否成立问题。二审法院同意一审法院裁判意见，一审判决驳回新凯华公司诉讼请求并无不当；关于鸿聚通公司主张能否成立问题。天悦公司2014年将4500万元出资款汇入鸿聚通公司账户，两天后4500万元又转回天悦公司，前述已表明案涉各方之间不存在民间借贷法律关系。天悦公司取回案涉4500万元没有向鸿聚通公司交付等值的资产或权益，违反了《中华人民共和国公司法》规定的资本维持及资本不变原则，严重损害了鸿聚通公司的权益，符合《最高人民法院关于适用〈中华人民共和国公司法〉若干问题的规定（三)》第十二条规定中未经法定程序将出资抽回的情形，故天悦公司应将案涉4500万元返还给鸿聚通公司。至于郭某青与孟某、吴某祥、冯某辉之间是否存在债权债务关系不属于本案审理范围，原审判决对此予以认定不当，予以纠正，相关权利人可另行主张权利。

黑龙江省高级人民法院依照《中华人民共和国民事诉讼法》第一百七十条第一款第（二）项、第（三）项之规定，判决：

一、维持哈尔滨市中级人民法院（2015）哈民三商初字第7号民事判决主文第一项；

二、撤销哈尔滨市中级人民法院（2015）哈民三商初字第7号民事判决主文第二项；

三、天悦公司于本判决送达之日起十日内返还鸿聚通公司4500万元。

【法官后语】

抽逃出资包括抽逃注册资本和抽逃股东出资。股东出资以后，资产就变成了公司的财产，股东不能撤回出资，只能通过转让的方式收回自己的出资，而不能直接撤回自己的资本，这是公司制度的基本原则。如果股东撤回自己的出资，那么就等于侵犯了公司的财产权，公司有权要求股东返还财产。

本案中，在证实不了存在民间借贷关系的情况下，天悦公司虽主张收取案涉款项系受孟某、冯某辉委托收取鸿聚通公司和新凯华公司共同的法定代表人郭某青的还款，以及郭某青代吴某祥向其支付股权转让款，但郭某青不认可与孟某、吴某祥、冯某辉存在债权债务关系。吴某祥亦不认可欠天悦公司1800万元股权转让款，并委托郭某青代为偿还，故天悦公司取回案涉4500万元没有向鸿聚通公司交付等值的资产或权益，违反了《中华人民共和国公司法》规定的资本维持及资本不变原则，严重损害了鸿聚通公司的权益，符合《最高人民法院关于适用〈中华人民共和国公司法〉若干问题的规定（三）》第十二条规定中关于未经法定程序将出资抽回的情形，故天悦公司应将案涉4500万元返还给鸿聚通公司。在此过程中不论是天悦公司起主要作用，还是鸿聚通公司股东郭某青促成通过新凯华公司协助转款，均不影响案涉行为的性质及天悦公司的还款责任。

编写人：黑龙江省高级人民法院　周纹婷

7

股东抽逃出资的认定

——携康长荣医院管理（北京）有限公司诉张某股东出资案

【案件基本信息】

1. 裁判书字号

北京市第二中级人民法院（2017）京02民终第10990号民事判决书

2. 案由：股东出资纠纷

3. 当事人

原告（上诉人）：携康长荣医院管理（北京）有限公司（以下简称携康公司）

被告（被上诉人）：张某

【基本案情】

携康公司于2009年6月9日登记设立。设立时，张某系唯一股东，出资200万元，系公司法定代表人。验资报告显示，截止到2009年6月8日，张某以现金方式向验资账户交纳出资200万元。2009年6月25日，携康公司以电汇方式分三笔向阳光公司支付款项2000200元，汇款凭证未载明款项性质，携康公司记账凭证载明的会计科目均为其他应收款/客户押金：北京阳光基业。

携康公司2009年7月8日的收据载明：“今收到北京阳光基业还款交来现金壹拾万元整。”此后，携康公司多次出具上述收据。经核实，2009年7月8日至2010年9月30日阳光公司陆续向携康公司交还的10笔款项总金额为528406.67元。

顾某自2009年6月起担任携康公司的副总经理。2011年12月30日，张某将其持有的携康公司的全部股权以60万元转让给顾某。

张某陈述其与阳光公司不存在任何关联关系，向阳光公司付款的原因是委托阳光公司承租北京经济技术开发区园区内的大楼，涉案2000200元作为其代付之押金。后因双方合作方式发生分歧，且阳光公司经营出现困难，无法继续履行协议，张某控制下的携康公司已竭尽全力追讨押金，并成功要回50余万元。后来阳光公司及其负责人都不知所踪，该欠款不了了之。相关协议等文字材料应当保管在携康公司。携康公司对此不予认可，并陈述公司所有档案中没有阳光公司的任何资料。

【案件焦点】

公司主张股东通过虚构债权债务抽逃出资的，由谁承担抽逃出资的举证责任。

【法院裁判要旨】

北京市大兴区人民法院经审理认为，抽逃出资的构成要件包括以下内容：相关行为发生于履行出资义务后；行为在结果上形成了侵害公司出资的效果；股东通过该行为取得不正当利益。结合本案事实，张某向阳光公司支付款项的事实发生于张某履行了出资义务后。

在股东有限责任下，股东出资即公司注册资本是对公司债权人最低限度的保护。根据资本维持原则，股东出资后，公司不得违法通过直接或间接方式将出资返还给股东。因此，抽逃出资必须在结果上造成了侵害出资的后果，具体体现为公司净资产低于公司资本，股东出资已无对应的资产予以维持。本案中，携康公司成立时的出资体现为张某缴纳的200万元账户存款。涉案转账行为发生于2009年6月25日，记账凭证记载的会计科目为应收账款。此时，股东出资在资产形态上体现为应收账款，在结果上并未造成公司净资产低于资本。但是，记账凭证的会计科目系携康公司单方的记载，并不必然真实和完整地反映相关交易的性质。如果基于虚构的债权债务发生转账行为，甚至在无任何交易关系的情况下进行转账，则将导致携康公司不能取得合法有效的债权。进而，记账凭证记载的应收账款不能发挥维持公司资本的作用，造成侵害出资的后果。本案中，转账行为是否基于真实的委托租赁关系发生，以及携康公司是否对阳光公司享有债权，既没有交易的相关书面材料证明，也没有通过诉讼方式得以确认，且在阳光公司未参与本案诉讼的情况下，不宜对此作出直接认定。

公司成立后将股东出资用于商业经营，虽然在后果上造成公司注册资本中对应金额的资产的减少，但只要是正常的商业经营行为，该行为就系合法有效。法律关于抽逃出资行为的规定，目的在于防止公司与股东之间不正当的资金转移，且该转移行为在后果上违反了资本维持原则。因此，本案中所要审查的重点是，转账行为是否发生于携康公司与张某之间，或者张某是否系转账行为的实际受益人。根据查明的事实，转账的对象并非张某。携康公司在诉讼中主张，200 万元系张某先向阳光公司借款，转账行为系验资后再还款。对于携康公司的主张，如果属实，则一方面由于携康公司无法基于转账关系取得对阳光公司的债权从而侵害公司资本，另一方面张某通过公司资本清偿了本人债务从而受有不正当利益。但是，张某对该主张予以否认，并对转账行为的发生原因作了说明。本案进一步的问题在于，应当采信携康公司还是张某的陈述意见？如果均不予采信，则在转账行为的性质无法查清的情况下，应当由哪一方承担举证不能的后果？关于携康公司的陈述，并没有证据证明张某与阳光公司存在借款关系。关于张某的陈述，其提交的证据只能说明携康公司与阳光公司存在资金往来，至于资金往来的原因究竟系委托租赁关系或者其他法律关系，由于阳光公司未参与本案诉讼，且没有其他直接证据证明，不予认定。携康公司的陈述和张某的陈述都没有足够的证据证明其主张。在案情基本事实不清的情况下，应当适用举证责任的相关规定，即由负有证明责任的一方承担举证不能的不利后果。在本案转账行为性质无法查明且张某作了合理说明的情况下，应当由携康公司承担举证不能的不利后果。

北京市大兴区人民法院依照《中华人民共和国公司法》第三十五条，《最高人民法院关于适用〈中华人民共和国公司法〉若干问题的规定（三）》第十二条第（一）项、第十四条第一款，《最高人民法院关于适用〈中华人民共和国民事诉讼法〉的解释》第九十条之规定，作出如下判决：

驳回原告携康公司的全部诉讼请求。

携康公司不服原审判决，提起上诉。北京市第二中级人民法院经审理认为：首先，阳光公司陆续向携康公司交还了528406.67元款项，并在携康公司的会计账簿中进行了记载，且大部分均有记账凭证，会计科目为其他应收款，上述事实与张某的解释可以在一定程度上相互印证；其次，张某与顾某签订《股权转让协议》后，不再担任携康公司任何职务，张某无法提供携康公司与阳光公司之间的合同证据有一定的合理性；且阳光公司下落不明，张某亦无法通过阳光公司获得反映涉案三笔转账的具体交易背景和签约情况的相关证据材料；再次，现有证据不能证明张某与阳光公司存在关联关系，且阳光公司与张某之间并没有款项往来，现有证据亦不能证明张某在三笔转账行为中有不正当受益；最后，从顾某任职背景和持股情况来看，其对于涉案三笔转账的交易背景及携康公司的资产状况、股权实际价值应当有一定程度的了解。综上所述，张某对于涉案三笔转账的解释符合一般常理，携康公司提交的证据不能证明涉案三笔转账行为构成股东抽逃出资，应承担举证不能的法律后果。携康公司的上诉请求不能成立，应予驳回。

北京市第二中级人民法院依照《中华人民共和国民事诉讼法》第一百七十条第一款第（一）项，判决：

驳回上诉，维持原判。

【法官后语】

原告主张相关股东存在抽逃出资行为的，应当对存在非法抽回出资、相关股东受有不当利益、侵害了公司权益承担举证证明责任。但是，考虑到抽逃出资行为的隐蔽性以及原告举证能力的弱势地位，在原告的证据足以使得法官对存在抽逃出资行为存在合理怀疑的情况下，相关股东否认抽逃出资的，应当证明其主张。在双方的证据都具有合理性导致法官对是否抽逃出资无法形成内心确信时，由原告承担举证不能的不利后果。

需要注意的是，《最高人民法院关于适用〈中华人民共和国公司法〉若干问题的规定（三）》（以下简称《公司法司法解释（三）》）第二十条关于被告股东承担举证责任的规定，针对的是“是否已履行出资义务发生争议”的情形。履行出资义务与抽逃出资系两种不同的行为，《公司法司法解释（三）》也是分别规定了公司股东未履行出资义务、未全面履行出资义务、抽逃出资三种情形。抽逃出资不是本条的规范对象，本条不能适用于抽逃出资行为的举证责任分配。

本案中，一方面，携康公司主张张某通过虚构债权债务关系将其出资转出，但是其证据不足以证明该主张；另一方面，虽然张某不能证明携康公司与阳光公司存在相关交易关系，但是，阳光公司还款的事实以及张某对转账的合理说明，使得法官无法绝对地否定该交易的真实性。因此，携康公司和张某的证据都无法使得法官就是否存在抽逃出资形成内心确信，故应当由携康公司承担举证不能的不利后果。

值得一提的是，虽然张某在本案中无须承担抽逃出资的责任，但是并不意味着其免于所有可能的法律责任。毕竟，在阳光公司下落不明、款项无法收回的情况下，携康公司确实存在损失。时任公司法定代表人的张某是否对此应承担责任，不无疑问。当然，这属于另一个法律关系，应当另案解决。

编写人：北京市大兴区人民法院　马超雄

8

对赌协议回购条款的效力

——广州市高聚浩投资有限公司诉广东金网达汽车股份有限公司等新增资本认购案

【案件基本信息】

1. 裁判书字号

广东省广州市中级人民法院（2017）粤01民终第6939号民事判决书

2. 案由：新增资本认购纠纷

3. 当事人

原告（被上诉人）：广州市高聚浩投资有限公司（以下简称高聚浩公司）

被告（上诉人）：广东金网达汽车股份有限公司（以下简称金网达公司）、罗某晶、李某

【基本案情】

2015年12月29日，金网达公司（甲方）与高聚浩公司（乙方）签订《增资扩股协议》，约定：1. 罗某晶、李某夫妇是甲方共同的实际控制人。2. 甲方股东大会同意由乙方对甲方进行增资。3. 乙方本次对甲方增资，所认购的股票为普通股，每股面值为1元。乙方增资500万元占增资完成后挂牌公司总股本的3.03%，注资时以实际到位资金为准，按同样估值确认股份比例。4. 原股东承诺，在投资方将出资款支付至公司账户之日起30日内，按照本协议的约定完成相应的公司验资、工商变更登记手续。5. 若发生以下特殊事项，乙方有权要求甲方股东罗某晶、李某回购乙方所持有的甲方部分或全部股权。回购价格 = 投资金额 ×（1 + N × 15%），其中，"N"指自投资款到账之日起至回购之日的年度数，不满一年的按照实际天数除以365天的比例计算。实际控制人罗某晶负有连带清偿责任。该协议未约定合同解除条款。金网达公司在该协议甲方处盖章，并由其法定代表人罗某晶签名确认。同时，罗某晶在该协议最后一页"罗某晶"处另行署名确认。

2015年12月30日，高聚浩公司以银行转账方式向金网达公司支付500万元。

金网达公司未在签订案涉增资扩股协议后30日内变更工商登记及变更股东名册。

2016年8月24日，高聚浩公司以金网达公司不可能于2016年12月31日前成功挂牌上市为由，向一审法院提出起诉，要求金网达公司、罗某晶、李某共同支付回购款500万元及利息。后又以金网达公司、罗某晶、李某未履行协议义务，未办理任何手续，构成根本违约，无法实现合同目的为由，当庭要求增加一项诉讼请求：解除《增资扩股协议》。

一审庭审中，金网达公司确认已暂停上市工作，但表示暂停原因是高聚浩公司的部分自然人股东为证券从业人员，违反《中华人民共和国证券法》（以下简称《证券法》）第四十三条规定，且高聚浩公司未如实披露有关股东身份信息，故其暂停行为不构成违约。

一审庭审后，金网达公司于2016年11月7日办理工商变更登记，注册资本由1760万元变更为1815万元，股东增加了高聚浩公司。

截止到2017年1月1日，金网达公司未上市。

【案件焦点】

1. 高聚浩公司要求金网达公司、罗某晶支付回购款应否支持；2. 高聚浩公司要求解除案涉协议理由是否成立。

【法院裁判要旨】

广东省广州市天河区人民法院经审理认为：罗某晶是案涉《增资扩股协议》的当事人。《增资扩股协议》合法有效。双方约定如金网达公司不能在2016年12月31日前实现在新三板挂牌，高聚浩公司有权要求罗某晶、李某回购其所持有的金网达公司部分或全部股权，实际控制人罗某晶负有连带清偿责任。故高聚浩公司要求罗某晶支付案涉股份回购款500万元及利息有理。高聚浩公司要求金网达公司支付案涉股份回购款缺乏事实依据。高聚浩公司主张金网达公司、罗某晶、李某构成根本违约，但金网达公司已实际办理了相应工商变更登记手续。高聚浩公司并未举证证明其在起诉前曾敦促对方履行该项义务，亦未举证证明对方存在其他根本违约行为，故高聚浩公司主张解除合同理由不成立。案涉《增资扩股协议》明确约定罗某晶、李某夫妇是金网达公司共同的实际控制人，故李某理应就夫妻共同债务承担共同责任。

广东省广州市天河区人民法院判决：

一、被告罗某晶、李某在本判决发生法律效力之日起十日内，向原告高聚浩公司支付回购款5000000元；

二、被告罗某晶、李某在本判决发生法律效力之日起十日内，向原告高聚浩公司支付利息；

三、驳回原告高聚浩公司的其他诉讼请求。

金网达公司、罗某晶、李某上诉称：高聚浩公司股东何某婷入股时为广州证券公司员工，违反《证券法》第四十三条规定。《增资扩股协议》是对赌保底条款，违反投资者共担风险的原则，属于名为投资实为借贷，违反法律、法规强制性规定，等等。

广东省广州市中级人民法院经审理认为：金网达公司、罗某晶、李某提交的证据不能证实陈某、何某婷在上述期间为证券从业人员，应承担举证不能的不利后果。案涉《增资扩股协议》关于回购股份的约定，并未违反法律、法规的强制性规定，且案涉《增资扩股协议》已经实际履行，故金网达公司、罗某晶、李某上诉主张该回购约定无效等意见，理据不足。

广东省广州市中级人民法院判决：

驳回上诉，维持原判。

【法官后语】

对赌协议中的回购条款对于投融资双方而言，其结果就是投资方资金保本的保底条款，是保底条款的一种体现方式。对该条款效力的认定应当根据《中华人民共和国合同法》第五十二条规定进行审查。实践中，因其出现在投融资领域，绝大部分涉及公司主体，故对于对赌协议回购条款的效力讨论，大多围绕该条款第（五）项和《中华人民共和国公司法》的规定进行，即审查是否存在违反《中华人民共和国公司法》或其他法律、行政法规的强制性规定的情形。

第一，约定由融资企业回购投资方股权的条款只有在满足《中华人民共和国公司法》第七十四条第一款、第一百四十二条的规定或者其他法律允许公司回购情形的条件下才能被认定为有效。

第二，约定由融资企业股东回购投资方股权的条款在满足形式要件及实质要件的情况下一般应当认定为有效。

编写人：广东省广州市天河区人民法院　苏扬

9

实际出资人的权益

——周某平诉李某芳、厦门乐嘉颐餐饮管理有限公司与公司有关的纠纷案

【案件基本信息】

1. 裁判书字号

福建省厦门市中级人民法院（2017）闽02民终第3730号民事判决书

2. 案由：与公司有关的纠纷

3. 当事人

原告（被上诉人）：周某平

被告（上诉人）：厦门乐嘉颐餐饮管理有限公司（以下简称乐嘉颐公司）

被告：李某芳

【基本案情】

原告周某平诉称，乐嘉颐公司于2014年3月19日设立，登记股东为被告李某芳（持有70%股权）、案外人王某权（持有30%股权、实际持有股权50%），李某芳为执行董事、经理。设立之初，周某平、李某芳、案外人王某权经协商并达成一致意见：周某平出资20万元，持有乐嘉颐公司10%股权，该10%股权以李某芳名义持有（包含在李某芳持有的70%股权中）。周某平依约支付了出资款20万元，于2015年1月20日取得了乐嘉颐公司截止到2014年12月31日的分红款7万元。乐嘉颐公司设立以来，一直由李某芳经营、掌控，周某平除于2015年1月20日取得前述截止到2014年12月31日的分红款外，对乐嘉颐公司实际财务状况、经营情况一无所知，且李某芳拒不向周某平提供和披露；周某平依约出资了20万元，李某芳持有的乐嘉颐公司股权中10%（占乐嘉颐公司100%股权的10%）应为周某平所有。周某平为维护其与餐厅的合法权益，故诉至本院请求判令：1. 确认周某平享有乐嘉颐公司10%股权；2. 判令李某芳、乐嘉颐公司配合周某平将前述周某平享有乐嘉颐公司10%股权变更登记至周某平名下；3. 判令李某芳向周某平提供乐嘉颐公司自2014年3月19日设立之日起至2016年8月30日止的会计报表，向周某平披露乐嘉颐公司的经营状况；4. 诉讼费用由李某芳、乐嘉颐公司承担。本案审理过程中，周某平向一审法院申请撤回前述第2、3项诉讼请求。

被告李某芳、乐嘉颐公司共同辩称，一、在诉讼程序上，周某平非本案适格原告。周某平非乐嘉颐公司的实际股东。根据法律规定，周某平非公司股东，也不能证明其与公司存在利害关系。周某平的主体不适格，应驳回起诉。二、从实体上看，周某平的诉权也应予以驳回。乐嘉颐公司的账目被案外人抢走，乐嘉颐公司已经报案，也准备通过民事手段起诉案外人。李某芳客观上无法提供乐嘉颐公司的账目，李某芳、乐嘉颐公司没有过错。三、一年内乐嘉颐公司未进行分红，经营困难。四、周某平非乐嘉颐公司实际股东，也没有出资，未参与经营管理。其诉讼请求没有法律依据。五、退一步讲，周某平的请求也应针对乐嘉颐公司提出，其要求李某芳办理配合工商登记不是李某芳单独可以完成的，乐嘉颐公司也没有办法向股东以外的人披露公司的经营状况。周某平的行为可能导致乐嘉颐公司的加盟协议被解除。如果因此造成李某芳、乐嘉颐公司的损失，将保留追究相关责任人的权利。综上所述，周某平并非本案适格原告，不享有诉权，应驳回其起诉，周某平亦无法证明自己是公司的股东，应驳回其诉讼请求。

【案件焦点】

1. 周某平是否为实际出资人；2. 实际出资人的法律地位及权益；3. 实际出资人股东资格如何取得。

【法院裁判要旨】

福建省厦门市思明区人民法院经审理认为：周某平主张其已经向李某芳支付了20万元的出资款，李某芳、乐嘉颐公司抗辩称不能确认该笔出资款系用于投资乐嘉颐公司，但是已经确认收到且并未否认款项的性质为出资款，且李某芳、乐嘉颐公司并未提交反驳证据证明20万元系用于其他投资项目，故应当承担举证不能的不利后果，对于周某平已经向李某芳支付了20万元出资款的事实予以认定。周某平主张2015年1月20日李某向其转账支付的107500元中的7万元系用于支付本案讼争的投资分红款，李某芳、乐嘉颐公司抗辩称该笔款项不能确认是本案的分红款，但并未否认款项的性质为分红款，结合乐嘉颐公司另一股东王某权关于其占有乐嘉颐公司50%股份分红35万元及周某平列席乐嘉颐公司分红大会等证言，李某芳、乐嘉颐公司并未对该分红款作出合理说明，也未提交反驳证据佐证，认定周某平所主张的其收到乐嘉颐公司分红款7万元具有高度可能性。周某平已经实际履行了出资义务，以李某芳的名义向乐嘉颐公司出资20万元，并已参与乐嘉颐公司的实际经营且已收到乐嘉颐公司相应比例的分红款，故其主张作为实际出资人、李某芳作为名义股东，其应享有乐嘉颐公司（注册资本为180万元）10%股权的诉讼请求，有事实与法律依据，予以支持。

福建省厦门市思明区人民法院依照《最高人民法院关于适用〈中华人民共和国公司法〉若干问题的规定（三）》第二十四条，《最高人民法院关于适用〈中华人民共和国民事诉讼法〉的解释》第九十条、第一百零八条之规定，判决如下：

确认原告周某平享有被告厦门乐嘉颐餐饮管理有限公司10%的股权。

乐嘉颐公司不服，提起上诉。福建省厦门市中级人民法院经审理认为：关于实际出资人主体认定。经查证事实，2014 年 4 月 16 日，周某平向乐嘉颐公司财务人员转账 20 万元，周某平据此主张其系乐嘉颐公司在册股东李某芳所持股权中 10% 股权的实际出资人，李某芳对此持有异议，主张实际出资人应为他人，但对此并未提供相应证据予以证实，故该抗辩主张本院不予采纳。据此，周某平已履行实际出资义务，应认定其系乐嘉颐公司在册股东李某芳所持股权中 10% 股权的实际出资人。关于周某平是否有权请求确认享有乐嘉颐公司 10% 股权归其所有。根据《最高人民法院关于适用〈中华人民共和国公司法〉若干问题的规定（三）》（以下简称《公司法司法解释（三）》）第二十四条规定，实际出资人对名义股东所享有的权利是基于双方之间投资协议所产生的投资权益，该权益实质上属债权请求权，不等同于股东权益，只有经公司其他股东半数以上同意，实际出资人才能取代名义股东而成为公司股东并进而主张相关股东权益。因周某平并未举证其所主张的请求确认股权这一股东权益已经乐嘉颐公司半数以上股东同意的相关事实，故其主张确认乐嘉颐公司 10% 股权归其所有的一审诉请，不予支持。一审判决适用法律及判决有误，予以改判，上诉人乐嘉颐公司的上诉请求，予以支持。

福建省厦门市中级人民法院依照《最高人民法院关于适用〈中华人民共和国公司法〉若干问题的规定（三）》第二十四条第二款、第三款，《中华人民共和国民事诉讼法》第一百七十条第一款第（二）项之规定，判决如下：

一、撤销福建省厦门市思明区人民法院（2016）闽 0203 民初 14941 号民事判决；

二、驳回周某平的一审诉讼请求。

【法官后语】

法院认定周某平是乐嘉颐公司的实际出资人。理由如下：首先，代持股协议并非要式合同，因此，代持股协议不仅仅包含书面合意形式或者口头合意形式，也包括事实合意形式；其次，由于意思表示必须借助外部行为体现，因此，法院可以通过外部行为来反推当事人的意思表示；最后，通过妥善、合理地运用举证责任来印证推定是否成立。本案中，一方面，周某平向乐嘉颐公司财务人员李某转账 20 万元；另一方面，在乐嘉颐公司财务人员李某与周某平没有债权债务关系的情况下，李某芳、乐嘉颐公司也未能举出相应的证据证明相应款项的性质。综上，可以认定周某平具有出资的意思表示，并据此认定周某平系乐嘉颐公司在册股东李某芳所持股权中10%股权的实际出资人。

在现行法律体系内，有限责任公司较为注重公司的人合性，而在隐名投资的形式下，公司的其他股东往往并不知道实际出资人的存在，其认可的是名义股东，所以，必须予以适当限制。因此，为了充分保护在承认实际投资人的前提下公司的人合性，《公司法司法解释（三）》第二十四条第三款规定："实际出资人未经公司其他股东半数以上同意，请求公司变更股东、签发出资证明书、记载于股东名册、记载于公司章程并办理公司登记机关登记的，人民法院不予支持。"基于以上，在没有乐嘉颐公司其他股东半数以上同意的情况下，周某平并非乐嘉颐公司的股东，其办理工商变更登记手续的请求及查阅公司会计账册的请求于法无据，无法得到法院支持。

编写人：福建省厦门市中级人民法院　张超

三、股东知情权纠纷

10

行使股东知情权须具有公司股东资格

——陈某杰、王某强诉广西恒基投资集团有限公司股东知情权案

【案件基本信息】

1. 裁判书字号

广西壮族自治区钦州市钦南区人民法院（2017）桂0702民初第2809号民事判决书

2. 案由：股东知情权纠纷

3. 当事人

原告：陈某杰、王某强

被告：广西恒基投资集团有限公司

【基本案情】

2004年5月10日，被告由蒋某灿和蒋某辉共同出资5000万元，注册登记成立。2011年3月8日，两原告与被告经协商达成合资合作开发房地产口头协议，约定原告陈某杰、王某强投资被告开发建设的金湾大酒店改造项目，两原告占项目20%股份，双方按投资股份比例出资。被告为此出具一份关于上述内容的《股权书》给原告为凭。2014年9月29日，被告立写《收条》，确认两原告自达成合作协议后依约定分批次共支付给金湾大酒店及恒基广场二期项目投资款2300万元。2016年1月5日，两原告向钦州市钦南区人民法院提起诉讼，要求解除《股权书》

所约定的合作关系，并按照《股权书》约定比例，将金湾大酒店项目已建成房屋的20%变更登记在原告名下。对于原告的上述诉讼请求，钦州市钦南区人民法院作出（2016）桂0702民初第68号民事判决书，判决予以驳回。两原告不服一审判决，上诉至钦州市中级人民法院，该院于2017年6月23日作出（2017）桂07民终第250号民事判决书，驳回原告上诉请求，维持一审判决。嗣后，原告于2017年11月16日在钦州市公证处的公证下，向被告邮寄《查阅会计账簿请求函》，要求查阅被告公司自成立以来各年度的会计财务报告、各年度会计账簿。被告收到原告的请求后，没有予以答复。

【案件焦点】

两原告与被告之间是合资合作开发房地产合同法律关系还是公司股东。

【法院裁判要旨】

广西壮族自治区钦州市钦南区人民法院经审理认为：股东知情权是指法律赋予股东通过查阅公司的财务会计报告、会计账簿等有关公司经营、管理、决策的相关资料，实现了解公司的经营状况和监督公司高管人员活动的权利。《中华人民共和国公司法》第三十三条对公司股东行使知情权作出了明确规定。双方当事人争议的焦点在于两原告是否能确认为被告公司的股东。有限责任公司股东资格的确认，应当根据出资情况和投股协议书、公司章程、股东名册、出资证明书的记载情况以及工商登记等多种因素，并结合当事人在公司实际运行过程中是否实际行使了股东权等情形综合审查确定。在本案中，从公司章程、股东会决议及工商登记资料等一系列文件记载的内容可以看出，被告公司股东一直为蒋某灿和蒋某辉。虽然两原告持被告出具的《股权书》主张为被告的公司股东，但该书证名为股权书实质内容却为两原告投资被告开发建设的金湾大酒店改造项目协议书，两原告与被告的关系已经被生效的民事判决书确认为合资合作建设房地产合同关系。两原告不是被告公司的股东，不直接享有公司法及公司章程规定的有关股东权利，其要求行使股东知情权的请求没有法律依据，不予支持。

广西壮族自治区钦州市钦南区人民法院依照《中华人民共和国公司法》第三十二条、第三十三条，《中华人民共和国民事诉讼法》第六十四条的规定，判决如下：

驳回原告陈某杰、王某强的诉讼请求。

判决后，原告、被告均没有提起上诉，该判决现已发生法律效力。

【法官后语】

综合证据，本案中原告未具有被告公司股东资格。主要理由如下：出资证明只是对抗公司和股权的转让人，不能对抗善意第三人。出资证明书的效力及于公司与股东之间或股权转让双方之间。出资证明书在认定股东资格时无决定性的效力，其证明效力是在出资证明书上对股东情况的记载与股东名册上的记载一致时才具有，如果二者记载不一致时，将以股东名册的记载为准。公司章程是由全体股东共同制定，并记载了有关公司的主要事项，包括公司名称和住所、注册资本、股东的出资方式、出资额等，并在公司成立和变更时，经登记机关核准，公司章程不仅表明了出资者向公司出资，有作为公司股东的真实意思表示，而且也在一定程度上起到了公示的作用。公司章程所记载的有关股东身份的内容可作确定股权的依据。是否具有成为股东的意思是判断当事人是否是公司股东的重要标准。

编写人：广西壮族自治区钦州市钦南区人民法院　何锋

11

出资瑕疵与行使股东知情权的正当性边界

——常某诉北京某旅游规划设计院有限公司股东知情权案

【案件基本信息】

1. 裁判书字号

北京市第一中级人民法院（2018）京01民终第276号民事裁定书

2. 案由：股东知情权纠纷

3. 当事人

原告（被上诉人）：常某

被告（上诉人）：北京某旅游规划设计院有限公司（以下简称某规划设计公司）

【基本案情】

常某在某规划设计公司的工商登记中为股东，自公司成立以来，公司一直未对其披露经营情况，没有分红。常某于2017年5月9日向公司递交了要求查账的书面申请，但公司置之不理。据此，常某诉至法院，要求某规划设计公司提供自成立之日（2009年4月1日）起至2017年9月19日的全部财务会计账簿、财务会计报告及所有银行账户的全部对账单供常某查阅、复制。

某规划设计公司认为，第一，常某未履行股东出资义务，无权要求行使股东知情权。第二，常某查阅会计账簿有不正当目的，可能损害公司合法利益，被告有权拒绝提供查阅。常某负责公司经营，是公司高级管理人员。其在任职期间于2014年11月6日设立了北京某旅游景观规划设计院有限公司（以下简称某景观设计公司），常某是该公司的法定代表人、股东、执行董事和经理。某景观设计公司网站上对外宣传的业绩案例大部分为抄袭该公司的业绩，该公司专家团队中的冯某、郭某等人均曾是某规划设计公司员工，严重损害了公司合法利益。

另查，某景观设计公司官方网站中的专家团队一栏信息中载有常某、冯某、郭某三人信息。在网站策划规划页面载有某规划设计公司曾经设计的西双版纳勐腊县南腊河景观规划，温泉度假页面载有福建南岭世界休闲度假区，特色设计页面载有赛罕塔拉特色建筑设计。

【案件焦点】

1. 当股东未履行出资义务时，是否依然能够行使股东知情权；2. 如何对股东行使知情权的“正当性”边界进行判断。

【法院裁判要旨】

北京市海淀区人民法院经审理认为：股东享有股东知情权，但与之相对应，股东行使知情权的内容、范围的边界亦应当结合法律规定及其任职期间之行为予以综合判定。

根据权利与义务相一致原则，股东未履行出资义务，其股东权利必然应受到相应限制。但对于限制的范围是否应当及于股东知情权，则应从权利行使的目的方面予以考量。股东知情权系股东为获取与其切身利益密切相关的公司信息之权利，是股东了解公司经营情况的固有权利，从而行使对公司的监督权和重大决策权，以维护股东的终极利益，属共益权范畴，与其是否具备股东身份密切相关，与股东是否实际出资并不具备紧密联系。

关于常某查阅方圆公司会计账簿是否具备不正当性。首先，从主要人员构成来看，常某、冯某及郭某均曾在某规划设计公司工作，且其现为某景观设计公司的法定代表人，常某、冯某及郭某三人亦均系某景观设计公司专家团队成员，故两公司之间可能存在一定的利益冲突。其次，从主营业务范围来看，两家公司对外的经营范围均包括旅游规划设计，且某景观设计公司在其官方网站以较大篇幅列举、推介公司既往设计的旅游规划项目。可见，两公司在主营业务范围之间存在业务重合。最后，从具体项目推介宣传来看，某景观设计公司在其官方网站的宣传上列举了诸多某规划设计公司单独设计完成的旅游规划项目，足以证明两公司在特定领域内存在同业竞争关系。

北京市海淀区人民法院依照《中华人民共和国公司法》第三十三条、《最高人民法院关于适用〈中华人民共和国公司法〉若干问题的规定（四）》第八条第（一）项之规定，判决如下：

一、被告某规划设计公司于本判决生效之日起十日内将该公司自2009年度至2016年度的年度财务会计报告置备于公司住所地供原告常某查阅、复制；

二、驳回原告常某的其他诉讼请求。

某规划设计公司不服一审判决，提起上诉。在审理过程中，被告申请撤回上诉。北京市第一中级人民法院准许其撤回上诉。一审判决发生法律效力。

【法官后语】

股东未履行出资义务，其股东权利必然应受到相应限制。但对于限制的范围是否应当及于股东知情权，则应从权利行使的目的方面予以考量。从二者的目的而言，股东知情权系股东为获取与其切身利益密切相关的公司信息之权利，是股东了解公司经营情况的固有权利，从而行使对公司的监督权和重大决策权，以维护股东的终极利益，属共益权范畴，与其是否具备股东身份密切相关，与股东是否实际出资并不具备紧密联系。未履行出资义务主要影响股东自益权的行使，即股东的利润分配请求权、新股优先认购权、剩余财产分配请求权等以获取经济收益为主要内容的权利。可见，二者性质并不相同，股东出资有瑕疵的，公司可依法要求其补足出资，由此给公司或第三人造成损害的还应承担相应的违约责任，但不应以此为理由否定股东正当行使股东知情权。

本案中，之所以认定常某的行为具有不正当性，因公司会计账簿能够反映出公司的经营价格信息、客户信息、市场信息等具有高度商业秘密及商业价值性质的信息，常某一旦获悉上述信息，将有可能使新公司在旅游规划设计业务竞争中处于优势地位，获取竞争利益，继而在一定程度上损害原公司的合法商业利益。

编写人：北京市海淀区人民法院　宋硕

12

瑕疵出资对股东资格及股东知情权的影响

——尤某诉无锡惠成信息技术有限公司股东知情权案

【案件基本信息】

1. 裁判书字号

江苏省无锡市中级人民法院（2017）苏02民终第1593号民事判决书

2. 案由：股东知情权纠纷

3. 当事人

原告（被上诉人）：尤某

被告（上诉人）：无锡惠成信息技术有限公司（以下简称惠成公司）

【基本案情】

2013年7月18日，惠成公司经无锡市惠山区市场监督管理局核准成立。2015年11月10日，尤某与叶某年签订股权转让协议，约定将叶某年在惠成公司名下的35%的股权以350万元的价格转让给尤某。同日，惠成公司股东会决议通过股权转让及股东变更，公司股东出资情况为周某忠出资510万元（出资比例51%），中秀科技（无锡）有限公司出资50万元（出资比例5%），北京金宇盛通科技有限公司出资50万元（出资比例5%），郝某军出资40万元（出资比例4%）、尤某出资350

万元（出资比例35%），法定代表人变更为周某忠。2015年12月2日，尤某经工商登记备案为惠成公司股东。

2016年8月16日，尤某向惠成公司邮寄了《请求书》一份，要求惠成公司在7日内提供：1. 公司成立起历年财务报告及2016年1~7月财务报告（包括银行对账单、税务报表、公司财务账册）；2. 公司2015年度股东会报告；3. 2016年7月前公司经营状况及资产负债资料；4. 公司其他股东注册资金交付资料；5. 公司债权债务；6. 合作公司、政府机构的名称及有关协议；7. 员工劳动合同及工资表；8. 项目运营状况；9. 现有公司资产（包括知识产权）。惠成公司未进行答复，亦未提供财务账簿、财务会计报告等资料供尤某查阅。

2016年9月13日，尤某诉至本院。诉讼中，尤某为证明惠成公司已收到上述函件，向本院提供了EMS快递单及快递流转信息单，快递单上载明收件人为周某忠，邮寄地址为周某忠家庭住址，该信件于2016年8月18日妥投。

【案件焦点】

1. 股东出资与否对股东资格及股东知情权的行使有无影响；2. 尤某起诉要求行使会计账簿查阅权前是否已履行了法定前置程序。

【法院裁判要旨】

江苏省无锡市惠山区人民法院经审理认为：尤某系惠成公司股东，依法享有股东知情权。惠成公司以尤某存在出资瑕疵为由否定其股东资格及知情权的行使，一方面，尤某是否未尽出资义务不属于本案审理范围；另一方面，我国公司法未对瑕疵出资股东的知情权行使进行禁止性规定，故股东的出资瑕疵，并不必然导致其股东资格的丧失，亦不影响其知情权的行使。关于惠成公司抗辩其未收到尤某要求查阅会计账簿等的书面申请，尤某已提供邮寄凭证以证明其已将书面申请邮寄至惠成公司法定代表人处并经签收，且经过本案诉讼，惠成公司对尤某的该项请求及查阅目的已属明知，但未能提出拒绝尤某查阅财务会计报告、会计账簿的合理理由，故其抗辩意见，不予采信。

江苏省无锡市惠山区人民法院依照《中华人民共和国公司法》第三十三条、《最高人民法院关于民事诉讼证据的若干规定》第二条之规定，作出如下判决：

一、惠成公司于判决生效后十日内向尤某提供自公司设立之日起的公司会计账簿供尤某查阅；

二、惠成公司于判决生效后十日内向尤某提供自公司设立之日起历年财务会计报告供尤某查阅。

惠成公司不服一审判决，提出上诉。上诉期间，因尤某在北京市朝阳区人民法院起诉要求撤销其与叶某年于2015年11月10日签订的股权转让协议，惠成公司申请法院中止审理。二审法院同意一审法院裁判意见，并认为尤某目前的股东身份不因另案的处理结果而处于待定状态，本案无须中止诉讼。惠成公司以尤某未出资否定其股东资格及知情权的行使没有事实和法律依据，且尤某诉请行使会计账簿查阅权之前已经履行了法定前置程序。一审判决认定事实清楚，适用法律正确，应予维持。

江苏省无锡市中级人民法院依照《中华人民共和国民事诉讼法》第一百七十条第一款第（一）项之规定，判决：

驳回上诉，维持原判。

【法官后语】

新公司法出台后，公司法的基础理论最为显著的变化即从严格的法定资本制转变为授权资本制，如果瑕疵出资并不导致公司设立无效，一般不宜轻易否定瑕疵出资者的股东资格。在一般的瑕疵出资（如未足额出资、出资评估价值不实）情形下，如果出资者具备认定股东资格诸要素中的其他任何一个，如股东名册、公司章程记载、工商登记，一般即认定其具有股东资格。原告的股东身份对内已经被告公司股东大会确认，对外已在工商部门办理股东变更登记，即使其存在瑕疵出资，亦不影响其股东资格的认定。

关于瑕疵出资股东受到的权利限制，从我国公司法的规定来看，允许公司对瑕疵出资股东予以限制的权利仅限于利润分配请求权、新股优先认购权、剩余财产分配请求权等直接获得财产利益的权利，而对股东知情权的行使并未作禁止性规定，故股东的出资瑕疵并不必然导致股东资格的丧失，亦不影响股东知情权的行使。

鉴于实践中股东与公司有利益冲突的情况屡见不鲜，《中华人民共和国公司法》第三十三条亦对股东知情权的行使进行了限制，即公司股东只有在已履行完毕法定前置程序后，才可通过诉讼方式保护自身股东知情权的合法行使。司法实践中，应当严格适用《中华人民共和国公司法》第三十三条，在股东权利和公司利益中找到平衡。

编写人：江苏省无锡市惠山区人民法院　浦湖焉

13

查阅公司会计账簿的原始凭证属于股东知情权的范围

——林某泰等诉德化县潘祠大阪水电有限公司股东知情权案

【案件基本信息】

1. 裁判书字号

福建省泉州市德化县人民法院（2017）闽0526民初第1153号民事判决书

2. 案由：股东知情权纠纷

3. 当事人

原告：林某泰、苏某云、林某川、庄某锟、庄某得、吴某枢、陈某泉

被告：德化县潘祠大阪水电有限公司（以下简称大阪水电公司）

【基本案情】

2003年12月15日，大阪水电公司登记成立，注册资本300万元，股东或发起人为罗某伟、黄某丽两人，公司类型为自然人投资或控股的有限责任公司，经营范围为水力发电。2005年1月28日，林某泰、苏某云、林某川、庄某锟、庄某得、吴某枢分别向大阪水电公司投资并取得《股权证书》。2006年1月24日，陈某泉向大阪水电公司投资并取得《股权证书》。林某泰等7人是大阪水电公司的股东，有其出具的《股权证书》为据。2015年9月4日，《德化县潘祠大阪水电有限公司股权证变更发放表》经罗某福、叶某俊、许某林、郑某鹏、陈某明等关联股东签名确认，该表载明：股东名、股证号、变更前股证额、变更后股证额及投资总额等项内容。公司成立至今未向林某泰等7人提供过财务会计报告，公司的经营管理包括财务等均由法定代表人罗某福把持，无法了解公司的经营及资金流情况。林某泰等7人两次向大阪水电公司邮寄《股东查阅公司会计账簿申请书》，要求查阅相关材料，大阪水电公司均未能在法律规定的15日期限内提出书面答复并说明理由，且未能提供相关证据证明林某泰等7人的申请有不正当目的且可能损害公司合法利

益，至今也未提供财务资料、账簿、原始凭证供查阅、复制。林某泰等7人提出诉讼请求：要求判令大阪水电公司提供自公司成立以来2003～2016年度的全部财务会计报告、会计账簿、原始凭证供其查阅、复制。

【案件焦点】

1. 享有股东知情权的权利主体，即林某泰等7人显名前是否享有股东知情权；2. 明确股东知情权的范围，即股东能够查阅、复制哪些材料。

【法院裁判要旨】

福建省泉州市德化县人民法院经审理认为：林某泰等7人与大阪水电公司之间形成了事实上的投资合同关系，且该合同关系并不违反法律和行政法规的强制性规定，合同合法有效。《德化县潘祠大阪水电有限公司股权证变更发放表》形式上符合《中华人民共和国公司法》第三十二条规定的“股东名册”的法律特征，具有“股东名册”性质，且其所记载的事项，与七份《股权证书》所记载的事项内容相互吻合，且完全一致。因此，该表上所记载的股东可以认定为大阪水电公司的股东，可以依照法律的有关规定行使股东知情权。

由于财务会计报告具有相当的公开性，仅在宏观上反映公司的总体经营状况，而不过于详细反映公司的交易细节。故对林某泰等7人要求大阪水电公司提供自2003年成立以来至2016年度的全部财务会计报告供查阅、复制的诉讼请求，予以支持。原始凭证是会计凭证的组成部分，股东查阅原始凭证，才能准确了解公司真正的经营状况，是股东行使知情权的主要途径。根据《股权证书》载明的内容，林某泰等6人均是于2005年1月28日实际投资大阪水电公司，故其行使会计账簿、原始凭证的查阅权只能从2005年1月28日开始；陈某泉虽于2015年9月4日通过受让才取得股东资格，但其已于2006年1月24日实际投资大阪水电公司，故陈某泉行使会计账簿、原始凭证的查阅权应当从2006年1月24日开始。林某泰等7人要求复制大阪水电公司会计账簿和原始凭证的诉讼请求，因不符合法律规定，不予支持。

福建省泉州市德化县人民法院依照《中华人民共和国民法通则》第四十三条，《中华人民共和国公司法》第三十一条、第三十二条、第三十三条，《中华人民共和国民事诉讼法》第六十四条、第一百四十四条，《最高人民法院关于适用〈中华人民共和国民事诉讼法〉的解释》第九十条的规定，作出如下判决：

一、大阪水电公司应在本判决生效之日起十五日内将自2003年12月15日起至2016年12月31日止的财务会计报告提供给林某泰、苏某云、林某川、庄某锟、庄某得、吴某枢、陈某泉查阅、复制；

二、大阪水电公司应在本判决生效之日起十五日内将自2005年1月28日起至2006年12月31日止的会计账簿、原始凭证提供给林某泰、苏某云、林某川、庄某锟、庄某得、吴某枢查阅，并将自2006年1月24日起至2016年12月31日止的会计账簿、原始凭证提供给陈某泉查阅；

三、驳回林某泰、苏某云、林某川、庄某锟、庄某得、吴某枢、陈某泉的其他诉讼请求。

【法官后语】

隐名股东，即实际出资人，只出“资”，未显“名”。隐名股东享有“投资权益”，但“投资权益”不等于“股东权益”。

本案中，林某泰等7人于2015年9月4日被记载于《德化县潘祠大阪水电有限公司股权证变更发放表》时已“显名”，亦即承认了7人的股东地位，股东知情权追溯至其实际出资之日是合理合法的。

界定“股东知情权”范围时，应以保护公司权益为基础。

会计凭证（包括原始凭证和记账凭证）、会计账簿、财务会计报告是三项并列的会计资料。公司法目前只对会计账簿、财务会计报告作出规定。原始凭证是对“应当办理会计手续进行会计核算的经济业务事项”填制或者取得的，“记账凭证根据经过审核的原始凭证及有关资料编制”。会计凭证是反映公司生产经营状态最原始的资料。“会计账簿登记必须以经过审核的会计凭证为依据”，作为会计账簿登记依据的会计凭证，是了解公司经营情况的最佳资料。有限责任公司极具人合性，将会计凭证等同于会计账簿知情权设置有其理论和事实依据，应当得到支持。并且只能以股东资格存续期间进行请求，不能“追前溯后”。

与之不同，财务会计报告内容的公开性，不具有泄露公司商业秘密的危险性。因此，不论是有限公司还是股份公司股东，均对自公司成立起所有的财务会计报告有查阅权，而有限公司因其人合性还享有复制权。

编写人：福建省泉州市德化县人民法院　曾金赞　康丁岚

14

申请查阅公司相关合同的，一般不予支持

——杨某诉北京丰隆温市科技有限公司股东知情权案

【案件基本信息】

1. 裁判书字号

北京市第三中级人民法院（2017）京03民终第12720号民事判决书

2. 案由：股东知情权纠纷

3. 当事人

原告（被上诉人）：杨平

被告（上诉人）：北京丰隆温室科技有限公司（以下简称丰隆公司）

【基本案情】

1999年6月，杨某和杨某威共同投资设立了丰隆公司，杨某持股26.7%、杨某威持股73.3%，由杨某威担任法定代表人，杨某参与公司经营。丰隆公司章程规定股东有了解公司经营状况和财务状况的权利，但未对股东如何行使知情股权以及知情权的行使范围进行约定。2006年，杨某威将丰隆公司23.3%的股权转让给杨某，双方各持股50%。2012年2月，智明公司注资成为丰隆公司的新股东，注资后杨某、杨某威、智明公司各持股40%、40%及20%。2012年11月，杨某与杨某威形成股东会决议，认为2011年财务报表显示丰隆公司存在未分配利润，同意按照持股比例多次向杨某、杨某威各分配2011年红利50万元。此后，因照顾生病妻子，杨某退出丰隆公司经营，丰隆公司由杨某威实际控制。2014年6月，智明公司将其持有的丰隆公司股权转让给杨某、杨某威，转让后杨某、杨某威各持股45%和55%，修改后的公司章程对于股东知情权未进行约定。

2016年8月，杨某向丰隆公司的注册地和丰隆公司财务、销售部门所在地邮寄了《关于要求查阅丰隆公司会计账簿和财务会计报告的申请》，申请书中写明杨某

威利用股东身份以及总经理职务便利篡改公司账册、侵占公司财产，且丰隆公司被税务机关稽查偷税、虚开增值税发票事宜，要求查阅丰隆公司自1999年6月至2016年8月的会计账簿（包括但不限于总账、明细账、日记账、其他辅助性账簿、记账凭证、相关合同等）及财务会计报告。上述邮件均被丰隆公司拒收。杨某遂向法院提起诉讼，要求查阅丰隆公司1999年6月至2016年12月的会计账簿（包括原始凭证、记账凭证、总账、明细账、日记账、其他辅助性账簿、相关合同等）和财务会计报告。

【案件焦点】

1. 杨某是否有权查阅丰隆公司的会计账簿和财务会计报告；2. 杨某是否有权查阅丰隆公司的相关合同。

【法院裁判要旨】

北京市通州区人民法院经审理认为：杨某有权查阅丰隆公司的会计账簿、财务会计报告以及相关合同。理由在于：虽然杨某自丰隆公司成立至2012年年底一直参与公司经营，了解公司经营状况，但相关法律并未限制了解公司经营状况的股东行使股东知情权、查阅公司会计账簿和财务会计报告。杨某同意公司进行分红及与智明公司转让股权的行为不能证明杨某对公司经营状况完全知晓，其有权主张行使股东知情权。丰隆公司提供的证据不能证明杨某要求查阅丰隆公司会计账簿及财务会计报告有不正当目的。且虽然法律没有明确规定股东可以查阅相关合同，但公司经营过程中部分资金往来的基础为公司履行与他人签订的合同，合同是否存在及合同的相关约定是公司会计账簿记载内容的依据，应视为公司会计账簿的一部分，杨某有权要求查阅。

北京市通州区人民法院判决：

一、丰隆公司于判决生效之日起十日内在其住所地将1999年6月14日至2016年12月8日的丰隆公司的会计账簿（包括总账、日记账、明细账、其他辅助性账目）、会计凭证（包括记账凭证和原始凭证）和相关合同供杨某查阅；

二、丰隆公司于判决生效之日起十日内在其住所地将1999年6月14日至2016年12月8日的丰隆公司的财务会计报告供杨某查阅、复制。

丰隆公司不服原审判决，提起上诉。北京市第三中级人民法院经审理认为：一审法院支持杨某查阅丰隆公司会计账簿和财务会计报告符合法律规定。关于杨某能否查阅丰隆公司相关合同的问题，因《中华人民共和国公司法》第三十三条并未明确规定股东可以查阅公司的合同，故结合诉辩意见该问题可进一步限缩为合同是否属于公司会计账簿的一部分从而可以纳入股东知情权的范围。首先，《中华人民共和国会计法》第十五条规定，会计账簿包括总账、明细账、日记账和其他辅助性账簿。该法条中并没有合同的相关表述，据此难以认定合同属于会计账簿的一部分。其次，《北京市高级人民法院关于审理公司纠纷案件若干问题的指导意见》第十九条规定，有限责任公司股东有权查阅的公司会计账簿包括记账凭证和原始凭证。杨某主张合同属于会计原始凭证故其有权查阅，丰隆公司不予认可。在法律规定未明确会计原始凭证包括合同的情况下，杨某就其该项主张应当承担证明责任，现杨某既未能举证证明强制性的财务会计操作规范要求将合同作为会计原始凭证入账，亦未能举证证明丰隆公司的会计原始凭证中确实包括合同，亦难以认定合同属于会计原始凭证的一部分。最后，《最高人民法院关于适用〈中华人民共和国公司法〉若干问题的规定（四）》第七条规定，股东依据《中华人民共和国公司法》（以下简称《公司法》）第三十三条、第九十七条或者公司章程的规定，起诉请求查阅或者复制公司特定文件材料的，人民法院应当依法予以受理。据此可以认为，股东通过诉讼要求行使知情权的内容应当是明确的、可以特定化的，杨某起诉要求查阅丰隆公司的相关合同，但其对于“相关合同”的指向既不明确，亦未能特定化，不符合法律规定的形式要件。因此，一审判决确认杨某可以查阅丰隆公司的“相关合同”确有不妥。丰隆公司的上诉请求部分成立。

北京市第三中级人民法院依照《中华人民共和国民事诉讼法》第一百七十条第一款第（二）项之规定，判决如下：

一、变更北京市通州区人民法院（2017）京0112民初61号民事判决第一项内容为：丰隆公司于本判决生效之日起十日内在其住所地将1999年6月14日至2016年12月8日的丰隆公司的会计账簿（包括总账、明细账、日记账、其他辅助性账簿）和会计凭证（包括记账凭证和原始凭证）供杨某查阅；

二、维持北京市通州区人民法院（2017）京0112民初61号民事判决第二项；

三、驳回杨某的其他诉讼请求。

【法官后语】

合同不属于公司法允许股东查阅的公司文件范围。

我国《公司法》规定，有限责任公司股东知情权的范围分为两类：一类是允许查阅和复制且没有目的限制的文件，包括公司章程、股东会会议记录、董事会会议记录、监事会会议决议、财务会计报告等；另一类是只允许查阅，且股东应说明正当理由的文件，只有一项内容，即公司会计账簿。可以看出，我国《公司法》对于有限责任公司股东可以要求查阅文件内容的规定是相对封闭的，即明确了几种文件的范围，且并无兜底条款的设置。相关合同并不在《公司法》规定股东可以查阅的文件范围之内，且从实践来看，亦无相关指导意见或者办案规范规定可以支持股东查阅公司相关合同的请求。

股东行使知情权合理性的司法审判标准，应当考虑以下因素：

第一，公司商业秘密的保护；第二，公司的运行效率；第三，权益的平衡保护。

“相关合同”不必然属于股东能够查阅公司文件的范围。

“相关合同”是否能够纳入会计账簿成为股东可以查阅的文件呢？根据注册会计师考试教材《会计基础》的定义，“原始凭证，又称单据，是指在经济业务发生或完成时取得或填制的，用以记录或证明经济业务的发生或者完成情况的原始凭证，常见的原始凭证有现金收据、发货票、银行进账单、差旅费报销单、产品入库单、领料单等。合同不能证明经济业务已经发生，不属于原始凭证，可以作为原始凭证的附件。”据此，合同作为原始凭证不是强制性的会计操作规范。因此，在允许股东查阅公司会计原始凭证的前提下，如果股东能够证明公司的相关合同系会计原始凭证的组成部分，则可以支持股东要求查阅相关合同的请求，但应当注明仅限于纳入会计原始凭证中的合同。

因此，“相关合同”作为一个不确定的概念，不必然属于有限责任公司股东知情权的范围。一方面，纳入会计原始凭证、作为会计凭证附件的“相关合同”，属于有限责任公司股东可以查阅的文件，对此人民法院可以在判项中予以支持；另一方面，综合考量《公司法》第三十三条、《最高人民法院关于适用〈中华人民共和国公司法〉若干问题的规定（四）》第七条规定的内容，在对“相关合同”特定化之后，且在审查股东请求查阅特定合同的必要性、正当性、合理性的基础上，人民法院在个案裁判中可以考虑支持股东的请求。这种支持是有限度的，需要结合个案的具体情况综合进行判断，而不能简单机械地将合同认定为“属于”或者“不属于”股东知情权的范围。

编写人：北京市第三中级人民法院　熊静

15

股东向公司提出的书面请求不需要达到民事诉讼法上的送达标准

——王某诉北京阳光彼岸文化交流有限公司股东知情权案

【案件基本信息】

1. 裁判书字号

北京市第一中级人民法院（2017）京01民终第5536号民事判决书

2. 案由：股东知情权纠纷

3. 当事人

原告（被上诉人）：王某

被告（上诉人）：北京阳光彼岸文化交流有限公司（以下简称阳光彼岸公司）

【基本案情】

从2009年起至今，王某一直系阳光彼岸公司的股东。阳光彼岸公司共两位股东，即王某和高某，高某为执行董事和控股股东。2012年因逾期年检，阳光彼岸公司被海淀区工商分局处以吊销营业执照的行政处罚，但至今未进行清算。阳光彼岸公司不再实际经营后，其相关的财务账簿（会计账目）、财务会计报告等材料由法定代表人高某掌管。

王某成为阳光彼岸公司股东至今，阳光彼岸公司未按照《公司法》的规定向王某提供过财务会计报告、公司年度财务预算、决算方案等与财务信息相关的资料，同时一直未向王某分配过公司利润。王某分别于2015年3月30日、2016年2月1日两次向阳光彼岸公司的法定代表人高某提交了书面的《告知函》，要求查看公司财务信息，进行合理的公司利润分配。但其一直推诿，未在法定期限内向王某回复，且至今未向王某提供任何相关财务资料信息。

王某认为，阳光彼岸公司的上述行为严重侵害了王某作为公司股东的知情权，故诉至法院，诉讼请求：1. 阳光彼岸公司向王某提供阳光彼岸公司自成立至今的财务账簿（会计账目）、财务会计报告供王某和王某委托的会计师查阅、复印；2. 阳光彼岸公司承担本案诉讼费。

【案件焦点】

王某是否已履行提起股东知情权诉讼的前置程序。

【法院裁判要旨】

北京市海淀区人民法院经审理认为：首先，因阳光彼岸公司于2012年已被吊销，故王某向该公司的法定代表人高某寄送书面《告知函》应视为已向阳光彼岸公司提出书面请求。其次，王某向高某寄送的三封邮件均显示已签收，阳光彼岸公司亦认可邮寄单上记载的联系号码为高某的号码及其中一个地址为高某在嘉华公司的地址。最后，王某曾以股东知情权纠纷为由起诉过阳光彼岸公司，根据该案民事裁定书中载明的情况，阳光彼岸公司在该案中委托代理人参加诉讼，故应认定阳光彼岸公司在该案中收到了相应的应诉材料，知晓王某的相应诉请。综上，本院认为王某已履行前置程序。

王某系阳光彼岸公司的股东，依法享有股东知情权，有权依据公司法的规定，查阅并复制财务会计报告、查阅会计账簿，阳光彼岸公司应予以协助。查阅、复制财务会计报告、查阅会计账簿具有高某的专业性，公司股东并不一定都具备专业的财务知识，故应允许王某委托与阳光彼岸公司无利害关系的一名注册会计师查阅、复制财务会计报告、查阅会计账簿。

北京市海淀区人民法院依照《中华人民共和国公司法》第三十三条、《最高人民法院关于适用〈中华人民共和国民事诉讼法〉的解释》第九十条之规定，判决如下：

一、阳光彼岸公司于本判决生效后十日内，将该公司自2011年8月18日至

2016年7月27日的财务会计报告备好，供王某及其委托的一名注册会计师查阅、复制；将该公司自2011年8月18日至2016年7月27日的会计账簿备好，供王某及其委托的一名注册会计师查阅，上述期间均不得超过七个工作日；

二、驳回王某的其他诉讼请求。

阳光彼岸公司不服一审判决，向北京市第一中级人民法院提起上诉。二审法院同意一审法院裁判意见，依照《中华人民共和国民事诉讼法》第一百七十条第一款第（一）项之规定，判决如下：

驳回上诉，维持原判。

【法官后语】

本案系股东知情权纠纷，审理该类案件的难点在于对“是否已履行完毕前置程序”以及“是否构成同业竞争”的认定。

首先，针对原告起诉前是否履行了前置程序。《中华人民共和国公司法》第三十三条为维护公司的合法权益，对股东知情权的行使设定了两个前提条件：(1) 要求股东提出查阅要求时必须向公司递交书面请求；(2) 要求股东说明查阅有合法的目的。如公司拒绝提供查阅的，股东方可请求人民法院要求公司提供查阅。需强调的是，该条规定并未要求股东向公司提出的书面请求必须达到民事诉讼法上的送达状态，从法条行文和立法本意来看，仅要求股东在查阅会计账簿前首先向公司提出请求和说明，而非要求股东必须就书面请求被公司法定代表人或职员亲自签收进行严格举证。结合本案，应认定原告王某已履行完毕前置程序。

其次，针对不正当目的中的同业竞争问题。公司应提交相应的证据证明要求查阅的股东其自营或者为他人经营的主要业务与公司的主营业务存在实质性竞争关系。如该股东在成为公司股东时，其主营业务即与公司存在相似处，公司亦未在章程中予以特殊规定的，应认为公司对此明知且认可，其无法在后续的经营过程中，以此为由阻却该股东行使股东知情权。如公司已不再经营处于吊销的状态下，股东开始自营或为他人经营相似的主营业务时，亦不应认定该股东构成同业竞争，此时亦不存在损害公司合法权益的可能。

编写人：北京市海淀区人民法院　黄妍妍

16

股东知情权纠纷中股东资格的审查尺度

——李某河诉北京西化达商贸有限公司股东知情权案

【案件基本信息】

1. 裁判书字号

北京市第一中级人民法院（2017）京01民终第9358号民事判决书

2. 案由：股东知情权纠纷

3. 当事人

原告（被上诉人）：李某河

被告（上诉人）：北京西化达商贸有限公司（以下简称西化达公司）

【基本案情】

2000年8月1日，西化达公司成立，注册资本30万元。公司股权结构为：李某里出资10万元，占33.34%股份；李某河出资10万元，占33.33%股份；李某勤出资10万元，占33.33%股份。李某勤与李某河系姐弟关系，李某勤与李某里系夫妻关系。西化达公司章程规定，公司设执行董事一人，设监事一人。公司未设立董事会和监事会，不存在董事会会议决议和监事会会议决议。

李某河主张行使股东知情权，向一审法院起诉请求：1. 判令西化达公司向李某河提供自2000年8月1日起至判决生效之日止的财务会计报告、股东会会议记录、董事会会议决议、监事会会议决议以供李某河查阅、复制；2. 判令西化达公司向李某河提供自2000年8月1日起至判决生效之日止的会计账簿以供李某河查阅、复制。西化达公司辩称，不同意李某河的诉讼请求，公司章程上李某河的签名不是本人签字，李某河没有设立公司的意思表示，也没有出资行为，西化达公司不认可李某河的股东身份。

庭审中，李某河认可公司章程并非其本人签字，而是由他人代办，但其履行了出资义务，以现金的方式出资10万元，并一直参与公司经营。李某河认可未就其主张的要求西化达公司提供会计账簿以供其查阅、复制提出书面申请，但其曾以向公司股东李某勤发送短信的方式提出了申请。

【案件焦点】

李某河是否具有行使股东知情权的股东身份。

【法院裁判要旨】

北京市海淀区人民法院经审理认为，本案西化达公司对李某河的股东身份不认可，但根据工商企业登记信息载明，李某河为西化达公司的股东，虽然双方均确认公司章程并非李某河本人签字，但并不能据此否认李某河的股东身份，西化达公司亦未就李某河未出资的主张出示相应的证据，故应当以工商企业登记的股东信息确认股东的身份。

根据公司法的相关规定，股东有权查阅、复制公司章程、股东会会议记录、董事会会议决议、监事会会议决议和财务会计报告。本案李某河系西化达公司的股东，其要求查阅、复制西化达公司自2000年8月1日起至本判决生效之日止的公司财务会计报告、股东会会议记录的主张，于法有据，该院予以支持，但其要求查阅、复制董事会会议决议、监事会会议决议的主张，因该公司未成立董事会和监事会，因此不存在董事会会议决议和监事会会议决议，故李某河该项主张的标的物并不存在，故该院不予支持。

就李某河要求复制西化达公司会计账簿的主张，于法无据，该院不予支持；就其要求查阅公司会计账簿的主张，根据公司法的规定，股东要求查阅公司会计账簿的，应当向公司提出书面请求，说明目的。李某河未向西化达公司提出书面申请并说明目的，因其尚未完成查阅公司会计账簿的必要程序，故其该项主张缺乏事实及法律依据，该院亦不予支持。

北京市海淀区人民法院依照《中华人民共和国公司法》第三十三条、《中华人民共和国民事诉讼法》第六十四条第一款之规定，判决如下：

一、西化达公司于判决生效之日起十日内将本公司自2000年8月1日起至判决生效之日止期间的本公司的全部财务会计报告、股东会会议记录备于本公司住所地内，供李某河查阅、复制；

二、驳回李某河的其他诉讼请求。

西化达公司不服原审判决，提起上诉。北京市第一中级人民法院认为：股东知情权是股东权的一项重要权利，是法律赋予公司股东了解公司信息的权利，包括股东了解公司的经营状况、财务状况以及其他与股东利益存在密切关系的公司情况的权利。股东知情权依附于股东身份而存在，当事人诉请行使股东知情权的，应对其具有股东身份承担举证责任。本案中，李某河提交的西化达公司章程、股东名录等证据，能够证明李某河的股东身份，故李某河依法享有股东知情权。

在股东知情权诉讼中，法院对当事人股东资格的审查应以形式审查为一般标准，只有在对方提出的相反证据足以导致当事人股东身份动摇的状态下，法院才应进一步实体审查当事人股东身份的真伪。本案中，西化达公司以李某河没有设立公司的意思表示、没有实际出资为理由否认李某河的股东身份，但没有提出确切证据，并不足以导致否认李某河在本案股东知情权诉讼中的股东身份。同时，股东知情权纠纷与股东资格确认纠纷、股东出资纠纷均非同一法律关系，就股东资格是否存在，或股东对公司是否存在出资瑕疵的情形，均可通过其他的纠纷解决方式予以救济，但该类争议并不必然影响法院在现有证据的情况下对股东知情权进行审理，即在股东未丧失公司股东身份之前仍可按照公司法或章程的规定行使相应的股东权，除非章程或股东与公司之间另有约定。故西化达公司关于一审判决认定事实错误的上诉理由，证据不足，本院不予支持。

综上所述，北京市第一中级人民法院依照《中华人民共和国民事诉讼法》第一百七十条第一款第（一）项之规定，判决如下：

驳回上诉，维持原判。

【法官后语】

公司类诉讼之所以复杂，一个重要原因在于其具有的综合性，“剪不断，理还乱”，与特定案由之纠纷类型化存在固有张力。本案系股东知情权纠纷，本不复杂，但难在双方对股东资格产生争议，而对此争议的解决，已经超越了典型股东知情权纠纷所能处理的范畴。对此如何处理，本案提供了一种可供参考、借鉴的思路。

在股东知情权纠纷中，股东资格的审查应当分两步走：第一，对股东资格进行形式审查，即以工商登记、股东名册、公司章程等为准。股东只要提交股东名册或工商登记等，原则上应当认定为具有股东资格。第二，当公司对股东名册或工商登记的记载提出异议，但未能提供有效证据佐证时，对公司的抗辩不予采信，原则上认定原告具有股东资格。但当公司提供足以动摇原告股东身份的证据时，法院则需要进一步实质审查当事人股东身份的真伪，如经查明股东系被冒名登记，即无出资的事实，亦无成为股东的合意，即需要先行解决股东资格的问题，再来判断是否具有股东知情权。需要明确的是，此时“足以动摇原告股东身份的证据”并非指形式上的不是本人签字、本人未履行出资义务等证据，而是足以证明缺乏成立公司合意、登记错误等根本否定股东资格的重大瑕疵。因于股东知情权纠纷与股东资格确认纠纷等并非同一法律关系，一些复杂的案件可能无法在股东知情权诉讼中彻底解决股东资格的认定问题，此时，应当向双方释明，先解决股东资格问题，在股东身份没有争议的情况下再行使股东知情权。

本案中，西化达公司对李某河的股东身份提出质疑，认为公司章程上李某河的签名不是本人签字，亦没有出资行为。但现实生活中，公司代办现象普遍，非本人签字并不是否认具有股东资格的核心要素，李某河亦认可公司章程并非其本人签字。关于是否出资，双方表述不一，但现有证据并未表明公司股东存在出资不到位的情况，在工商登记等资料证明已经足额出资的情况下，公司对此负有举证不能的责任。综上，公司提供的证据未达到足以动摇李某河股东资格的标准，因此不足以导致否认李某河在本案股东知情权诉讼中的股东身份。当然，如西化达公司及其股东事后有其他证据足以否认李某河的股东资格，可以另行提起股东资格确认纠纷等予以解决，但并不影响法院在现有证据的情况下对股东知情权进行审理。

编写人：北京市第一中级人民法院　郭帅

17

会计原始凭证是否属于股东知情权查阅范围

——洪某明诉北京鲁丹鹏商贸有限公司股东知情权案

【案件基本信息】

1. 裁判书字号

北京市大兴区人民法院（2017）京0115民初第20404号民事判决书

2. 案由：股东知情权纠纷

3. 当事人

原告：洪某明

被告：北京鲁丹鹏商贸有限公司（以下简称鲁丹鹏公司）

【基本案情】

2013年3月1日，王某丹及侯某朋共同出资成立鲁丹鹏公司。后鲁丹鹏公司股东变更为王某丹、洪某明、李某群三人，三人各出资50万元。但在公司经营期间，王某丹存在挪用公司资产、拒不说明公司资金去向的情况，故洪某明向鲁丹鹏公司寄去函件，申请查阅及复制相关材料。但鲁丹鹏公司拒不配合出具书面材料，至今未向洪某明说明公司经营情况及资金走向，故诉至法院：1. 要求查阅、复制鲁丹鹏公司提供自2017年1月1日至2017年8月30日期间的公司章程、股东会会议记录、董事会会议记录、监事会会议决议和财务会计报告；2. 要求查阅鲁丹鹏公司自2017年1月1日至2017年8月30日期间的会计账簿和会计凭证。

【案件焦点】

1. 洪某明作为股东能否查阅会计原始凭证；2. 洪某明能否委托他人查阅会计账簿及会计凭证。

【法院裁判要旨】

北京市大兴区人民法院经审理认为：一、关于洪某明可以查阅会计原始凭证。依据《中华人民共和国会计法》第十五条第一款规定："会计账簿登记，必须以经过审核的会计凭证为依据，并符合有关法律、行政法规和国家统一的会计制度的规定。会计账簿包括总账、明细账、日记账和其他辅助性账簿"。该法第十四条规定："会计凭证包括原始凭证和记账凭证"。因此，会计账簿是根据会计凭证制作，会计凭证既是会计账簿形成的基础，又是验证会计账簿对公司财务状况的记录是否完整准确的依据，若只允许股东查阅会计账簿而不能查阅会计凭证，股东将很难获得充分、真实、全面的信息，难以实现其查阅公司会计账簿的目的，故本院认为应当允许洪某明查阅会计凭证，含记账凭证及原始凭证。另，洪某明起诉前向鲁丹鹏公司寄送《查账申请书》，鲁丹鹏公司于2017年9月20日向洪某明发送《拒绝通知》，拒绝洪某明的查阅申请，洪某明已履行了公司法规定的查阅特定文件的前置程序。因此，对洪某明要求查阅自2017年1月1日起至2017年8月30日期间的会计账簿（包括总账、明细账、日记账和其他辅助性账目）和会计凭证（含记账凭证、相关原始凭证及作为原始凭证附件入账备查的有关资料）的诉讼请求中，因"作为原始凭证附件入账备查的有关资料"表述不明确，且该资料属于原始凭证的附件，故对该部分诉讼请求，本院不予支持，其余部分，本院予以支持。

二、洪某明能否委托特定人员查阅会计账簿及会计凭证。《最高人民法院关于适用〈中华人民共和国公司法〉若干问题的规定（四）》（以下简称《公司法解释（四）》）第十条第二款规定："股东依据人民法院生效判决查阅公司文件材料的，在该股东在场的情况下，可以由会计师、律师等依法或者依据执业行为规范负有保密义务的中介机构执业人员辅助进行。"依据该规定，洪某明依据判决查阅相关资料时，可以委托的辅助查阅的人员限定于负有法定保密义务的中介机构执业人员，且查阅时洪某明应当在场。本案中，洪某明未明确委托人身份，故对其要求委托人查阅相关资料的诉讼请求部分，本院不予支持。

综上，依照《中华人民共和国公司法》第三十三条，《中华人民共和国会计法》第十四条第一款、第十五条第一款，《公司法解释（四）》第七条、第八条、第十条之规定，判决如下：

一、被告鲁丹鹏公司于本判决生效之日起十日内向原告洪某明提供自2017年1

月1日起至2017年8月30日期间的公司章程、股东会会议记录和财务会计报告，供原告洪某明查阅、复制。查阅、复制的地点为北京市大兴区旧宫镇东亚五环国际7号楼1309室，查阅、复制时间不得超过十五日；

二、被告鲁丹鹏公司于本判决生效之日起十日内向原告洪某明提供自2017年1月1日起至2017年8月30日期间的会计账簿（包括总账、明细账、日记账和其他辅助性账目）和会计凭证（含记账凭证、原始凭证），供原告洪某明查阅；查阅的地点为北京市大兴区旧宫镇东亚五环国际7号楼××室，查阅时间不得超过十五日；

三、驳回原告洪某明的其他诉讼请求。

【法官后语】

关于股东可否查阅原始会计凭证的问题。虽然公司法及司法解释中均未明确将会计凭证列入股东知情权查阅范围，但会计账簿是以会计凭证为依据，由具有专门格式而又相互联系的账页组成。会计账簿是连续、系统、全面地记录和反映各项经济业务的簿籍。设置和登记账簿是会计核算的方法之一。现我国市场经济处于起步阶段，目前在公司的管理实践中尚存在与诚信原则相悖的情况，如公司中存在数个账簿，不能排除存在虚假账簿的可能性，若判决未允许股东查阅作为会计账簿制作依托的原始凭证，那么对股东知情权的保护力度将大大减弱。于股东而言，其将难以从虚假的会计账簿中发现公司管理层是否滥用管理权，侵害股东权益的事实。故对于会计账簿的查阅范围可以做适当的扩张解释，有条件地包含原始会计凭证。

关于专业第三人辅助股东行使查阅权的问题。依据《公司法解释（四）》中的规定，股东依据人民法院生效判决查阅公司文件材料的，在该股东在场的情况下，可以由会计师、律师等依法或者依据执业行为规范负有保密义务的中介机构执业人员辅助进行。从立法目的的角度分析，即便法院判令公司提供相关文件供股东进行查阅、复制，多数股东在应对专业性较强的股东会、董事会等相关文件及会计账簿时，由于自身财务、公司管理等方面的专业知识不足，仍然难以实现查阅公司特定文件的目的。允许专业人士进行辅助查阅，有助于现实保护股东知情权的立法目的，同时可以提高查阅质量。但对于专业人员、辅助人员的身份须当事人在诉讼请求中予以明确，须符合司法解释对于辅助查询人员身份的规定，否则可能对公司的正常经营造成不利影响，亦可能发生泄露公司秘密的情况。

关于查询时间及查询地点的问题。为了更好地保证股东行使知情权，《公司法解释（四）》中的第十条第一款明确规定判决主文中应列明查阅或复制公司特定文件的时间、地点和特定文件材料的名录。因此，在股东知情权案件审理的过程中，应给予双方协商确定查阅时间、查阅时长、查阅地点的权利。一方面有利于股东知情权的及时实现；另一方面最大限度地减少查阅或复制相关文件对公司正常经营的影响。若双方当事人协商不成，法院应依职权确定双方均较为便利的时间、地点进行查询。

编写人：北京市大兴区人民法院　郝文婷　刘娇

18

如何认定股东行使知情权的不正当目的

——陈某武诉北京源信创想信息技术有限公司股东知情权案

【案件基本信息】

1. 裁判书字号

北京市朝阳区人民法院（2017）京0105民初第26779号民事判决书

2. 案由：股东知情权纠纷

3. 当事人

原告：陈某武

被告：北京源信创想信息技术有限公司（以下简称源信公司）

【基本案情】

源信公司为有限责任公司，股东为艾某、吕某宁、黄某光和陈某武。2017年3月7日，陈某武的委托律师江某向源信公司的张某和吕某宁分别邮寄律师函，要求查阅、复制2009年7月10日至今全部的公司章程、股东会会议记录、董事会决议、财务会计报告，并查阅2009年7月10日至今全部的会计账簿和会计凭证。源信公司收到律师函后，认为函件中没有陈某武的签字，也没有附随陈某武的授权委托书，因此其无法确定是否是陈某武的真实意思表示，拒绝该申请。吕某宁向全体股东发送邮件通报了陈某武查阅公司财务资料一事，并召开了股东会进行讨论作出不同意陈某武查阅的决议，陈某武江华在决议中表示反对。

陈某武作为股东与案外人徐某珊成立北京众辉科技有限公司（以下简称众辉公司），徐某珊还与他人成立上海硕捷信息咨询有限公司（以下简称硕捷公司）。源信公司提交的公证书显示，源信公司在官方网站宣传称，源信公司是中国领先的全媒体监测机构，源信通过软件（即 SaaS）平台高效集成并整合多渠道媒体数据信息，为客户提供自助在线系统服务、高级定制报告服务以及政府舆情监控服务等在内的多元化产品。源信监测范围全面覆盖各类媒体，为客户提供包括中国大陆地区、港澳台以及东南亚地区最为全面、及时、准确的媒体及舆情信息。众辉公司的官方网站宣传，众辉以大数据技术、智能计算技术为基础，加工和挖掘有价值的知识和情报，为企业服务市场提供多视角分析；同时依托成熟的数据采集系统，利用海量行业数据信息，帮助企业把握行业动态走向，众辉公司进行数据采集、数据分析、数据运用。众辉公司和源信公司的微信公众号的功能介绍与网站宣传基本一致。源信公司称其主营业务为媒体数据监测；陈某武称众辉公司的主营业务为媒体数据的监控、收集和分析。

众辉公司系成立于 2015 年 4 月 1 日的有限责任公司，股东为徐某珊和陈某武，经营范围与源信公司基本一致。硕捷公司系成立于 2013 年 2 月 18 日的有限责任公司，股东为徐某珊和郑某。

【案件焦点】

陈某武行使股东知情权是否有不正当目的。

【法院裁判要旨】

北京市朝阳区人民法院经审理认为：通过源信公司和众辉公司的官方网站的宣传内容以及源信公司和众辉公司的微信公众号显示的功能介绍，可以看出，源信公司和众辉公司从事的业务均是利用技术手段，对各类媒体进行监测和数据分析，为客户提供舆情信息和解决方案，虽然两公司所使用的技术手段或者监控软件不同，但其主营业务、业务区域以及所针对的客户群是一致的，因此，两公司存在业务上的竞争关系。根据企业信息记载，陈某武不仅是源信公司的股东，而且也是众辉公司的股东。陈某武通过查阅源信公司的会计账簿和原始凭证，可以获知源信公司的客户资料和合同底价等属于商业秘密的信息，使得源信公司在以后和众辉公司的业务竞争中可能处于不利地位，继而损害了源信公司的利益。因此，源信公司认为陈某武行使股东知情权存在不正当目的的抗辩意见，有相应的事实依据，法院予以采信，陈某武不得查阅会计账簿和原始凭证。但对财务会计报告，陈某武有绝对权利查阅，故法院对此予以支持。至于源信公司提出的硕捷公司也与源信公司存在业务竞争关系，硕捷公司与众辉公司系关联公司的抗辩意见，法院认为，源信公司除证明了众辉公司的股东徐某珊也为硕捷公司的股东外，并未提交其他证据证明二者还存在其他关联关系，故硕捷公司是否与源信公司存在业务竞争关系，与陈某武在本案中行使股东知情权没有关联性，法院对该项答辩意见不予采信。

北京市朝阳区人民法院依照《中华人民共和国公司法》第三十三条之规定，判决如下：

一、被告源信公司于本判决生效之日起十日内向原告陈某武提供源信公司自2009年7月10日至判决生效之日止的财务会计报告供原告陈某武及其委托的注册会计师进行查阅；

二、驳回原告陈某武的其他诉讼请求。

【法官后语】

在审判实践中，认定查阅会计账簿的“不正当目的”时，应当以“可能损害公司合法利益”为前提。但是由于损害后果并未实际发生，故对“可能”只能通过常理进行判断，但应当达到较大可能性；同时，裁判时必须有合理根据，通过对客观证据的收集和分析，以股东存在某种或某些客观行为来合理认定或者进行法律推定。

《最高人民法院关于适用〈中华人民共和国公司法〉若干问题的规定（四）》第八条规定了具体的三种情形。需要注意的是，在现实中股东从事与公司有竞争关系的经营是较为常见的，如果过度限制乃至剥夺此类股东的知情权，将会对这类股东的权利造成损害。为解决这一问题，《最高人民法院关于适用〈中华人民共和国公司法〉若干问题的规定（四）》第八条第（一）项中包含了但书条款，允许公司通过章程或者全体股东的约定来排除适用。

本案在审理过程中，虽然源信公司没有提交直接证据证明陈某武另外投资的众辉公司谋取源信公司的商业机会，但是，法院通过源信公司提交的源信公司和众辉公司的企业公示信息、官方网站、微信公众号等证据，系统比对两公司的经营范围、主营业务、业务区域和服务对象等方面，遵循客观事实证明主观目的的推理路径，最终认定众辉公司和源信公司存在实质性的竞争关系，可能会损害源信公司合法利益，陈某武查账存在不正当目的。

编写人：北京市朝阳区人民法院　代策

19

小额股东的知情权依法受保护

——黄某辉、董某辉诉福建省莆田市三鑫钢铁制品有限公司、福建省莆田市三鑫装潢制品有限公司股东知情权案

【案件基本信息】

1. 裁判书字号

福建省莆田市中级人民法院（2017）闽03民终第2875号民事判决书

2. 案由：股东知情权纠纷

3. 当事人

原告（被上诉人）：黄某辉、董某辉

被告（上诉人）：福建省莆田市三鑫钢铁制品有限公司（以下简称三鑫钢铁公司）、福建省莆田市三鑫装潢制品有限公司（以下简称三鑫装潢公司）

【基本案情】

三鑫钢铁公司、三鑫装潢公司分别于2004年2月25日、2004年5月10日成立。2008年5月5日，其法定代表人陈某棋出具股份凭证给黄某辉、董某辉确认收到其投资款；2008年5月18日，二公司（股份凭证上记载福建省莆田市三鑫钢铁

制品有限公司和福建省莆田市三鑫装潢制品有限公司为同一公司）出具股份凭证给黄某辉、董某辉，确认黄某辉、董某辉在公司上的股份分别比例为0.851%、1.702%。现黄某辉、董某辉认为，二公司成立至今尚未向其通报公司经营情况，也未通知二人参加股东会，致使二人的股东权益得不到保障。2017年2月18日，黄某辉、董某辉委托律师向二公司的法定代表人陈某棋寄去律师函，要求查阅、复制公司自成立以来的公司章程、股东会会议记录、财务会计报告、会计账簿、会计记账凭证、原始凭证及相关合同、协议、税收凭证、债权债务凭证等文件，邮件于2017年2月19日签收，但二公司未作答复。致黄某辉、董某辉于2017年3月15日诉至法院提出以下诉求：1. 二公司向黄某辉、董某辉完整提供公司自成立至今的公司章程、财务会计报告（包括资产负债表、损益表、现金流量表、财务情况说明书和利润分配表）、股东会会议记录以供黄某辉、董某辉及其委托的注册会计师查阅、复制；2. 二公司向黄某辉、董某辉提供自公司成立至今的会计账簿及与之相关的原始凭证等会计资料（包括总账、明细账、日记账、会计记账凭证、原始凭证及相关合同、协议、税收凭证、债权债务凭证）以供黄某辉、董某辉及其委托的注册会计师查阅。

【案件焦点】

1. 黄某辉、董某辉能否行使知情权；2. 黄某辉、董某辉要求行使知情权的范围及方式是否符合法律规定。

【法院裁判要旨】

福建省莆田市仙游县人民法院经审理认为：股东依法享有知情权，即对公司经营管理等重要情况或信息真实了解和掌握的权利，是股东依法享有资产收益、参与重大决策和选择管理者等权益的基础性权利。根据法院分析认定，黄某辉、董某辉请求三鑫钢铁公司、三鑫装潢公司提供公司自成立以来的公司章程、财务会计报告（包括资产负债表、损益表、现金流量表、财务情况说明书和利润分配表）、股东会会议记录供黄某辉、董某辉及其委托的注册会计师查阅、复制，请求三鑫钢铁公司、三鑫装潢公司提供自公司成立以来的会计账簿（含总账、明细账、日记账、其他辅助性账簿）及相关的会计凭证（含记账凭证、原始凭证及作为原始凭证附件入账备查的相关资料）供黄某辉、董某辉及其委托的注册会计师查阅，合理合法，法院予以支持。至于查阅时间和地点，公司法赋予股东知情权的目的和价值在于保障股东权利的充分行使，而并非对公司财务的全面审计，从维护公司正常经营和保护公司商业秘密方面考虑，法院酌情确定查阅时间为10个工作日，查阅地点为三鑫钢铁公司、三鑫装潢公司。三鑫钢铁公司、三鑫装潢公司的上述辩称意见，缺乏依据，法院不予采信。依照《中华人民共和国公司法》第四条、第三十三条，《中华人民共和国会计法》第九条第一款、第十四条、第十五条、第二十条，《中华人民共和国民法通则》第六十三条，《最高人民法院关于适用〈中华人民共和国民事诉讼法〉的解释》第九十条之规定，判决如下：

一、三鑫钢铁公司、三鑫装潢公司应在判决生效之日起十日内提供公司自成立以来的公司章程、财务会计报告（包括资产负债表、损益表、现金流量表、财务情况说明书和利润分配表）、股东会会议记录供黄某辉、董某辉及其委托的注册会计师查阅、复制；

二、三鑫钢铁公司、三鑫装潢公司应在判决生效之日起十日内提供公司自成立以来的会计账簿（含总账、明细账、日记账、其他辅助性账簿）及相关的会计凭证（含记账凭证、原始凭证及作为原始凭证附件入账备查的相关资料）供黄某辉、董某辉及其委托的注册会计师查阅；

三、上述材料由黄某辉、董某辉及其委托的注册会计师在三鑫钢铁公司、三鑫装潢公司内查阅，查阅时间不得超过十个工作日。

三鑫钢铁公司、三鑫装潢公司不服一审判决，提出上诉。福建省莆田市中级人民法院经审理认为：三鑫钢铁公司、三鑫装潢公司的工商登记信息中，虽未列明黄某辉、董某辉的股东身份，但公司股东资格的确认并不以工商登记为决定性因素。根据黄某辉、董某辉一审提供的三鑫公司股东股份登记册、民事调解书以及股份凭证，可以认定黄某辉、董某辉系三鑫钢铁公司、三鑫装潢公司的在册股东。黄某辉、董某辉作为公司股东，出于了解公司经营、财务状况，维护自己股东权利的目的，有权对公司行使股东知情权。三鑫钢铁公司、三鑫装潢公司关于黄某辉、董某辉无权独立行使股东知情权的主张没有法律依据，不予支持。由于公司的经营、发展是一个动态的、连续的过程，公司在各阶段的经营、财务状况不可能完全脱节或毫无关联。如果不允许股东查阅其成为股东之前的公司资料，则明显不利于对股东权益的保护。同时，《中华人民共和国公司法》第三十三条并未对股东查阅公司特定文件材料的时间范围进行限制，只要属于规定的文件材料范围，公司股东即有权要求查阅或复制。故三鑫钢铁公司、三鑫装潢公司关于无法确定黄某辉、董某辉何时成为公司股东，不能查阅公司自成立以来的特定文件材料的主张，无事实和法律依据，本院不予支持。《最高人民法院关于适用〈中华人民共和国公司法〉若干问题的规定（四）》第十条第二款规定：“股东依据人民法院生效判决查阅公司文件材料的，在该股东在场的情况下，可以由会计师、律师等依法或者依据执业行为规范负有保密义务的中介机构执业人员辅助进行。”因公司财务会计报告以及会计账簿等文件内容涉及财务、会计等专业知识，鉴于黄某辉、董某辉的文化水平、知识结构或者其他方面的限制，未必能理解公司特定文件材料的内容。黄某辉、董某辉委托注册会计师进行协助，既符合法律规定，也有助于股东知情权的实现，故一审法院判决允许黄某辉、董某辉在行使股东知情权时委托注册会计师予以协助，并无不当。三鑫钢铁公司、三鑫装潢公司的上诉请求不能成立，应予驳回；一审判决认定事实清楚，适用法律正确，应予维持。

福建省莆田市中级人民法院依照《中华人民共和国民事诉讼法》第一百七十条第一款第（一）项规定，判决如下：

驳回上诉，维持原判。

【法官后语】

响应“大众创业、万众创新”的号召，近年来越来越多的人自主创业，公司数量迅速增长，公司治理纠纷和股东权利纠纷的案件也逐年上升。《中华人民共和国公司法》第三十三条、第九十七条，赋予股东查阅、复制公司章程、决议、财务会计报告等文件材料的权利。该权利是股东权利中的基础性权利，应当依法受保护。但是许多公司大股东利用其资本占多数的优势，排挤、压榨小股东，使得小股东对公司的经营状况、发展方向等并不知晓，他们在获得期待利益的过程中处于信息获取的弱势地位。这样一来，损害了小股东的利润分配权与知情权。有些小股东也会主动向公司提出申请，对公司进行查账，来维护自身的权益。但是像本案一样，许多公司的董事、经理经常以各种理由拒绝股东查账，一些股东权益被损害后，得不到司法救济。

在本案二审审理的过程中，新出台的《最高人民法院关于适用〈中华人民共和国公司法〉若干问题的规定（四）》依法强化了对股东知情权与利润分配权的保护。其以列举的方式，明确划定公司拒绝权行使的边界，明确公司不得以公司章程、股东间协议等方式，实质性剥夺股东的法定知情权；对侵害股东知情权的董事、高管规定了赔偿责任及对公司股东滥用权力，导致公司不分配利润给其他股东造成损失的行为进行适当的司法干预，从根本上防止其损害股东的知情权及利润分配权。

本案的审结，对维护小额股东权利，协调股东与公司关系，推动公司法人治理机制完善，营造良好的营商环境有着积极意义。

编写人：福建省莆田市仙游县人民法院 郑晓琳

四、公司盈余分配纠纷

20

无股东分红决议时，能否请求分配利润

——潘某芳诉广西南宁实展商务有限公司、谢某公司盈余分配案

【案件基本信息】

1. 裁判书字号

广西壮族自治区南宁市青秀区人民法院（2017）桂民初第2034号民事判决书

2. 案由：公司盈余分配纠纷

3. 当事人

原告：潘某芳

被告：广西南宁实展商务有限公司、谢某

【基本案情】

潘某芳系广西南宁实展商务有限公司的股东、董事，公司自2010年12月3日成立至今从未按照公司法的规定向股东提供过一次财务会计报告，公司的年度财务预算、决算方案，也从未提请通过董事会、股东大会审议。根据潘某芳与谢某初步结算，广西南宁实展商务有限公司尚有未分配盈余200多万元，因此，潘某芳应分配得到100万元，可谢某擅自独占，没有分配给潘某芳。潘某芳多次要求分配未果，遂诉至法院请求判令广西南宁实展商务有限公司、谢某支付潘某芳经营盈余100万元。

【案件焦点】

公司章程未包含利润分配方案且股东会未就利润分配的具体方案作出决议之前，潘某芳作为股东能否享有利润分配请求权。

【法院裁判要旨】

广西壮族自治区南宁市青秀区人民法院经审理认为：根据《中华人民共和国公司法》第三十七条、第四十六条、第一百六十六条之规定，有限责任公司是否分配利润以及分配多少利润属于公司股东会议决议事项。股东基于投资关系取得公司利润分配的期待权，但是能否转化为具体的利润分配请求权，不仅取决于公司是否盈利，还要看股东会是否依法作出利润分配的决议等多项条件。在股东会就利润分配的具体方案作出决议之前，股东不享有利润分配请求权。本案中，潘某芳虽为广西南宁实展商务有限公司的股东，但其未能举证证明广西南宁实展商务有限公司已就公司利润分配方案形成决议或公司章程包含利润分配具体方案，故对潘某芳诉请要求分配广西南宁实展商务有限公司利润的请求，因缺乏依据，不予支持。

广西壮族自治区南宁市青秀区人民法院依照《中华人民共和国公司法》第三十七条、第四十六条、第一百六十六条和《中华人民共和国民事诉讼法》第六十四条、第一百四十四条之规定，判决：

驳回潘某芳的全部诉讼请求。

【法官后语】

公司盈余分配请求权是期待权，是否分配利润需要具体依据公司股东会的决议或公司章程的规定，人民法院不能代替公司作出经营的判断和选择，因此在没有股东会决议或者公司章程规定的前提下，人民法院不宜判决分配利润。

结合本案，潘某芳和谢某在设立公司时已在章程中约定股东会有权审议批准公司的利润分配方案和弥补亏损的方案，因此潘某芳应当严格按公司章程的规定行使股东权利，请求分配公司利润。本案中，潘某芳在没有提交公司分配利润的股东会决议情况下，仅以单方自行委托会计师事务所所作的审计结论为依据，通过诉讼方式要求公司分配利润，有违公司自治原则。

本案判决作出在《最高人民法院关于适用〈中华人民共和国公司法〉若干问题的规定（四）》颁布施行之前，判决结果与该司法解释第十五条“股东未提交载明具体分配方案的股东会或股东大会决议，请求公司分配利润的，人民法院应当驳回其诉讼请求”相符。司法解释肯定了公司的商业判断权，同时规定了必要的例外，对司法介入公司盈余分配纠纷提供了依据。

简言之，对公司盈余分配的问题应先由股东通过股东会或章程的方式予以解决，在穷尽公司内部救济手段无果的情况下，司法才能有限度地进行干预，所谓限度即法院裁量权的行使应充分尊重公司自治的原则，在判决关于分配的期限、范围、比例或金额等时应遵从已有的约定，并充分听取各股东的意见。

编写人：广西壮族自治区南宁市青秀区人民法院　罗春海　梁芳燕

21

公司盈余分配纠纷案件的审查要件

——王某诉福州欧尚建材有限公司公司盈余分配案

【案件基本信息】

1. 裁判书字号

福建省福州市中级人民法院（2017）闽01民终第2804号民事判决书

2. 案由：公司盈余分配纠纷

3. 当事人

原告（被上诉人）：王某

被告（上诉人）：福州欧尚建材有限公司（以下简称欧尚公司）

【基本案情】

2009年2月20日，王某、林某、黄某汉、汪某共同签订一份《股东协议书》，约定王某加入欧尚公司董事会，持技术股任股东，其中林某占公司股份65%，汪某、黄某汉分别占公司股份12.5%，王某占公司股份10%（技术股，未投入现金，以技术为股份）；公司股东捆绑合作方法初定三年，从签订之日起算，途中出现股东退股，不享受固定资产分成和三年中截留所剩现金分红的比例，合作期满股东享受截留现金分红，按股份比例提取。

2013年12月23日，王某、黄某汉、汪某签署一份《清算书》，主要内容是：欧尚公司因股东中止合作清算如下，截止到2012年12月31日欧尚公司总盈利1621253元，根据股份构成比例，林某收益1053816元、黄某汉收益202656元、汪某收益202656元、王某收益162125元。

原告诉请：1. 确认原告依法享有被告公司10%股权；2. 判令被告向原告支付利润分配额600000元及逾期付款利息（自起诉之日起按照中国人民银行同期同类贷款基准利率的四倍计至款项实际结清之日止）；3. 本案诉讼费用由被告承担。诉讼中，王某变更诉讼请求为：1. 被告向原告支付利润分配额162125元及逾期付款利息（自起诉之日起按照中国人民银行同期同类贷款基准利率的四倍计至款项实际结清之日止）；2. 本案诉讼费用由被告承担。

被告欧尚公司辩称，1. 根据《清算书》，原告于2013年12月23日就知道欧尚公司存在盈利的情况，其应当在2015年12月23日前提起诉讼。因此，原告的诉请已经超过了诉讼时效。2. 从2009年到2012年，欧尚公司并没有盈利，不存在利润分配的情形。3.《清算书》没有占公司股份65%股东林某的签字，系无效决议，无法律效力。

另查明，在（2015）台民初字第3227号欧尚公司与王某、艾静民间借贷纠纷一案中，欧尚公司提交《清算书》作为证据，以证明欧尚公司股东中止合作，截止到2012年12月31日公司盈利已清算完毕。欧尚公司在发表对《股东协议书》的质证意见时陈述2012年12月31日后，王某不再是公司股东；在发表辩论时陈述《清算书》原件由欧尚公司保管。

【案件焦点】

1. 本案是否超过诉讼时效；2. 关于《清算书》的法律效力；3. 欧尚公司在2009年2月20日至2012年12月31日期间是否盈利的问题。

【法院裁判要旨】

福建省福州市台江区人民法院经审理认为：王某请求分配公司盈余的依据是《清算书》，《清算书》未约定履行期限，且从现有证据也不能确定履行期限，根据《最高人民法院关于审理民事案件适用诉讼时效制度若干问题的规定》第六条关于未约定履行期限的合同的规定，王某请求欧尚公司分配公司盈余没有超过诉讼时效期间，因此，欧尚公司提出的诉讼时效抗辩不能成立。

《清算书》所载内容主要涉及公司盈利分配，根据《中华人民共和国公司法》第三十七条的规定，公司的利润分配方案由股东会审议批准，王某与欧尚公司在诉讼中亦确认《清算书》具有股东会决议的性质，据此，对《清算书》属于股东会决议予以认可。《清算书》所载的关于公司盈余按各股东股份分配的内容符合《中华人民共和国公司法》第三十四条关于“股东按照实缴的出资比例分取红利”的规定，也未违反其他法律法规的强制性规定，因此，《清算书》是合法有效的，欧尚公司关于《清算书》是无效决议的抗辩，缺乏依据，不予采纳。

王某提交的《清算书》可以证明欧尚公司在上述期间存在盈利，欧尚公司否认上述期间存在盈利，应当对此承担举证证明责任。欧尚公司仅提交了其单方制作的《损益表》，而《损益表》的内容真实性本院无法确认，也没有其他证据予以佐证。另外，《清算书》虽然未有林某的签字，但《清算书》原件由欧尚公司持有，欧尚公司在另案诉讼中亦提交《清算书》作为证据，林某系欧尚公司的法定代表人，可以推定林某对《清算书》所载的有关盈余分配内容是知情且认可的。

福建省福州市台江区人民法院判决：

一、被告欧尚公司应于本判决生效之日起十日内，向原告王某分配利润162125元；

二、驳回原告王某其他的诉讼请求。

二审法院同意一审法院裁判意见，依法作出判决：

驳回上诉，维持原判。

【法官后语】

股东利润分配请求权的实现要件主要有三个：请求权的主体要件，提起公司盈余分配之诉的主体是公司的股东；实质要件和形式要件，公司拥有可供分配的盈余之后，经过股东会批准公司的盈余分配方案后才可进行利润分配；程序要件。股东不能以享有资产收益权为由直接请求法院判决公司分配利润，通常在公司董事会、股东会已经形成盈余分配决议，而公司拒不执行该决议，只是股东依据该决议所享有的盈余分配给付请求权遭到侵害时，股东方可提起其盈余分配权诉讼。

第一，主体要件审查方面，本案的原告虽未记载在工商登记资料上，但通过其提供的《股东协议书》《请算书》以及当事人陈述，可以认定在2009年2月20日至2012年12月31日期间，原告王某系欧尚公司的股东，有权请求欧尚公司分配公司盈余。第二，实质要件审查方面，本案的关键系对《清算书》性质及法律效力的认定。原被告在庭审中确认该《清算书》具有股东会决议的性质，那么需要确认其内容是否存在违反法律法规规定或程序问题而被撤销的情形即可。首先，《清算书》内容系针对欧尚公司阶段性盈利部分作出分配，符合《中华人民共和国公司法》第三十七条关于公司利润分配方案应由股东会审议批准的规定，亦不违反法律法规的强制性规定，故载明的决议内容合乎法律规定。其次，欧尚公司自该份《清算书》签订之时即已持有并于另案诉讼中作为证据提交。欧尚公司的法定代表人林某持股65%并实际经营管理，公司盈利情况及盈余分配作为公司经营管理中的重大事项之一，其在公司实际持有该清算书原件又负责公司经营管理的情况下应当知晓盈余分配之情形。况且，林某于《清算书》作出之日起至今均未曾主张撤销该份具有股东会决议性质的《清算书》，应视为其认可《清算书》之效力。欧尚公司关于林某对《清算书》未签字确认且不知情而不具法律效力的意见，于法无据，于理不合，故不予采纳。尽管公司盈余分配案件原则上应以公司权力机关作出盈余分配决议作为前提，且股东会作出盈余分配决议属于原告股东的举证责任，但对于股东决议的审查，并不拘泥于《股东决议》的形式要件的审查，经股东讨论形成合意，并且根据案件实际情况综合判断文件的性质与效力，能更好地保护股东的资产收益权。第三，在程序性审查方面，欧尚公司在答辩阶段认为《清算书》没有占公司股份65%股东林某的签字，无法律效力，以此拒绝进行盈余分配。

综上，公司盈余分配纠纷案件作为小股东资产收益权的救济途径，但也需要贯彻司法谨慎干涉商业的原则，审慎审查其实质要件与形式要件，合理分配举证责任，以更好地发挥公司盈余分配之诉设置的目的。

编写人：福建省福州市台江区人民法院　张颖

22

名义股东强制清算，实际出资人能否向公司主张自益权

——张某云诉淮安市淮宁高速客运有限公司、江苏农垦淮安客运有限公司公司盈余分配案

【案件基本信息】

1. 裁判书字号

江苏省淮安市中级人民法院（2016）苏08民初第115号民事判决书

2. 案由：公司盈余分配纠纷

3. 当事人

原告：张某云

被告：淮安市淮宁高速客运有限公司（以下简称淮宁高速）、江苏农垦淮安客运有限公司（以下简称农垦公司）

【基本案情】

淮宁高速成立于2005年7月29日，公司章程载明公司注册资本为人民币1000万元。公司股东为淮安汽车运输集团有限公司（以下简称淮气公司）、农垦公司、淮安市中意机械有限公司、淮安雨虹商贸有限公司，其中被告农垦公司以实物出资50万元，出资比例为5%。2005年8月20日，张某云（乙方）与被告农垦公司（甲方）签订协议一份，约定根据淮安市交通局、省运管局组建淮宁专线公司的有关精神，在1000万元的注册资本中，甲方以法人股方式出资50万元，占注册资本的5%。该协议第一条约定：甲方在淮宁高速出资50万元的股金，其中乙方出资30万元。

2014年9月19日，本院作出（2014）淮中法商清预字第0003号民事裁定书，裁定受理农垦公司清算一案。2014年9月22日，本院作出（2014）淮中商清算字第0002号民事决定书，指定盱眙永盛会计师事务所有限公司为农垦公司清算组。

2015年2月26日，本院立案受理原告张某云诉被告农垦公司，第三人淮汽公

司、胡茂军公司盈余分配纠纷一案，该案生效判决确认张某云为农垦公司所占淮宁高速5%股权中3%股权的实际出资人。

2016年2月1日，淮宁高速作出股东会决议并形成2015年度分红方案，确定农垦公司2015年度分红款为40万元。现淮宁高速拒绝将分红款支付给农垦公司。农垦公司也以仅为名义股东为由拒绝向淮宁高速主张该权利。

2016年8月30日，农垦公司与淮汽公司签订股权转让协议一份，约定农垦公司将其持有的淮宁高速5%股权以660万元的价格（不含2015年分红）转让给淮汽公司，相应396万元已经给付张某云。

【案件焦点】

在名义股东强制清算且明确拒绝向公司主张股东分红款的情况下，实际出资人能否直接向公司主张权利。

【法院裁判要旨】

江苏省淮安市中级人民法院经审理认为：涉案股权分红款应不属于农垦公司清算财产，根据《中华人民共和国企业破产法》第三十条、第一百零七条，《最高人民法院关于适用〈中华人民共和国企业破产法〉若干问题的规定（二）》第二条第（一）项规之定，因农垦公司与张某云之间的代持股协议明确规定股权红利属于张某云所有，故该财产不应属于农垦公司清算财产。

张某云为农垦公司所占淮宁高速5%股权中3%股权的实际出资人，根据《最高人民法院关于适用〈中华人民共和国公司法〉若干问题的规定（三）》（以下简称《公司法司法解释（三）》）第二十四条的规定，原告与农垦公司之间系隐名投资的委托合同关系。现农垦公司已进入强制清算程序，对于双方的权利关系，依据《中华人民共和国合同法》第四百一十一条、《中华人民共和国企业破产法》第十八条的规定，应认定张某云和淮宁高速之间的代持股委托关系已经终止。

从公平、效率原则分析，农垦公司已配合张某云确认其实际出资人身份，并将涉案股权转让给了淮汽公司，其已尽到了《中华人民共和国合同法》第四百一十二条、第四百一十三条所规定的受托人义务，再要求农垦公司履行名义股东职责，使其陷入不断的诉讼之中，将拖延强制清算企业的强制清算进程，有损强制清算企业债权人的利益。

江苏省淮安市中级人民法院依照《中华人民共和国合同法》第四百一十一条、《中华人民共和国公司法》第三十四条、《公司法司法解释（三）》第二十四条的规定，作出如下判决：淮宁高速给付张某云24万元。

一审宣判后，淮宁高速上诉于江苏省高级人民法院，后又申请撤回上诉。江苏省高级人民法院裁定：准许淮安市淮宁高速撤回上诉。

一审判决已发生法律效力。

【法官后语】

本案处理重点主要在于对《公司法司法解释（三）》第二十四条的理解。该条第二款规定，"实际出资人与名义股东因投资权益的归属发生争议，实际出资人以其实际履行了出资义务为由向名义股东主张权利的，人民法院应予支持"。根据该条规定，依据名义股东与公司之间的股权关系以及名义股东与实际出资人之间的委托代持股关系，基于合同相对性，实体出资人仅能向名义股东主张投资权益，而不能直接向公司主张。

具体到本案中，因名义股东已经进入强制清算程序且代持股权已经依法转让，在此情形下本判决主要基于以下两点考虑：（1）该条立法本意之一在于合同相对性，实际出资人与名义股东之间有关投资权益的合同约定，属于双方内部约定，仅在合同双方内部产生法律约束，并不能对外产生效力。对此因农垦公司已经进入强制清算程序，委托代持股协议已经终止，依据《中华人民共和国合同法》第四百零三条第一款、第四百一十一条的规定，在农垦公司已尽受托人义务且向第三人披露委托人的情况下，委托人可以行使权利。（2）该条立法本意之二在于维护有限责任公司的人合性。本案中因农垦公司已明确表示不向淮宁高速主张分红款，亦将涉案股权依法转让，而股权分红款的请求权为股权自益权中的财产权，在名义股东农垦公司已将股权转让的情况下张某云直接向淮宁高速主张该权利对有限责任公司的人合性并无影响。

最后特别说明的是，本案并非对《公司法司法解释（三）》第二十四条的背离，本案判决的前提条件在于农垦公司已经强制清算且因之前案件已向淮宁高速披露了实际出资人，仍继续要求农垦公司履行受托人义务将加重其资产负担，有损农垦公司债权人利益，同时在不违背《公司法司法解释（三）》第二十四条立法本意的情况下基于公平、效率原则作出本判决。

编写人：江苏省淮安市中级人民法院　王纯

23

未召开股东会分配公司盈余，法院不宜直接判决

——崔某民诉铁力市嘉能投资有限公司、陈某军公司盈余分配案

【案件基本信息】

1. 裁判书字号

黑龙江省高级人民法院（2017）黑民终第491号民事判决书

2. 案由：公司盈余分配纠纷

3. 当事人

原告（上诉人）：崔某民

被告（被上诉人）：铁力市嘉能投资有限公司（以下简称嘉能公司）、陈某军

【基本案情】

2010年3月，陈某军与崔某民共同出资500万元注册成立嘉能公司。2010年5月31日，嘉能公司出资400万元注册成立嘉华公司。2012年11月15日形成股东会决议，陈某军于2012年12月5日前一次性支付300万元给崔某民，购买其占嘉能公司59.8%的股权。如陈某军未能按上述规定的最迟期限付清全部股权转让款，陈某军同意将其在公司所占有的40%股权转让给崔某民，其股权转让款为200万元整，崔某民同意该股权转让款在陈某军向其本人的借款中予以抵扣，从2013年1月15日起，陈某军将自动失去在公司的任何股份包括权益及法人地位，崔某民或崔某民指定受让人已实际享有公司全部的股权包括权益。崔某民曾向一审法院提起诉讼要求确认陈某军股权归其所有，后双方重新达成口头协议并撤回起诉。2013年7月1日以书面形式达成嘉能公司股权转让协议，约定崔某民将其在嘉能公司59.8%的股权以300万元转让给陈某军，并进行了股权变更登记。2013年6月21日，陈某军在崔某民不知情的情况下代表嘉能公司与康玲公司签订股权转让协议，将嘉华公司的股权转让给康玲公司。陈某军将康玲公司支付给嘉能公司的300万元

转给崔某民，购买崔某民在嘉能公司的股权。2013年8月7日，陈某军代表嘉能公司与康玲公司又签订股权转让补充协议，康玲公司按照协议内容全部履行了义务，拥有嘉华公司100%股权。崔某民自述嘉华公司前期投入成本为1500万元。崔某民在二审庭审中称，其于2013年9月知晓陈某军代表嘉能公司与康玲公司签订《股权转让协议》，以3000万元的价格将嘉华公司股权转让给康玲公司。崔某民认为嘉能公司将其持有的股权进行了转让，故其诉至法院请求判令嘉能公司赔偿股权转让价款，陈某军承担连带责任。

【案件焦点】

1. 关于如何确定案由问题；2. 关于如何保护股东知情权问题；3. 关于公司盈余如何分配问题。

【法院裁判要旨】

黑龙江省伊春市中级人民法院经审理认为：根据《中华人民共和国公司法》第四条等相关规定，公司股东依法享有资产收益等权利。股东应按照公司章程规定的利润分配方式或对清算后的剩余利润进行分配。而本案中崔某民现已丧失嘉能公司股东资格，其不符合分配嘉能公司利润的主体要求，故无权请求分配转让嘉华公司的股权转让款。且本案为崔某民诉嘉能公司赔偿纠纷，但未提交充分的证据证实嘉能公司存在侵犯其合法权益并应当承担民事责任，虽刑事判决认定陈某军构成职务侵占罪，但其侵占的是嘉能公司财产。故崔某民请求嘉能公司赔偿其股权转让款及利息的诉讼请求，不予支持，对于其要求陈某军承担连带责任的诉请亦不予支持。

黑龙江省伊春市中级人民法院依照《中华人民共和国公司法》第四条、第三十四条，《中华人民共和国民事诉讼法》第六十四条第一款，《最高人民法院关于民事诉讼证据若干问题的规定》第二条的规定，判决：

驳回崔某民的诉讼请求。

崔某民不服原审判决，提起上诉。黑龙江省高级人民法院经审理认为：1. 本案法律关系的性质如何确定。对于案件性质及民事案件案由，人民法院应当根据当事人主张的民事法律关系的性质来确定。从崔某民的诉讼请求及其在起诉状中陈述的事实和理由看，崔某民称其依据《合作协议》享有嘉能公司59.8%的股权份额，陈某军享有40.2%的股权份额。嘉能公司和陈某军在崔某民不知情的情况下，将嘉能公司全资子公司嘉华公司的股权转让给案外人康玲公司，嘉能公司为此获得1500万元的收益。而嘉能公司和陈某军故意隐瞒前述重大事项，侵害了股东崔某民对嘉能公司的收益权和知情权，根据嘉能公司章程规定及崔某民的持股比例59.8%折算，崔某民应分得股权转让款897万元。由此可见，崔某民提起本案诉讼，系基于崔某民的股东身份和地位。崔某民主张嘉能公司给付897万元，其实质系请求分配嘉能公司的利润，其权利属性应为股东的盈余分配请求权，该法律关系的性质应属于公司盈余分配权利义务关系。崔某民还主张嘉能公司侵害其知情权，但依照《中华人民共和国公司法》第三十四条的有关规定，本案并未涉及嘉能公司抑或陈某军侵害崔某民查阅前述档案材料的相关情形。因此，本案法律关系的性质应确定为公司盈余分配纠纷，一审判决将其确定为股权转让纠纷不当，予以纠正。崔某民虽主张本案应为侵权纠纷，但根据最高人民法院《民事案件案由规定》的规定，崔某民主张嘉能公司侵害其收益权和知情权，均基于其股东身份所享有的相关权益，其法律关系的性质均属于该规定第二级案由与公司有关的纠纷明确列明的第三级案由即公司盈余分配纠纷和股东知情权纠纷，故崔某民的此节上诉主张缺乏事实根据和法律依据。

嘉能公司应否向崔某民赔偿897万元及利息，陈某军应否承担连带责任。本案法律关系性质为公司盈余分配纠纷，虽然嘉能公司于2013年6月21日将其持有嘉华公司的股权转让给案外人康玲公司时，崔某民具有嘉能公司的股东资格，嘉华公司股权转让款亦属于崔某民转让嘉能公司股权前嘉能公司的收益，但崔某民与陈某军所签的《股权转让协议》中并未明确约定原股东崔某民有权主张股权转让前嘉能公司的利润，因崔某民的股东资格随着股权转让并办理变更登记而丧失，基于股东身份所享有的公司利润分配请求权亦随之丧失，故崔某民已无权基于股东身份分配嘉能公司的利润。况且，根据《中华人民共和国公司法》第三十七条规定，即审议批准公司利润分配方案系股东会的法定职权，而崔某民在本案诉讼中未能提供证据足以证明其主张嘉能公司给付案涉897万元业经股东会决议抑或全体股东以书面形式一致同意，换言之，崔某民与嘉能公司尚未就公司利润形成债权债务关系。虽然崔某民主张其在转让嘉能公司股权时，陈某军故意隐瞒高价转让嘉华公司股权的重大事项而存在欺诈行为，但欺诈在民事法律关系中的法律后果，并非崔某民主张嘉能公司给付公司盈余利润的事实根据和法律依据，且生效刑事判决已就陈某军侵占嘉能公司的1500余万元股权转让款予以追缴并返还嘉能公司，崔某民主张陈某军为此承担连带责任亦缺乏事实根据和法律依据。

黑龙江省高级人民法院依照《中华人民共和国民事诉讼法》第一百七十条第一款第（一）项规定，判决：

驳回上诉，维持原判。

【法官后语】

本案法律关系的性质应确定为公司盈余分配纠纷。人民法院确立案由应当以最终查明的法律关系为标准确定案件的案由，不应当受当事人起诉的诉讼请求案由的限制，故在依法履行释明义务后，可以依职权变更该案案由。

本案并未涉及被告公司或者被告公司法人侵害原告查阅前述档案材料等相关情形，故对该项诉讼请求，不能予以支持。

公司盈余分配请求权属于公司的自益权，所以人民法院不能代替公司作出经营判断和选择，没有股东会的决议，法院不能判决分配利润。本案中，崔某民的股权已经转让，其已经不具有享有公司盈余分配请求权的身份，且嘉能公司没有召开股东会对公司盈余分配事项作出决议，故崔某民的诉讼请求应予驳回。

编写人：黑龙江省高级人民法院　周纹婷

五、公司决议纠纷

24

被除名股东所持股权应排除在除名表决权外

——李某生、祁阳县鸿鑫建材有限公司诉申某、于某风公司决议效力确认案

【案件基本信息】

1. 裁判书字号

湖南省永州市祁阳县人民法院（2017）湘1121民初第659号民事判决书

2. 案由：公司决议效力确认纠纷

3. 当事人

原告：李某生、祁阳县鸿鑫建材有限公司（以下简称鸿鑫建材公司）

被告：申某、于某风

【基本案情】

2015年11月26日，原告李某生、被告申某、于某风为成立鸿鑫建材公司并制定了公司章程，章程第五条规定，公司注册资本为1500万元，第六条规定：公司股东为李某生、申某、于某风；出资方式均为货币；各股东的认缴出资额及出资比例分别为：于某风250万元、出资比16.67%，李某生500万元、出资比33.33%，申某750万元、出资比50%；出资时间均为2016年9月30日。第七条规定，股东可以用货币出资，也可以用实物、知识产权、土地使用权等可以用货币估价并可以依法转让的非货币财产作价出资。对作为出资的非货币财产应当评估作价，核实财

产，不得高估或者低估作价。第十八条、第二十一条约定，股东会会议由股东按照出资比例行使表决权。股东会会议对所议事项作出决议，股东会应当对所议事项的决定作出会议记录，出席会议的股东应当在会议记录上签名。股东会会议作出修改公司章程、增加或者减少注册资本的决议，以及公司合并、成立、解散或者变更公司形式的决议，必须经代表三分之二以上表决权的股东通过。股东会会议作出前款以外事项的决议，须经代表二分之一以上表决权的股东通过。

2015年11月30日公司登记成立，公司性质为自然人投资或控股的有限责任公司，法定代表人为李某生，公司住所地为湖南省永州市祁阳县三口塘镇黄公岭村5组，经营期限自2015年11月30日至2045年11月29日。公司成立后，李某生陆续投入资金，经审验，至2016年9月30日李某生已缴纳投资款500万元，而二被告未按规定缴纳投资款。

2017年2月15日，鸿鑫建材公司以邮寄和微信方式向申某、于某风送达"催告缴纳股东投资函"，通知二被告在收到本函后三日内将各自认缴出资额750万元、250万元汇入公司账户。逾期未缴纳将承担相应的法律后果。申某、于某风均收到了该函告。

同年2月25日，鸿鑫建材公司又以邮寄和微信方式向申某、于某风送达"召开临时股东会会议通知"，通知二被告于同年3月20日在祁阳县浯溪镇新兴路66号二楼召开临时股东会议，审议关于解除申某、于某风股东资格的事项。3月20日，鸿鑫建材公司召开了临时股东会，李某生及其委托代理人周雪峰、申某及其委托代理人蒋冬生、于某风的特别委托代理人祝某彦参加了会议。会议记录上载明：到会股东及于某风的特别委托代理人祝某彦就解除申某、于某风股东资格进行表决。表决情况：除李某生同意解除二被告股东资格外，申某、于某风的代理人祝某彦均不同意解除二被告的股东资格。李某生、申某、祝某彦均在会议记录尾部签字。同日，鸿鑫建材公司出具股东会决议，载明：同意1票，占总股数的33.33%，占出席会议有效表决权的100%，反对2票，占总股数的66.67%，占出席会议有效表决权的0%。故公司作出解除申某、于某风的股东资格的决议。同日公司出具变更股东登记函，要求二被告在收到本函之日起3日内到公司住所登记机关办理股东变更登记。公司仍以邮寄和微信方式向二被告送达了解除申某、于某风的股东资格的决议和变更登记函。由于被告申某、于某风对上述股东会决议不认可，李某生、鸿鑫建材公司遂于2017年3月24日向本院提起诉讼，要求确认公司作出的股东会决议有效。

诉讼期间，鸿鑫建材公司委托湖南信大华林会计师事务所对李某生注册资本首次实收情况进行审验。湖南信大华林会计师事务所根据湖南祁阳农商银行股份有限公司城关支行和中国工商银行股份有限公司祁阳支行出具的银行询证函、李某生转账凭证、公司的账簿记录等，于2017年4月11日出具验资报告，载明：审验了鸿鑫建材公司截止到2017年4月11日已登记的注册资本首次情况。鸿鑫建材公司收到股东李某生在2016年9月30日前应以货币缴纳的注册资本500万元。

【案件焦点】

应否排除二被告在股东会决议审议中的表决权，这是确认公司决议效力的关键。

【法院裁判要旨】

湖南省永州市祁阳县人民法院经审理认为：《最高人民法院关于适用〈中华人民共和国公司法〉若干问题的规定（三）》（以下简称《公司法司法解释（三）》）第十七条中规定的股东除名权是公司为消除不履行义务的股东对公司和其他股东所产生不利影响而享有的一种法定权能，是不以征求被除名股东的意思为前提和基础的。在特定情形下，股东除名决议作出时，会涉及被除名股东可能操纵表决权的情形。故当某一股东与股东会讨论的决议事项有特别利害关系时，该股东不得就其持有的股权行使表决权。申某、于某风是持有鸿鑫建材公司66.67%股权的两位股东，公司召开系争股东会会议前通知了二被告参加会议，并由其委托的代理人在会议上进行了申辩和提出反对意见，已尽到了对拟被除名股东权利的保护。二被告在系争决议表决时，其所持股权对应的表决权应被排除在外。本案系争除名决议已获除二被告外的其他股东一致表决同意系争决议内容，即以100%表决权同意并通过，故鸿鑫建材公司于2017年3月20日作出的股东会决议应属有效。公司股东资格被解除后，鸿鑫建材公司应当及时办理法定减资程序或者由其他股东或者第三人缴纳相应的出资。

湖南省永州市祁阳县人民法院依照《中华人民共和国公司法》第二十六条、第二十七条、第二十八条、第三十九条，《最高人民法院关于适用〈中华人民共和国公司法〉若干问题的规定（三）》第十七条之规定，判决如下：

一、确认鸿鑫建材公司于2017年3月20日作出的股东会决议有效；

二、限被告申某、于某风在本判决发生法律效力后十日内协助原告李某生、鸿鑫建材公司办理股东变更登记。

【法官后语】

《公司法司法解释（三）》第十七条中规定的股东除名权是公司为消除不履行义务的股东对公司和其他股东所产生不利影响而享有的一种法定权能，是不以征求被除名股东的意思为前提和基础的。在特定情形下，股东除名决议作出时，会涉及被除名股东可能操纵表决权的情形。故当某一股东与股东会讨论的决议事项有特别利害关系时，该股东不得就其持有的股权行使表决权。本案中，申某、于某风是持有鸿鑫建材公司66.67%股权的两位股东，公司召开系争股东会会议前通知了二被告参加会议，并由其委托的代理人在会议上进行了申辩和提出了反对意见，已尽到了对拟被除名股东权利的保护。二被告在系争决议表决时，其所持股权对应的表决权应被排除在外。因此，本案系争除名决议已获除二被告外的其他股东一致表决同意系争决议内容，即以100%表决权同意并通过，故鸿鑫建材公司于2017年3月20日作出的股东会决议应属有效。公司股东资格被解除后，鸿鑫建材公司应当及时办理法定减资程序或者由其他股东或者第三人缴纳相应的出资。

编写人：湖南省永州市祁阳县人民法院　于杨宁

25

工商留存决议中签章不能决定公司决议的效力

——北京瑞吉安医疗科技有限公司诉青岛百洋美华置业有限公司、青岛百洋医药股份有限公司公司决议效力确认案

【案件基本信息】

1. 裁判书字号

山东省青岛市中级人民法院（2017）鲁02民终第7878号民事判决书

2. 案由：公司决议效力确认纠纷

3. 当事人

原告（上诉人）：北京瑞吉安医疗科技有限公司（以下简称瑞吉安公司）

被告（被上诉人）：青岛百洋美华置业有限公司（以下简称百洋美华公司）、青岛百洋医药股份有限公司（以下简称百洋医药）

【基本案情】

被告百洋美华公司成立于2009年9月7日，成立时注册资本为人民币1000万元，股东为原告瑞吉安公司及被告百洋医药，各出资人民币500万元。

2010年2月至2011年2月，被告百洋美华公司多次增加注册资本，目前的股权结构为：注册资本为21000万元。被告百洋医药出资14500万元，占全部股权的69.05%；原告出资6500万元，占全部股权的30.95%。

被告百洋美华公司在向工商管理部门申请变更注册资本登记时共提交百洋美华公司股东会决议六份，主要内容为：经过多次增资后，百洋美华公司股权结构为：被告百洋医药出资14500万元，占全部股权的69.05%；原告出资6500万元，占全部股权的30.95%，决议还通过了公司章程修正案。经原告申请，本院委托鉴定机构对该六份股东会决议中加盖的原告公章与被告百洋美华公司章程上加盖的原告公章是否一致进行鉴定，鉴定意见为：前两份股东会决议上加盖的原告印章与样本印章一致，后四份股东会决议上加盖的原告印章与样本印章不一致。

被告百洋美华公司留存股东会决议五份，主要内容与在工商部门留存的六份股东会决议内容一致，也是经过多次增资后，百洋美华公司股权结构为：被告百洋医药出资14500万元，占全部股权的69.05%；原告出资6500万元，占全部股权的30.95%，并通过了公司章程修正案。经被告百洋美华公司申请，本院委托鉴定机构对该五份股东会决议中加盖的原告公章与被告百洋美华公司章程上加盖的原告公章是否一致进行鉴定，鉴定意见为：上述五份股东会决议上加盖的原告公章与样本印章一致。

原告以二被告伪造原告印鉴制作股东会决议，虚增被告百洋美华公司的注册资本，并非法办理工商登记变更手续为由，要求确认被告百洋美华公司于2010年8月5日、2011年1月7日、2011年1月10日、2011年2月28日作出的四次增资股东会决议无效，判令被告百洋美华公司向登记机关办理撤销变更登记。

【案件焦点】

向工商部门申请变更登记提交的公司决议中签章真假能否决定决议的效力。

【法院裁判要旨】

山东省青岛市市北区人民法院经审理认为：《中华人民共和国公司法》第二十二条第一款规定：公司股东会或者股东大会、董事会的决议内容违反法律、行政法规的无效。被告百洋美华公司通过一系列股东会决议将其注册资本由人民币1000万元增加至人民币21000万元，最终形成原告出资6500万元、被告百洋医药出资14500万元的股权结构。经过鉴定，被告百洋美华公司处留存的五份股东会决议上加盖的原告公章与百洋美华公司章程上加盖的原告公章系同一枚印章形成，即该五份股东会决议的形成系原告的真实意思表示，原告已与被告百洋医药就百洋美华公司增资至21000万元及增资后的股权结构达成一致。上述股东会决议的内容并不违反法律、行政法规的规定，合法有效。虽然经过鉴定，百洋美华公司在登记部门变更注册资本时提交的后四份股东会决议上加盖的原告公章与百洋美华公司章程上加盖的原告公章并非同一枚印章形成，但该四份股东会决议除形成时间外的实质内容与百洋美华公司留存的股东会决议内容无实质性变化，并不违背原告与被告百洋医药达成的增资数额及增资后的持股比例的合意，即登记部门留存的该四份股东会决议内容系股东双方的真实意思表示，并未损害原告的利益，无论加盖的公章形式上是否真实，均不应被认定无效。

山东省青岛市市北区人民法院依照《中华人民共和国民事诉讼法》第六十四条第一款之规定，作出如下判决：

驳回原告瑞吉安公司的诉讼请求。

山东省青岛市中级人民法院经审理认为：本案的争议焦点问题是上诉人主张的百洋美华公司由1000万元增资至2.1亿元的四次增资决议是否无效。《最高人民法院关于适用〈中华人民共和国民事诉讼法〉的解释》第九十条第一款规定："当事人对自己提出的诉讼请求所依据的事实或者反驳对方诉讼请求所依据的事实，应当提供证据加以证明，但法律另有规定的除外。"被上诉人主张百洋美华公司经过六次股东会形成决议，将公司的注册资本由1000万元增加至2.1亿元，被上诉人提交了六份股东会决议，上诉人对其中由1000万元增资至2.1亿元的四次股东会决议提出异议，认为上述股东会决议不成立。被上诉人提交的六份股东会决议中，均加盖有上诉人公司的印章，经鉴定机构鉴定，已确定上诉人公章的真实性。上诉人虽然否认，但并未提交充分、直接的证据予以反驳。上诉人以工商登记部门留存的股东会决议公章不真实为由提出抗辩，虽然这四次股东会决议中上诉人的公章经鉴定不真实，但其内容与被上诉人百洋美华公司提交的股东会决议内容一致，并无实质性变化，均是将注册资本由1000万元增资至2.1亿元且上诉人放弃增资，同时，在办理上述工商变更登记手续期间，上诉人派人担任百洋美华公司的财务总监和总经理，公司由上诉人实际控制，因此，工商登记中的印章不真实不足以否定被上诉人提交的股东会决议真实性，也不能作为上诉人否定公司增资决议效力的依据。现有证据可以认定，2010年8月5日及2011年1月7日、1月10日、2月28日的股东会决议虽然有瑕疵，但并非无效，上诉人的主张，缺乏事实及法律依据。以加盖虚假的印章办理工商变更登记，违反了行政部门管理性规定，也仅是合同履行是否合法的问题，不影响合同效力。

山东省青岛市中级人民法院依照《中华人民共和国民事诉讼法》第一百七十条第一款第（一）项之规定，判决：

驳回上诉，维持原判。

【法官后语】

现实中，由于工商管理部门对公司变更登记事项所提交的公司决议等材料的真实性仅进行形式审查，导致许多公司股东在登记事项变更后以公司提交的决议中其签章不真实为由要求确认决议无效，进一步要求撤销变更登记。此类案件表面上属各股东内部之间的纠纷，但一旦确认决议无效，则实际上可能影响甚至损害公司各类业务相对人尤其是债权人的权益。在处理此类案件时，一定不能局限于审查原告诉请的表象，不拘泥于审查决议上签章的真实性，要重点审查公司决议是否为各股东作出的真实意思表示或事后是否以实际行为进行了追认。

司法实践中，此类案件原告的诉讼请求大多为要求确认工商留存的公司决议无效，并申请对决议中签章的真实性进行鉴定。表面看，签章真实性的鉴定为案件处理的关键，直接决定案件的处理结果，但实际上正确地处理方法为首先应当由公司或其他股东就公司决议系各股东的真实意思表示进行举证，或举证证明事后各股东以实际行为履行了公司决议。如公司或其他股东完成了举证义务，则无须对工商部门留存的公司决议中签章的真实性进行鉴定。在本案处理过程中，在确定公司留存的公司股东决议中原告签章的真实性后，因工商留存公司决议中签章的真实性对本案的判决结果已无影响，无须再对此项申请进行鉴定。

编写人：山东省青岛市市北区人民法院 崔明琼

26

程序瑕疵对公司决议的影响

——蒋某华诉成都萨伯电子应用科技有限公司公司决议撤销案

【案件基本信息】

1. 裁判书字号

四川省成都市中级人民法院（2017）川01民终第3679号民事判决书

2. 案由：公司决议撤销纠纷

3. 当事人

原告（上诉人）：蒋某华

被告（被上诉人）：成都萨伯电子应用科技有限公司（以下简称萨伯公司）

【基本案情】

萨伯公司股东由曹某凤、蒋某华、谢某雪三人组成。萨伯公司章程第二十六条规定召开股东会会议，应于会议召开15日前通知全体股东。2016年6月25日，蒋某华收到关于召开2016年度第一次临时股东大会的通知，股东大会定于2016年7月9日召开。2016年7月9日，萨伯公司召开2016年度第一次临时股东大会，并通过股东会决议，将公司章程第四章第二十四条修改为，“本公司股东不得自营或者为他人经营与其所任职公司经营相同或者相近的项目，或者从事损害本公司利益的活动。若股东存在违反前项规定的，可采取以下方式进行处理：经公司股东大会按股权份额表决权67%通过后立即除名，并按注册资本额向违规股东退还股金，不给付股本利息，相应的股权由剩余股东协商受让”。

【案件焦点】

1. 萨伯公司2016年7月9日通过的（2016）年度第一次临时股东大会决议内容是否违法；2. 股东大会召集程序是否违反公司章程规定；3. 股东大会决议是否应当被撤销。

【法院裁判要旨】

四川省成都市金牛区人民法院经审理认为：公司章程具有法定性和自治性，只要内容不违反法律、法规的强制性规定，应当尊重公司的自治性。本案中，修改后的公司章程并非减少公司注册资本，也非股东抽逃出资，而是由其他股东购买违规股东的股权，故修改后的公司章程内容并未违反《中华人民共和国公司法》的强制性规定。按照公司章程规定，股东大会应当于召开15日前通知全体股东。本案中召开股东大会的通知虽然仅提前13日通知到股东，程序上确实存在轻微瑕疵。但蒋某华在2016年7月9日参加了股东大会，行使了股东权利，通知时限少2天并未对股东大会决议产生实质性影响，对蒋某华的请求，不予支持。对蒋某华请求判令萨伯公司2016年7月9日通过的（2016）年度第一次临时股东大会决议内容违法，并请求撤销决议，不予支持。

依照《中华人民共和国公司法》第二十五条、第七十一条，《最高人民法院关于适用〈中华人民共和国民事诉讼法〉的解释》第九十条之规定，判决如下：

驳回蒋某华的诉讼请求。

蒋某华不服一审判决提起上诉。四川省成都市中级人民法院经审理认为：我国公司法关于召开临时股东会议通知时限的规定，立法本意是为了保障股东有足够的时间对股东会需要审议的事项进行准备，确保股东行使权利。本案中，通知时限少2日并未对股东大会决议产生实质性影响，一审法院认定事实清楚，适用法律正确。

四川省成都市中级人民法院判决：

驳回上诉，维持原判。

【法官后语】

本案中，股东会的召开程序确实违反了应于召开前15日通知股东的公司章程规定，如仅从上述法律条文的字面意思理解，股东会决议确实符合撤销的情形，应予撤销。但从立法本义来看，我国公司法关于召开临时股东会议通知时限的规定，立法本意是为了保障股东有足够的时间对股东会需要审议的事项进行准备，确保股东行使权利。本案中，蒋某华在股东大会召开前13日收到了会议通知，知道了股东大会的审议事项，通知时限少2日并不影响其对审议事项进行准备，也不影响其股东权利的行使，且其在2016年7月9日参加了股东大会，实际行使了股东权利。因此，通知时限少2天只是在召集程序上显著轻微地违反了公司章程的规定，并未对股东大会决议产生实质性的影响。因此，一审、二审法院均驳回了蒋某华要求撤销股东会决议的请求。该案例终审判决作出时间为2017年5月，随后最高人民法院于2017年8月25日发布的《最高人民法院关于适用〈中华人民共和国公司法〉若干问题的规定（四）》中对公司决议召集程序、表决方式具有轻微瑕疵且未对决议产生实质影响的决议是否应当撤销也作出了明确规定。从规定来看，裁判者的裁判思路与司法解释的价值取向不谋而合。

编写人：四川省成都市金牛区人民法院　郭雅丽

27

召集程序瑕疵是否必须撤销股东会决议

——艾某红诉新天地公司股东决议撤销案

【案件基本信息】

1. 裁判书字号

安徽省淮北市中级人民法院（2017）皖06民终第743号民事判决书

2. 案由：股东决议撤销纠纷

3. 当事人

原告（上诉人）：艾某红

被告（被上诉人）：新天地公司

【基本案情】

新天地公司从濉溪县新天地百货有限责任公司改制而来，该公司现有股东123人，艾某红系该公司的股东之一。2015年11月27日，新天地公司召开全体股东大会，并形成股东会议决议：商场、仓储及后院整体出租及各经营柜组所欠公司承包费如数清理的决议，艾某红参与了会议决议的表决。2016年1月21日，新天地公司发出通知，定于2016年1月28日下午3点在公司召开全体股东大会，补选2名职工董事、3名职工监事。2016年1月28日，新天地公司如期召开全体股东大会，大会应到123人，实到118人（含委托）。艾某红按时参会并进行表决。2016年3月10日，新天地公司发出通知，定于2016年3月19日下午3点召开全体股东大会，由股东投票表决商场承包事宜。2016年3月19日，新天地公司如期召开全体股东大会，大会应到123人，实到119人（含委托）。艾某红在此次会议签到表上签名，并参与了会议决议的表决。2016年4月26日，新天地公司通知2016年4月27日上午8点在公司召开全体股东大会，讨论整体出租合同条款和艾某红柜组不愿退场事项。2016年4月27日，新天地公司按时召开全体股东大会，实到115人，股东大会形成决议：新天地公司与淮北商业管理运营公司达成承包经营合同，表决通过合同条款；不同意艾某红柜组继续租赁，并决定执行强制清除。艾某红按时参加了此次会议，但没有在此次会议签到表上签名。2016年5月17日，艾某红向新天地公司提出书面申请，要求查阅该公司的公司章程、股东会会议记录、董事会会议决议、监事会会议决议和财务会计报告，2016年6月3日，新天地公司向艾某红提供该公司于2015年11月27日、2016年1月28日、2016年3月19日、2016年4月27日的股东会决议。2016年6月8日，艾某红向法院起诉，一审法院进行了先行调解。目前新天地公司已将该公司商场、仓储及后院整体出租给淮北商业管理运营公司经营。

【案件焦点】

新天地公司股东会召集程序存在瑕疵是否必须撤销股东会决议。

【法院裁判要旨】

安徽省淮北市濉溪县人民法院经审理认为：艾某红请求人民法院撤销新天地公司分别于2015年11月27日、2016年1月28日、2016年3月19日、2016年4月27日作出的股东大会决议，前两次已经超过了60日内起诉的法定期间，后两次则在60日内起诉的法定期间内。艾某红请求撤销新天地公司于2016年3月19日作出的股东会议决议，虽然没有超过诉讼时效，但是艾某红参加了此次股东大会会议，行使了表决权，对此次股东大会的决议是当时认可的，没有提出异议，现在要求撤销，违背了自己的初衷，不予支持。2016年4月27日作出的股东会议决议是否应予撤销，会议程序方面，会议召集时间显然违反了公司法的相关规定，存在瑕疵。但是，通知时间的瑕疵并不一定必然导致决议程序因存在瑕疵而被撤销，艾某红按时参加了此次会议，说明其认可了会议通知的时间，但决议内容事关其切身利益，只有其一人投的是“反对票”，其他股东均投了“赞成票”，应视为新天地公司于2016年4月27日上午8点召开的全体股东会的程序符合法定要件，该公司也是按以往惯例操作。决议内容方面，一是同意新天地公司与淮北商业管理运营公司达成的承包经营合同，表决通过合同条款；二是不同意艾某红柜组要求继续营业，并决定执行强制清除。此次股东大会决议的内容实质上是对该公司2015年11月27日、2016年3月19日股东大会决议内容的进一步落实。该次会议维护了全体股东利益。

安徽省淮北市濉溪县人民法院依照《中华人民共和国公司法》第二十条第一款和第二款、第二十二条、第一百零二条，《中华人民共和国民事诉讼法》第六十四条第一款和第三款，《最高人民法院关于民事诉讼证据的若干规定》第三十四条、第三十五条规定，判决如下：

驳回原告艾某红的诉讼请求。

艾某红持原审起诉意见提起上诉。安徽省淮北市中级人民法院经审理认为：根据《中华人民共和国公司法》第二十二条第二款规定，股东会或者股东大会、董事会的会议召集程序、表决方式违反法律、行政法规或者公司章程，或者决议内容违反公司章程的，股东可以自决议作出之日起六十日内，请求人民法院撤销。艾某红于2016年6月8日向原审法院申请撤销新天地公司分别于2015年11月27日、2016年1月28日、2016年3月19日、2016年4月27日作出的股东大会决议，其中申请撤销2015年11月27日、2016年1月28日、2016年3月19日股东大会决议，因超过法律规定的60日期限，依法不予支持。原审法院认为艾某红申请撤销2016年3月19日股东大会决议，未超过法律规定的60日期限，认定事实有误，本院予以纠正。关于2016年4月27日股东大会决议应否撤销，首先，《中华人民共和国公司法》第四十一条第一款规定，召开股东会会议，应当于会议召开15日前通知全体股东；但是，公司章程另有规定或者全体股东另有约定的除外。2016年4月27日股东会会议未于会议召开15日前通知全体股东，召集程序存有瑕疵。但股东会召集程序是为了更好地保障股东行使权利。而本案，从艾某红上诉状中表述“待会议召开时艾某红才知道又开股东会，且是讨论对其强制清场，艾某红表示强烈反对”，即艾某红参加了此次会议并进行了表决，行使了其股东权利。该次股东会召集程序虽有瑕疵，但未影响艾某红行使其股东权利。其次，从该次股东会决议内容看，该次股东会表决共两项内容，第一项内容关于商场整体出租事宜，艾某红表示同意案涉商场整体出租；第二项内容是强制清除艾某红柜台。艾某红对该项内容有异议，但该行为已经完成，且不可逆转。如艾某红认为强制清除其柜台过程中给其造成一定损失，其可以依据相关法律规定提起侵权诉讼，以维护其合法权益。最后，新天地公司已经依据股东会决议内容与案外第三人签订租赁合同并已移交案涉商场，而包括艾某红在内的绝大多数股东对新天地公司整体出租商场并无异议。从维护合同的稳定性及股东利益的角度考虑，不宜撤销案涉股东会决议。故对艾某红要求撤销2016年4月27日股东会决议，不予支持。

安徽省淮北市中级人民法院依照《中华人民共和国民事诉讼法》第一百七十条第一款第（一）项规定，判决如下：

驳回上诉，维持原判。

【法官后语】

股东会召集程序瑕疵并不必然导致决议无效或可撤销。

本案中，虽然未将召开股东会会议事宜按照公司法或者公司章程的规定提前一定天数告知股东，属于召开股东会程序的瑕疵，但是绝大多数股东参加了股东会，并行使了表决权，充分保障了股东的合法权益，个别股东并不能仅以未提前通知召开股东会的时间为由撤销股东会决议。

艾某红认为2016年4月27日股东会的两项提议损害其利益这一问题，本案中的新天地公司股东123人，其中115人参加了股东会，第一项提议整体出租问题，参会全体股东一致同意；第二项提议股东艾某红柜台退场问题，仅艾某红自己投了反对票，根据股东的股权比例，无论艾某红同意与否，此第二项提议仍能通过。股东收到股东会开会通知准时参加了股东会，并就相关议题行使表决权，已充分行使其股东权利，本案轻微的程序瑕疵并不影响股东权利的实际行使，若轻易撤销股东会决议，则有悖公司治理的经济、效率原则。

值得注意的是，新天地公司股东艾某红作为承租方认为股东会决议损害了自己的利益，本案中股东会会议的两项议题相互制约，是一个整体，新天地公司已经依据股东会决议内容与案外第三人签订租赁合同并已移交案涉商场，而包括艾某红在内的绝大多数股东对新天地公司整体出租商场并无异议，在保障公司股东的撤销权同时，应综合考虑公司整体利益及相对人的利益。本案中，艾某红对股东决议的两项内容，持截然不同的观点，在艾某红对股东决议内容有异议，但该行为已经完成，且不可逆转的情况下，作为股东会决议相对方的承租人艾某红，通过别的途径依然可以维护其权益，从维护合同的稳定性、股东利益及公司自治权的角度考虑，不宜撤销相应股东会决议。

编写人：安徽省淮北市中级人民法院　郑泽恩

28

股东会决议的对内效力及对外效力

——许某钢诉东莞市亚昊自动化科技有限公司公司决议效力确认案

【案件基本信息】

1. 裁判书字号

广东省东莞市第三人民法院（2017）粤1973民初第9177号民事判决书

2. 案由：公司决议效力确认纠纷

3. 当事人

原告：许某钢

被告：东莞市亚昊自动化科技有限公司（以下简称亚昊公司）

【基本案情】

亚昊公司于2011年3月21日在东莞市清溪镇注册登记设立，注册资本为200万元，股东分别为：深圳市联华丰科技有限公司（以下简称联华丰公司，占55%的股权份额）、石某云（占43%的股权份额）、郝某（占2%的股权份额）。亚昊公司公司章程规定：许某钢担任亚昊公司董事长、董事，公司法定代表人由董事长担任；张某山担任副董事长、经理、董事；不设监事会，设监事一名，由石某云担任，上述人员均在任期内；公司股东会由全体股东组成，股东会是公司的最高权力机构；公司设董事会，成员三人，由股东会委派产生，董事会设董事长一人、副董事长一人，董事长由董事会聘用产生，董事长不能履行职务或者不履行职务的，由副董事长召集和主持（董事会）。2016年3月10日，张某山召集召开了股东会会议，形成了股东会决议，该决议已载明该会议召开前，亚昊公司于2016年2月10日前通知了股东参会，参会人员有：张某山（联华丰公司的授权代表）、石某云、郝某、梁某超。作出的决议事项包括：免去许某钢董事长职务及法定代表人身份，并进行相应的公司章程变更，但未能选举其他人为公司董事长。上述股东会决议有石某云、郝某、梁某超签名按指模，并有张某山的签名，且在张某山签名处加盖了联华丰公司的公章。

原告许某钢主张股东会作出上述决议后，一直未依法向工商行政管理部门办理变更登记手续，致使原告的权利义务一直处于不稳定状态，故起诉至法院，请求判令：1. 确认2016年3月10日形成的亚昊公司股东会决议合法有效；2. 确认许涛刚自2016年3月10日起不再担任亚昊公司的法定代表人；3. 亚昊公司立即办理公司工商登记手续，将许涛刚的法定代表人身份移除或变更他人。

【案件焦点】

1. 亚昊公司在本案的诉讼代表人如何确定；2. 股东会决议的效力；3. 法定代表人身份移除与变更工商登记的问题。

【法院裁判要旨】

广东省东莞市第三人民法院经审理认为：关于亚昊公司在本案的诉讼代表人问题，一般情况下公司的法定代表人就是公司的诉讼代表人，但本案系公司登记的法定代表人对公司提起诉讼，工商登记的法定代表人许某钢不宜作为公司的诉讼代表人。法院已书面通知亚昊公司选定本案诉讼代表人，但亚昊公司并未作出回复。根据亚昊公司的章程，其副董事长兼经理的张某山在董事长（登记上为许涛刚）不能履行职责的情况下，应代为履行董事长职责，因此，其应在本案中作为亚昊公司的诉讼代表人，故法院指定张某山为公司的诉讼代表人。

关于股东会决议效力问题，公司与股东之间、法定代表人与公司股东、董事之间因法定代表人任免而产生的内部争议，应以有效的股东会任免决议为准，案涉股东会召开的程序合法，作出的关于免去许某钢董事长职务及法定代表人身份的内容，并不违反法律法规的强制性规定，依法可自行决议。故应对该决议的内容依法予以确认，该决议在亚昊公司内部发生法律效力。

关于变更工商登记问题，根据亚昊公司的章程，公司的法定代表人由董事长担任，从上述股东会决议可见，亚昊公司股东会并未在上述会议期间及之后选任他人担任亚昊公司的董事长即法定代表人。由何人担任公司的法定代表人属于公司自治范围，根据亚昊公司的章程规定，董事会由股东会委派产生，董事长由董事会聘用产生，目前没有证据证实亚昊公司的股东会委派产生了新的董事会成员或董事会作出了选任他人担任亚昊公司的董事长。因此，许某钢要求亚昊公司办理将公司法定代表人变更为他人的请求，证据不足，应依法不予支持。

对于将法定代表身份移除的问题，工商登记的法定代表人具有对外公示效力，我国的公司登记制度中并不允许公司的法定代表人待定或为空，在许某钢未提交证据证明亚昊公司已确定了新的法定代表人的情况下，要求将法定代表身份移除并不属于合法事项，故对许某钢的该请求，应依法不予支持。公司是一个法律上的拟制主体，相关事项对外都需要有一个自然人代表实施。工商登记的法定代表人具有对外公示效力，在法定代表人需要变更，但未完成变更登记的情况下，不能仅凭相关决议的效力，即确认其不再担任法定代表人的消极法律事实，否则公司的工商登记事项就没有实际意义，也会给公司以外的第三人对该公司的认识造成混乱。因此，许某钢要求确认其自上述决议内容生效之日起不再担任法定代表人，法律依据不足，应不予支持。

广东省东莞市第三人民法院判决如下：

一、确认被告亚昊公司在2016年3月10日召开的股东会关于免去许某钢董事长职务及法定代表人身份的决议合法有效；

二、驳回原告许某钢的其他诉讼请求。

【法官后语】

本案中，在法院书面通知亚昊公司选定本案诉讼代表人，但亚昊公司并未作出回复的情况下，法院指定了公司的副董事长在本案中作为亚昊公司的诉讼代表人。

有限责任公司法定代表人变更以及进行变更登记系公司自治范围内的事项，公司对于法定代表人的自治主要体现在：一是法定代表人是由董事长、执行董事还是总经理或他人担任，完全由公司章程自行决定，而且，公司自己还可以通过修改公司章程或形成有效的股东会决议来改变这项规定；二是当法定代表人出现缺位或者不胜任等情况发生后，选举谁来担任新的法定代表人，也完全由公司自行决定。对于公司与股东之间、法定代表人与公司股东、董事之间因法定代表人任免而产生的内部争议，应以有效的股东会任免决议为准，故本案中法院依法确认了公司免去许某钢董事长职务及法定代表人身份的股东会决议的效力。

对公司法定代表人事项以及法定代表人变更事项进行工商登记，其意义在于向社会公示公司意志代表权的基本状态。工商登记的法定代表人具有对外公示效力，如果涉及公司以外的第三人因公司代表权而产生的外部争议，应以工商登记为准，否则会给公司之外的第三人对公司的认知或权利的主张造成混乱。本案中，因股东会决议未决议产生新的法定代表人，股东会也未委派产生新的董事会成员，董事会也未作出选任他人担任公司董事长，导致许某钢对外作为工商登记的公司法定代表人身份无法变更。

本案确认公司免去许某钢法定代表人身份的决议效力的意义何在呢？因股东会决议已经免去了许某钢董事长职务及法定代表人身份，该决议在公司内部已经产生效力，许某钢有权催促股东会在合理期限内召开会议选任他人担任公司法定代表人，同时新的法定代表人产生之前，因许某刚对外继续履行法定代表人职权而造成的损失，许某钢可向相关的责任主体主张权利。

编写人：广东省东莞市第三人民法院　杨诚

29

股东优先认购权的限制

——北京太合娱乐文化发展股份有限公司诉指点无限（北京）科技有限公司公司决议效力确认案

【案件基本信息】

1. 裁判书字号

北京市朝阳区人民法院（2017）京0105民初第18220号民事判决书

2. 案由：公司决议效力确认纠纷

3. 当事人

原告：北京太合娱乐文化发展股份有限公司（以下简称太合娱乐公司）

被告：指点无限（北京）科技有限公司（以下简称指点无限公司）

第三人：指点控股（北京）有限公司（以下简称指点控股公司）、上海阿米巴创业投资合伙企业（有限合伙）（以下简称上海阿米巴企业）、李某、韩某梅、张某

【基本案情】

太合娱乐公司系指点无限公司的股东，认缴出资58.63万元。2016年7月1日，指点无限公司召开股东会，形成如下股东会决议（以下简称涉案股东会决议）：2016年7月1日在公司会议室召开指点无限公司股东会会议，于2016年6月15日电话方式通知太合娱乐公司，符合公司法及公司章程的有关规定，会议形成决议如下：1. 同意注册资本变更为265.71万元，变更后的出资情况为：股东太合娱乐公司出资58.63万元，股东韩某梅出资17.14万元，股东李某出资101.66万元，股东上海阿米巴企业出资26.57万元，股东张某出资8.57万元，股东指点控股公司出资53.14万元；2. 同意由太合娱乐公司、韩某梅、李某、上海阿米巴企业、张某、指点控股公司组成新的股东会；3. 同意公司新章程。落款处李某、张某、韩某梅

签字，上海阿米巴企业、指点控股公司盖章。前述股东会决议作出后，指点无限公司向工商行政机关申请变更登记。太合娱乐公司主张在同等条件下（包括满足《增资协议》中约定的指点无限公司估值达到人民币10亿元）对于新增注册资本予以认购，起诉要求确认涉案股东会决议因违反《中华人民共和国公司法》第四条、第三十四条、第三十七条、第四十一条，《中华人民共和国民法通则》第七十五条，《中华人民共和国宪法》第十三条的规定而无效。

【案件焦点】

涉案股东会决议是否违反了公司法关于公司新增注册资本时，股东有权优先按照实缴的出资比例认缴出资的规定而无效。

【法院裁判要旨】

北京市朝阳区人民法院经审理认为：指点无限公司虽称在召开股东会会议前通知了太合娱乐公司，但太合娱乐公司对此予以否认，指点无限公司又未能就此提供充分证据证明，应承担举证不力的法律后果。因此，无法认定指点无限公司履行了通知太合娱乐公司召开股东会的程序。但根据《中华人民共和国公司法》第二十二条第二款的规定，股东会或者股东大会、董事会的会议召集程序、表决方式违反法律、行政法规或者公司章程，或者决议内容违反公司章程的，股东可以自决议作出之日起六十日内，请求人民法院撤销。因此，指点无限公司未经依法通知太合娱乐公司而召开股东会，系未履行股东会召集程序，股东可以在法定期限内请求人民法院撤销该决议，但不属于股东会决议的内容违反法律、行政法规的情形，并不导致涉案股东会决议无效。

太合娱乐公司认为涉案股东会决议的内容违反法律、行政法规的规定而无效，但从涉案股东会决议内容来看，公司增加注册资本、形成新的股东会、修改公司章程等内容并未侵害太合娱乐公司依法享有资产收益、选择管理者的权利，亦未侵犯太合娱乐公司依法享有的私有财产权利，而公司法中关于股东具有参与公司重大决策的规定亦非强制性规定，故本案的争议焦点在于涉案股东会决议是否违反了公司法关于公司新增注册资本时，股东有权优先按照实缴的出资比例认缴出资的规定而无效。

首先，人合性是有限公司的重要属性。有限责任公司股东之间共同出资组建公司是以股东之间相互信任为基础的，基于股东之间的相互信任，公司得以成立，公司的经营能够正常开展，故法律规定了公司新增资本时，各股东有优先于其他主体认缴增资份额的权利，也是基于有限公司的人合属性。股东的优先认缴权属于股东自益权，是股东的固有权利，非经股东同意不可剥夺，当股东的这种法定权利因资本多数决原则的滥用而受到侵害时，股东可以寻求法律途径予以救济。本案中，太合娱乐公司作为指点无限公司的股东，具有优先认缴公司新增注册资本的权利。

其次，股东的优先认缴权并非股东可以主动行使权利的单独行为，需要借助公司的通知行为在知悉同等条件的情况下方能行使。指点无限公司称其曾将增资协议提供给太合娱乐公司审阅、征求太合娱乐公司的意见，在太合娱乐公司不予认可这一陈述的情况下，指点无限公司提供的证据不足以证明这一主张，应当承担举证不力的法律后果。因此，指点无限公司未给予太合娱乐公司对于优先认缴出资的选择权，径行通过了由股东以外的指点控股公司认缴全部新增股份的股东会决议，侵犯了太合娱乐公司的优先认缴新增注册资本的权利，违反了《中华人民共和国公司法》第三十四条的相关规定。

因此，在太合娱乐公司明确主张在同等条件下优先认购新增注册资本的情况下，根据前述规定，涉案股东会决议中，指点控股公司认购指点无限公司新增注册资本53.14万元中，涉及太合娱乐公司原持股比例27.58%的部分因侵犯了太合娱乐公司的优先认缴权而无效，涉及新增股份中的其余部分由于指点无限公司的其他股东均以同意的方式放弃行使优先认缴权而发生法律效力；但指点无限公司新增注册资本部分无效不影响涉案股东会决议中的其他条款的效力。

北京市朝阳区人民法院依照《中华人民共和国公司法》第二十二条第一款、第三十四条之规定，判决如下：

一、确认指点无限公司于2016年7月1日形成的股东会决议（内容为：1. 同意注册资本变更为265.71万元，变更后的出资情况为：股东太合娱乐公司出资58.63万元，股东韩某梅出资17.14万元，股东李某出资101.66万元，股东上海阿米巴企业出资26.57万元，股东张某出资8.57万元，股东指点控股公司出资53.14万元；2. 同意由太合娱乐公司、韩某梅、李某、上海阿米巴企业、张某、指点控股公司组成新的股东会；3. 同意公司新章程）中股东指点控股公司出资531400元认购新增注册资本中的27.58%的部分无效；

二、驳回原告太合娱乐公司的其他诉讼请求。

【法官后语】

该案例涉及公司增资扩股时，股东的优先认购权行使的相关问题。鉴于股东优先认购权的产生系基于公司对于资本的需求，在尊重公司意思自治的前提下，应当认可公司的资金调度利益优位于股东比例性利益，故应当对优先认购权的行使予以适当的限制：

第一，合理期间内行使权利。

股东应当自知道或者应当知道行使优先认购权的同等条件之日起或者自公司注册资本及股权变更登记之日起的合理期间内主张行使优先认购权。

第二，明确表示同等条件下优先认购新增注册资本。

股东应当对于在同等条件下优先认购新增注册资本作出明确表示。本案中，太合娱乐公司作为指点无限公司的股东，在指点无限公司未尽到有关新增注册资本相关情况的通知义务的情况下，由于太合娱乐公司在合理期间内明确表示同等情况下行使优先认购权，判决确认涉及太合娱乐公司原持股比例27.58%的部分因侵犯了太合娱乐公司的优先认缴权而无效，但涉及新增股份中的其余部分由于指点无限公司的其他股东均以同意的方式放弃行使优先认缴权而发生法律效力、指点无限公司新增注册资本部分无效不影响涉案股东会决议中的其他条款的效力。

编写人：北京市朝阳区人民法院　初森

30

未出资股东的表决权的限制

——郑某鹏诉山东蜘蛛人建设有限公司、边某刚公司决议案

【案件基本信息】

1. 裁判书字号

山东省淄博市中级人民法院（2017）鲁03民终第3631号民事判决书

2. 案由：公司决议纠纷

3. 当事人

原告（上诉人）：郑某鹏

被告（被上诉人）：山东蜘蛛人建设有限公司（以下简称蜘蛛人公司）、边某刚

第三人（上诉人）：山东新空间置业有限公司（以下简称新空间置业）

第三人：桑某佐、王某汤、李某章、李某浩、常某江、曹某刚、孙某法、姚某荣、桑某良、崔某兴、张某泉、霍某海、王某光、杨某云、路某、刘某英、郑某伟、徐某华、修某鸣

【基本案情】

2000年前夕，新空间置业及其职工边某刚、郑某鹏、郑某伟、王某光、姚某荣、李某章、刘某英、徐某华、崔某兴、路某、王某汤、李某浩、桑某佐、桑某良、孙某法、常某江、曹某刚、杨某云18位自然人拟成立淄博新空间建安公司，原拟注册资本72万元，其中新空间置业出资36万元，18位自然人出资36万元。后决定以买下现有建安公司的方式成立公司，便以新空间置业、边某刚、郑某鹏的名义与淄博市临淄区辛店镇东王居委会（以下简称东王居委会）、淄博市临淄汇丰实业总公司（以下简称汇丰实业）签订《淄博市临淄辛东建筑安装工程有限责任公司转让协议》，约定东王居委会将其持有的淄博市临淄辛东建筑安装工程有限公司（总股本180万元，以下简称辛东公司）的100万元股本转让给新空间置业，汇丰实业把其持有的辛东公司股本80万元转让给边某刚、郑某鹏各40万元。协议未约定交易价格，被告及第三人均称，由于当时辛东公司只是一个空壳，因而发起人是以极低的价格购买了股权，具体数额因年代久远记不清了，原告主张是按等值购买的，但未能举出证据证实。股权转让手续完成后，即将辛东公司更名为新空间建安公司，由于辛东公司的股本为180万元，新空间建安公司的注册资本便登记为180万元，即新空间置业持股100万元，郑某鹏、边某刚各持40万元，法定代表人为王某光。至于其他发起人为何没有登记为股东，被告及第三人的解释是为了签订股权转让协议、办理工商登记手续方便，原告的解释是，因出资购买股权的就是工商登记和协议上的股东。变更登记完成后，新空间建安公司于2000年7月4日为包括郑某鹏、边某刚及第三人在内的相关自然人股东出具了出资证明。后又增加了周某、刘某、霍某海、李某波、郭某、张某泉等股东。2003年12月新空间建安公司编制的股东名册记载，股东为新空间置业及王某光、边某刚、郑某鹏、刘某、周

某等24名自然人，原始总出资为180万元，其中新空间置业出资50.4万元，不含张某泉在内的23名自然人共出资129.6万元。在工商部门的登记中，新空间建安进行了多次登记变更，但股东一直为新空间置业、郑某鹏、边某刚。其中2001年6月1日增资500万元均由新空间置业出资。2002年12月2日增资800万元，其中新空间置业出资700万元，郑某鹏、边某刚各出资50万元，并变更法定代表人为边某刚。2004年10月18日增资600万元，由郑某鹏、边某刚各出资300万元，至此公司登记总股本2080万元。2010年1月13日变更名称为蜘蛛人公司。工商登记资料显示，新空间建安公司每次的变更均由登记的三名股东开会决议。新空间建安公司给各自然人股东出具了出资证明书，但未给新空间置业出具出资证明。股东周某、刘某均称其是以工程合作的方式入股新空间建安公司，未实际出资。各股东包括新空间置业，均未能举出有效证据证明其在成立新空间建安公司时各自实际出资额是多少。2001年6月新空间建安公司由180万元增资到680万元，出资人均为新空间置业，该股东于2001年5月14日将500万元打入新空间建安公司账户，后于5月21日、5月23日全部转出，其中5月14日借临淄区宏达铸造厂200万元增资，5月21日如数归还临淄区宏达铸造厂。

2015年10月11日，边某刚、霍某海、桑某佐等11名股东提议召开蜘蛛人公司临时股东会议，并于2015年10月29日、30日通知股东于11月15日上午召开临时股东会。2015年11月15日在临淄齐国商城召开股东会，到会人员为：边某刚、霍某海、桑某佐、王某汤、李某章、常某江、曹某刚、李某浩、孙某法、郑某伟、桑某良、崔某兴、张某泉共13人，持股113.0071万股。会议通过的决议内容如下：1. 有表决权的股东为边某刚等22个自然人。即新空间置业、刘某、周某三个股东无表决权。2. 对未出资的股东的缴纳期限为2015年11月22日。3. 选举边某刚、张某泉、霍某海为董事，桑某佐为监事，边某刚为董事长、法人代表。在决议书上签字（同意）的有11名股东，持股103.4743万股，郑某伟、李某章未签字。郑某鹏认为此次临时股东会议形成的决议无效，提起诉讼。

【案件焦点】

新空间置业、刘某、周某是否为公司股东，是否享有表决权。

【法院裁判要旨】

山东省淄博市临淄区人民法院经审理认为：工商登记中载明蜘蛛人公司的股东为新空间置业、边某刚、郑某鹏。但考虑到我国公司运行中大量隐名股东存在的现实，确认公司股东身份不能仅以工商登记记载为准，应依据实际出资情况，根据出资证明、股东名册等证据综合认定。蜘蛛人公司2000年7月6日的章程虽未在工商部门登记，但真实合法，该章程中除张某泉外，其他参会人员均为股东。2003年的股东名册中，参会的13人均为股东。蜘蛛人公司（新空间建安公司）为该13人出具了出资证明，且还为上述人员增资配股。因而综合考虑本案的证据和事实认定参加临时股东会议的13人具有蜘蛛人公司股东资格。新空间置业未举出其在新空间建安公司成立时出资50.4万元的证据，后来增资时又抽逃出资，股东刘某、周某未实际出资，公司股东会限制该三股东表决权符合法律规定，在限制了该三股东的表决权后，蜘蛛人公司的有效表决权总数为154.7579万，参加临时股东会的13名股东及在决议书上签字的11名股东所持表决权占总表决权数（154.7579万）的比例均达三分之二以上。因而临时股东会表决程序符合公司章程的约定，亦不违反法律规定。综上，新空间置业、周某、刘某虽为蜘蛛人公司股东，但不享有表决权，因而参加临时股东会表决的13名股东及赞同决议的11名股东所具有表决权数占总表决权比数超过三分之二。临时股东会的议事方式和表决程序，符合章程规定，且不违反法律规定，应为有效。原告诉求不能成立。

山东省淄博市临淄区人民法院判决：

驳回原告郑某鹏的诉讼请求。

宣判后，郑某鹏、山东新空间置业有限公司不服提起上诉。山东省淄博市中级人民法院经审理，判决：

驳回上诉，维持原判。

【法官后语】

本案主要涉及股东除名制度与表决权排除规则的问题。

对于因股东未履行出资义务而被公司股东会除名的决议，可以适用表决权排除，被除名股东对该股东会决议没有表决权，基于如下理由：第一，如果对此情形不适用表决权排除将直接导致《最高人民法院关于适用〈中华人民共和国公司法〉若干问题的规定（三）》第十七条规定虚置。第二，未履行出资义务系违反股东基本义务，倘不适用表决权排除规则将使该规则的设计目的无法实现。第三，未履行出资义务属于根本违约，违约方对于是否解除其股东资格无选择权。按照公司契约理论，有限公司是股东之间达成契约的成果。股东履行出资义务也是履行契约义务，如果股东长时间未履行出资义务，则对其他股东构成根本违约。在合同法中，一方根本违约是另一方解除合同的要件。在公司法中，股东根本违约一般不轻易解散公司，但守约股东可以将违约股东除名，所以，股东根本违约是其被除名的构成要件。而不论合同还是设立公司，因对方根本违约而享有的“解除权”仅在守约方手中，违约方没有选择是否解除（合同或股东资格）的权利。所以，基于公司契约和根本违约的理论，在因股东未出资而形成的股东除名决议中，只有守约股东有表决权，违约股东没有表决权，即便该违约股东是控股股东。

本案中，新空间置业未举出其在新空间建安公司成立时出资50.4万元的证据，后来增资时又抽逃出资，股东刘某、周某未实际出资，公司股东会限制该三股东表决权符合法律规定，在限制了该三股东的表决权后，蜘蛛人公司的有效表决权总数为154.7579万，参加案涉临时股东会会议的股东及对表决通过股东会决议事项的股东所占蜘蛛人公司的股份均超过公司总股本的三分之二，该决议合法有效，两级法院驳回原告的诉讼请求具有事实和法律依据。

编写人：山东省淄博市临淄区人民法院　刘海红

山东省淄博市中级人民法院　荣明潇

31

以子女名义设立公司并代为签字的效力

——杨某超诉江苏恒豪电缆有限公司等公司决议案

【案件基本信息】

1. 裁判书字号

江苏省宜兴市人民法院（2017）苏0282民初第6726号民事判决书

2. 案由：公司决议纠纷

3. 当事人

原告：杨某超

被告：江苏恒豪电缆有限公司（以下简称恒豪公司）、吴某荣、芮某群

【基本案情】

2014年11月12日，恒豪公司形成章程一份，该章程载明：由芮某群、杨某超、吴某荣三方出资设立恒豪公司，该章程末尾处存在芮某群、杨某超、吴某荣签名，经双方当事人一致确认，该些签名均非本人所签。同日，恒豪公司形成股东会决议一份，该决议载明经全体股东表决，一致通过以下事项：1. 选举芮某群为公司执行董事；2. 选举杨某超为公司监事；3. 通过本公司章程。合同末尾处全体股东签名栏存在芮某群、杨某超、吴某荣签名，经双方当事人一致确认，该些签名均非本人所签。同年11月20日，恒豪公司经宜兴市市场监督管理局登记设立。据登记资料显示，恒豪公司注册资金为10058万元，法定代表人为芮某群，公司股东分别为芮某群、杨某超及吴某荣。同年11月28日，芮某群、吴某荣、杨某超三方形成股东合作协议书一份，载明三方因共同投资设立恒豪公司达成协议，同时协议载明本协议自甲乙丙三方签字之日起生效。在该协议末尾处，杨某超之父杨某平在乙方委托代理人处签署“杨某平代杨某超”字样。杨某超认为：恒豪公司设立期间，其在加拿大读书，也从未委托他人代为注册公司，故恒豪公司于2014年11月12日形成的“股东决议”、“章程”及于同年11月28日形成的“股东合作协议书”上其本人签名均系伪造，该些文件对其均不发生法律效力。

【案件焦点】

杨某平代其子杨某超在股东合作协议书等材料中的签字行为是否能够体现杨某超真实意思表示，该行为对杨某超是否具有约束力。

【法院裁判要旨】

江苏省宜兴市人民法院经审理认为：首先，从代理行为角度分析。双方一致确认杨某超在股东合作协议书、股东会决议、恒豪公司章程中均未签字确认，杨某超也明确表示未委托杨某平及他人签署相关材料，芮某群虽提出杨某超明知其股东身份且认可其父代签股东合作协议书的抗辩意见，但其提供的工资单等证据仅能证明杨某超在恒豪公司实习的事实，并不足以证明杨某超同意成为恒豪公司股东及追认杨某平等人代其签订相关协议的行为。其次，从意思表示角度分析。股东会决议、

章程、股东合作协议书上“杨某超”字样不是本人所签，也并非杨某超的真实意思表示，故上述股东会决议等文件对杨某超不具有法律约束力。最后，从股东会决议效力角度分析。他人伪造杨某超签名或代签恒豪公司股东会决议等文件，其后果系剥夺了杨某超表达是否同意设立恒豪公司的权利，也使杨某超因不知晓决议等文件的存在而无法及时主张权利救济，该行为系对公司法的违反，应直接以否定方式评判，故应确认案涉股东会决议涉及杨某超权利义务部分未生效。原告主张案涉股东会决议、章程、股东合作协议书对杨某超未生效具有事实和法律依据，依法予以支持。

江苏省宜兴市人民法院依照《中华人民共和国民法通则》第五十五条、第六十六条，《中华人民共和国公司法》第二十二条第一款，《中华人民共和国民事诉讼法》第一百四十四条之规定，判决如下：

确认恒豪公司2014年11月12日的股东会决议、公司章程及2014年11月28日的股东合作协议书对杨某超未生效。

【法官后语】

实践中以成年子女名义设立公司的情形屡见不鲜，而子女本人往往并未实际参与到公司事务中，甚至对设立公司一事毫不知情，所有的文件均由父母代为签字，此时公司章程、股东会决议等文件，并不一定对子女生效。

类似签字行为对子女是否具有约束力，应从三个角度进行分析：(1) 从代理行为角度分析，没有代理权、超越代理权或者代理权终止后的行为，只有经过被代理人的追认，被代理人才承担民事责任。(2) 从意思表示角度分析，民事法律行为应当具备意思表示真实等条件，且有限责任公司具有突出的人合性特征，股东会决议是公司股东依据出资比例行使相应表决权作出的决定，在法律性质上属多方法律行为，若要该行为产生法律效力，需要具备相应权利能力或法律资格的主体作出符合法律规定的意思表示。如缺乏意思表示要素，该法律行为即难以成立或产生。(3) 从股东会决议效力角度分析，公司股东实际参与股东会议并作出真实意思表示，是股东会议及其决议有效的必要条件。本案中，他人伪造杨某超签名或代签恒豪公司股东会决议等文件，其后果系剥夺了杨某超表达是否同意设立恒豪公司的权利，也使杨某超因不知晓决议等文件的存在而无法及时主张权利救济，该行为系对公司法的违反，应直接以否定方式评判，故应确认案涉股东会决议涉及杨某超权利义务部分未生效。

编写人：江苏省宜兴市人民法院　孟钰洁

32

持有股金收据和股权证但公司账目中无股金缴纳记录，能够认定股东资格

——孔某松等诉曲阜市金隆商厦公司决议撤销案

【案件基本信息】

1. 裁判书字号

山东省济宁市中级人民法院（2017）鲁08民终第4561号民事判决书

2. 案由

公司决议撤销纠纷

3. 当事人

原告（被上诉人）：孔某松、孔某芝、朱某俊

被告（上诉人）：曲阜市金隆商厦

【基本案情】

曲阜市金隆商厦成立于1998年9月30日，系经改制成立的股份合作制企业，三原告等16人为股东发起人，当时孔某松为法定代表人。2014年，被告曾增资，三原告缴纳了相应增资部分的股金。三原告提交的收据显示，孔某松于1998年7月4日缴纳股金2000元、2014年10月27日缴纳股金3000元，孔某芝于1998年7月7日缴纳股金1500元、2014年10月29日缴纳股金3000元，朱某俊于1998年7月7日缴纳股金1500元、2014年10月27日缴纳股金3000元。1998年的三份收据上盖有被告公司“现金收讫”章及时任被告公司出纳孔荣个人印章。另外，三原告提供的股权证上也加盖有被告公司的公章。2016年11月9日，被告通知包括三原告在内的股东，将于2016年11月28日召开股东大会。后股东会形成了“金隆商厦股东会议决议”，其中与三原告相关的内容为决议第三项：“三、财务上未收到孔某松、孔某芝、朱某俊三人1998年交纳的股金，却为三人发放了多年的股息、股

东福利。这些股息和股东福利应属于三人不当得利而追回。三人在返还这些不当得利并交回 1998 年的股权证和股金收据之后，公司签发新的股权证和内部协议。三人应在会后（或者接到通知后）15 日内来单位办理完毕，逾期视为自动放弃股权。”根据被告提供证据显示，被告财务凭证上没有记载关于三原告于 1998 年缴纳的前述股金的内容。

【案件焦点】

孔某松、孔某芝、朱某俊持有其 1998 年缴纳股金的收据证明及股权证能否证明三原告于 1998 年即被告公司的股东，直接关系到本案涉争的股东会决议是否应当撤销。

【法院裁判要旨】

山东省曲阜市人民法院经审理认为：《中华人民共和国公司法》第三十四条明确规定股东有权按照实缴的出资比例分取红利，《曲阜市金隆商厦章程》也规定了股东有权按其股份取得盈利，原告提供的该收据上盖有被告公司“现金收讫”章，亦有当时被告公司的出纳孔某的个人印章，股权证盖有被告公司公章，被告除以其公司财务账目上未记载三原告 1998 年缴纳股金记录进行辩解外，于庭审中未提供足以推翻该收据、股权证等证据的反证，而且被告公司财务账目没有相关记录并不能直接证明三原告未实际缴纳过涉争股金，因此应当认定三原告缴纳了 1998 年的股金、自 1998 年起系被告公司股东的事实，被告股东大会及其作出的决议仅以其财务账目上没有三原告 1998 年缴纳股金的记录而要求三原告交回领取的相应的股息、股东福利，并限期交回否则逾期视为放弃股权，该股东大会决议的决议内容明显违反了《中华人民共和国公司法》及被告《曲阜市金隆商厦章程》的规定，属可撤销的情形。

山东省曲阜市人民法院依照《中华人民共和国公司法》第二十二条第二款、第三十四条、第三十六条、第四十条、第四十一条、第四十二条、第四十三条第一款之规定，作出如下判决：

撤销被告曲阜市金隆商厦于 2016 年 11 月 28 日召开的股东大会并作出的“金隆商厦股东会议决议”中关于追回原告孔某松、孔某芝、朱某俊领取的股息、股东福利、股权证等的第三项内容。

曲阜市金隆商厦不服一审判决提起上诉。山东省济宁市中级人民法院经审理认为：本案争议的焦点问题是：被上诉人孔某松、孔某芝、朱某俊是否交纳股金，是否拥有股东资格，上诉人曲阜市金隆商厦是否有权基于此理由召开股东会作出让上诉人孔某松、孔某芝、朱某俊“交回股息、股东福利、股权证及应在接到通知后15日内办理，否则视为自动放弃股权”的决议。首先，关于被上诉人孔某松、孔某芝、朱某俊是否交纳股金，是否拥有股东资格。本院认为，三被上诉人孔某松、孔某芝、朱某俊持有上诉人开具的股金收据和股权证，能够证明三被上诉人交纳股金和取得了股东资格，上诉人曲阜市金隆商厦财务账目中没有上诉人孔某松、孔某芝、朱某俊的交款记录，属于其内部账目管理问题，不足以否认三被上诉人交纳股金和取得股东资格。如果被上诉人对上诉人交纳股金的事实存疑，可通过法定程序进行厘清，在确能认定三被上诉人未交纳股金的基础上，再依据公司法相关规定，催缴股金或进行股东资格否认。但其通过召开股东会的方式认定三被上诉人未交纳股金，并作出让被上诉人孔某松、孔某芝、朱某俊交回股息、股东福利、股权证及应在接到通知后15日内办理，否则视为自动放弃股权”的决议，违反了《中华人民共和国公司法》及《曲阜市金隆商厦章程》的规定，故应予撤销。综上，原审判决认定事实清楚，适用法律正确，上诉人的上诉理由不能成立，应予驳回。

济宁市中级人民法院依照《中华人民共和国民事诉讼法》第一百七十条第一款第（一）项之规定，作出如下判决：

驳回上诉，维持原判。

【法官后语】

本案处理的重点在于对孔某松、孔某芝、朱某俊是否交纳股金、是否拥有股东资格的确认，进而才能确定曲阜市金隆商厦是否有权作出涉案的股东会决议。

曲阜市金隆商厦是经改制成立的股份合作制企业，在企业改制的过程中出现财务账目存在遗失或疏漏的现象，属于其内部账目管理问题，不足以否认孔某松、孔某芝、朱某俊交纳股金的事实和取得的股东资格。即便当时交纳股金时由于遗漏没有入账，但是有曲阜市金隆商厦开具的股金收据和股权证能够证明三原告的股东地位。曲阜市金隆商厦若对三原告交纳股金的事实持疑，应通过法定程序进行厘清，而不应在没有法律依据的基础上，径行召开否认原告股东资格的股东会，该协议违反了《中华人民共和国公司法》规定，属于可撤销的情形。

编写人：山东省曲阜市人民法院　孔德法

33

公司决议效力瑕疵及是否当然恢复变更登记

——赵某诉北京同盛康医学技术有限公司公司决议效力确认案

【案件基本信息】

1. 裁判书字号

北京市第三中级人民法院（2017）京03民终第4214号民事判决书

2. 案由：公司决议效力确认纠纷

3. 当事人

原告（上诉人）：赵某

被告（上诉人）：北京同盛康医学技术有限公司（以下简称同盛康公司）

【基本案情】

同盛康公司成立于2010年11月8日，注册资本200万元，股东为白某、赵某、杨某，赵某任职监事。2012年4月12日，股东变更为葛某露（出资40万元，持股20%）、赵某（出资80万元，持股40%）、杨某（出资80万元，持股40%）。2012年12月20日，赵某（转让方）与焦某钦（受让方）签署《股权转让协议书》约定：赵某在自愿、平等的原则下，同意将持有的同盛康公司的股权80万元，以货币方式转让给新股东焦某钦。该协议已由生效判决确认不成立。

2012年4月12日的同盛康公司章程中显示：第十七条，公司不设监事会，设监事一人，由股东会选举产生；监事的任期每届为三年，任期届满，可连选连任。第二十一条，股东向股东以外的人转让股权时，应当经其他股东过半数同意。股东应就其股权转让事项书面通知其他股东征求同意，其他股东自接到书面通知之日起满三十日未答复的，视为同意转让。其他股东半数以上不同意转让的，不同意的股东应当购买该转让的股权；不购买的，视为同意转让。

同盛康公司于2012年12月20日召开第二届第二次股东会，主持人葛某露，记录人赵某，应到会股东人数为三人，代表的股额为100%，会议以电话方式通知股东到会参会。会议形成如下决议：第一，同意吸收新股东焦某钦；第二，同意将原股东赵某其持有的该公司的股权80万元以货币方式转让给新股东焦某钦；3. 同意免去赵某的监事职务；4. 同意修改公司章程。该股东会决议下方有葛某露、杨某、赵某三个人名签字。同日，同盛康公司的工商登记资料中监事由赵某变更为焦某钦。

庭审中，赵某表示同盛康公司第二届第二次股东会决议上的签名非其本人书写，并向本院提请对同盛康公司2012年12月20日第二届第二次股东会决议上赵某的签字进行笔迹鉴定。鉴定意见为该“赵某”签名字迹非赵某本人书写。

本案审理中，张某要求以第三人身份参与本案诉讼，并提出独立诉讼请求，以赵某名下同盛康公司的股权系张某和赵某二人的夫妻共同财产为由，要求确认张某拥有同盛康公司20%的股权。后又撤回申请。

【案件焦点】

1. 非股东真实意思表示的，股东会决议效力问题；2. 股东会决议被认定无效后，依据该决议变更的工商登记是否当然撤销问题。

【法院裁判要旨】

一、关于非股东真实意思表示的，股东会决议效力问题。

一审法院认为：同盛康公司在未经赵某同意的情形下，以股东会决议的形式处置赵某的股权，侵害了他人的财产权利，有违法律规定，因此“同意赵某将其持有的该公司股权80万元以货币方式转让给新股东焦某钦”的股东会决议无效。

另外，监事的任免都属于公司内部自治，也应由股东会通过表决方式确定。公司对监事的聘任和解除在法律属性上相当于委托合同法律关系，委托合同可以随时解除。根据涉诉股东会会议召开情况，葛某露和杨某均投了赞成票，其二人持股合计60%，该公司对免除赵某监事职务的决议已经通过。赵某虽表示其不知召开股东会，但监事职务的免除不需要经赵某同意。因此免除赵某监事职务的该项决议有效。

二审法院认为：股东参与股东会并对相关决议进行讨论表决是股东行使股东权利的基本方式；股东就决议事项作出真实意思表示是股东会决议得以通过并生效的

基本条件。本次股东会作出的决议不能反映赵某作为公司股东的真实意思表示，决议效力存有重大瑕疵，决议涉及赵某股东权利及免除赵某公司监事职务的决议内容应属无效。

二、关于公司决议被确认无效，依据该公司协议变更的工商登记是否当然撤销问题。

一审法院认为：股东会决议是股东对公司经营管理事项作出决策的方式，决议内容是否有效，并不直接影响股东权利。张某曾对股权提出独立诉请，故从维护商事登记公信力和司法判决既判力角度出发，赵某应当明确其为涉案股权的实际权利人后，再行主张。

二审法院认为：决议内容无效不能直接产生股东身份回转的效力；加之赵某与案外人就系争股权存有争议，赵某应在明确其为系争股权的实际权利人后另行主张并申请变更登记。

一审北京市怀柔区人民法院依据《中华人民共和国民法通则》第五条，《中华人民共和国公司法》第二十二条之规定，作出如下判决：

一、确认同盛康公司于2012年12月20日作出的关于“同意赵某将其持有的该公司股权80万元以货币方式转让给新股东焦某钦”的股东会决议无效；

二、确认同盛康公司于2012年12月20日作出的关于“同意免去赵某的监事职务”的股东会决议无效；

三、同盛康公司应当于本判决生效后十日内向公司登记机关申请撤销焦某钦监事变更登记；

四、驳回赵某其他诉讼请求。

赵某、同盛康公司不服一审判决，提出上诉。二审北京市第三中级人民法院依照《中华人民共和国民事诉讼法》第一百七十条第一款第（一）项之规定，作出如下判决：

驳回上诉，维持原判。

【法官后语】

随着《最高人民法院关于适用〈中华人民共和国公司法〉若干问题的规定（四）》自2017年9月1日正式施行，“决议不成立”成为独立于“决议无效”和“决议可撤销”的第三种针对公司决议瑕疵的救济途径。

本案股东会以电话会议方式召开，事后各股东签字。但赵某签字并非本人签署，且亦无其他证据证明赵某曾委托或授权他人参加本次股东会并代其表决、签字，因此本次股东会作出的决议不能反映赵某作为公司股东的真实意思表示。那么该决议是不成立还是无效、可撤销呢？

笔者认为，由于决议涉及免除赵某监事职务，对于赵某而言关涉利益重大，同盛康公司应当通知其参会并发表意见。赵某作为股东未被通知参与股东会，事后亦未作出知情同意意思表示的，不属于“会议召集程序或表决方式的轻微瑕疵”，符合可撤销的情形。但是当事人未诉撤销，且已过除斥期间，此时该决议因未被撤销而有效。

依据公司决议而进行的工商变更登记，并不当然因该决议被确认不成立、无效或被撤销，原工商登记事项当然恢复。以股权为例，工商登记仅为对抗性登记，其并不能产生设立股权的效力。投资人以成为公司股东的意思表示向公司出资或受让股权后，才能成为公司的股东。工商登记的变更应当以被登记人实际享有股权为前提。涉案股东会决议效力有瑕疵，被确认无效后；而在股权的实际归属尚存争议的情况下，人民法院不应直接依据公司决议效力而径行恢复之前的工商登记状态。而是应当由涉争议股权被明确实际权利人后，另行处理。如此审慎处理，才成更好地维护商事登记公信力和司法判决的既判力。

编写人：北京市怀柔区人民法院　张泽华

34

因股东会召集程序违法形成的公司决议为可撤销还是无效

——倪某明诉浙江倪师傅食品有限公司公司决议案

【案件基本信息】

1. 裁判书字号

浙江省台州市中级人民法院（2018）浙10民终第317号民事判决书

2. 案由：公司决议纠纷

3. 当事人

原告（被上诉人）：倪某明

被告（上诉人）：浙江倪师傅食品有限公司（以下简称倪师傅公司）

第三人：牟某华、倪甲、倪乙

【基本案情】

2010年12月15日，被告倪师傅公司在黄岩工商局注册成立，注册时资金为500万元，股东为倪某明、倪甲、牟某华，分别持股30%、30%、40%。2014年1月14日，被告倪师傅公司召开当年第一次股东会，在原告倪某明未到场的情况下，由牟某华和倪甲作出吸收倪乙为公司股东的决议，后于当日召开第二次股东会，亦在原告未到场的情况下，由牟某华（其中倪乙由牟某华代为签字）和倪甲作出以下决议："增加公司注册资本500万元，其中倪甲以货币增加175万元，倪乙以货币增加325万元……增资后公司新的股本结构为牟某华200万元，占20%；倪某明150万元，占15%；倪甲325万元，占32.5%；倪乙325万元，占32.5%……公司经营范围变更……因吸收倪乙为公司股东，由牟某华、倪甲、倪乙、倪某明组成公司股东会，公司组织机构不变。"倪师傅公司对公司章程亦作了相应的修正。

【案件焦点】

公司股东会召集程序违法，股东只能自决议作出之日起六十日内请求法院撤销，还是可以其股东权利受侵害请求法院确认决议内容无效。

【法院裁判要旨】

浙江省台州市黄岩区人民法院经审理认为：被告倪师傅公司于2014年1月14日作出的关于吸收倪乙为股东并增加注册资本500万元的股东会决议内容，没有经过当时持有公司股权的原告倪某明的同意，也没有证据证明原告就公司的该次增资已知悉并明确放弃了优先认缴权，故上述股东会决议内容违反了《中华人民共和国公司法》关于股东有权优先按照实缴的出资比例认缴出资的规定，侵犯了原告的知情权、表决权、优先认缴权等股东权利。因此，涉案上述公司决议的形成和内容不符合法律规定，应当确认无效。决议无效，自始无效，不受诉讼时效的限制。另以决议为基础的公司章程修正案亦应不能成立。被告倪师傅公司辩称已经口头告知原告召开股东会的相关事宜，但无法提供证据证明其已履行了通知义务，对其辩称不予采纳。综上，原告要求确认涉案《股东会议决议》无效、修正的相应章程不成立的请求，于法有据，予以支持，被告倪师傅公司应当撤销依照上述《股东会议决议》和章程而进行的相关工商登记。

浙江省台州市黄岩区人民法院依照《中华人民共和国公司法》第二十二条第一款、第四款及第三十四条规定，作出如下判决：

一、确认被告倪师傅公司于2014年1月14日形成的两份《股东会议决议》无效，确认被告浙江倪师傅食品有限公司依上述决议形成的章程不成立；

二、被告倪师傅公司于本判决生效之日起十日内至公司登记机关撤销依据2014年1月14日《股东会议决议》及章程进行的相关工商登记。

倪师傅公司以股东会的召开以口头方式进行了通知、倪某明对股东变更未提异议、公司增资没有损害倪某明权益、案件已过诉讼时效（倪某明认定股东会召集程序、表决方式或决议内容违反公司章程的应当依据《中华人民共和国公司法》第二十二条规定，自决议作出之日起六个月起诉）为由提起上诉。台州市中级人民法院经审理认为：《中华人民共和国公司法》第二十二条第一款规定："公司股东会或者股东大会、董事会的决议内容违反法律、行政法规的无效"，第四款规定："公司根据股东会或者股东大会、董事会决议已办理变更登记的，人民法院宣告该决议无效或者撤销该决议后，公司应当向公司登记机关申请撤销变更登记。"倪师傅公司在未经通知持有公司股权的倪某明的情况下，于2014年1月14日作出了"关于吸收倪乙为股东并增加注册资本500万元的股东会决议内容"，也没有证据证明倪某明就公司的该次增资已知悉并明确放弃了优先认缴权，且上述股东会决议内容违反了《中华人民共和国公司法》关于股东有权优先按照实缴的出资比例认缴出资的规定，侵犯了倪某明的知情权、表决权、优先认缴权等股东权利。故涉案上述公司决议的形成程序和内容均不符合法律规定，应当确认无效。决议无效，自始无效，不受诉讼时效的限制。既然该决议无效，则以此决议为基础形成的公司章程修正案依法亦应不能成立。故二审判决：

驳回上诉，维持原判。

【法官后语】

本案表面上看，未经通知而召开股东会，违反了《中华人民共和国公司法》第四十一条"召开股东会会议，应当于会议召开十五日前通知全体股东"之规定，确系召集程序违法，属可撤销范畴。但是，本案股东会会议召开形成的决议，其内容为吸收新股东、增加注册资本。而根据《中华人民共和国公司法》第三十四条规定，公司新增资本时，股东有权优先按照实缴的出资比例认缴出资，故决议内容侵犯了该股东的优先认缴权等股东权利。所以本案召集程序、决议内容均违反法律规定，原告享有相应的选择权，其在决议作出之日起六十日内可请求法院撤销的时限已过情况下，决议撤销之诉已无法维权，但其仍可主张未经通知召开的股东会形成的决议因内容违法而无效，使自身股东权利得以维护。

编写人：浙江省台州市黄岩区人民法院　朱伟

35

违反同股同权原则进行差别减资的股东会决议无效

——陈某和诉江阴联通实业有限公司公司决议效力确认案

【案件基本信息】

1. 裁判书字号

江苏省无锡市中级人民法院（2017）苏02民终第1313号民事判决书

2. 案由：公司决议效力确认纠纷

3. 当事人

原告（上诉人）：陈某和。

被告（被上诉人）：江阴联通实业有限公司（以下简称联通公司）

【基本案情】

联通公司注册资本19516万元人民币，股东为陈某和、刘某林、六某方、江阴市宝昌有限公司（下称宝昌公司）、张某斌、海南通乾实业有限公司（下称通乾公司）、江阴昌荣物资有限公司（下称昌荣公司）。

2015年12月25日，联通公司召开股东会，并制作股东会决议，第二项载明，联通公司注册资本从19516万元减至11516万元。六某方、宝昌公司、张某斌、通乾公司、昌荣公司同意上述决议并在决议上签字；陈某和、刘某林未出席会议，亦未签字确认。随后，公司刊登了减资公告，并由六某方、宝昌公司、张某斌、通乾公司、昌荣公司出具《债务担保说明》表示，联通公司7方股东愿意承担减资部分的相应法律责任。2016年3月16日，联通公司召开股东会，并制作股东会决议，第三项确定联通公司注册资本从19516万元减至11516万元，减少的注册资本在张某斌、宝昌公司、通乾公司、昌荣公司之间分配。随后，江阴市市场监督管理局作出准予变更登记通知书，联通公司注册资本由19516万元变更为11516万元。

2016年3月18日，联通公司召开股东会，并制作股东会决议，第二项载明，联通公司注册资本从11516万元减至6245.12万元。六某方、宝昌公司、张某斌、通乾公司、昌荣公司同意上述决议并在决议上签字；陈某和、刘某林未出席会议，亦未签字确认。随后，公司刊登了减资公告，并由六某方、宝昌公司、张某斌、通乾公司、昌荣公司出具《债务清偿或提供担保的说明》表示，联通公司已对债务予以清偿或提供了相应担保。

2016年5月23日，联通公司召开股东会，并制作股东会决议，第二项明确，联通公司注册资本从11516万元减至6245.12万元，减少的注册资本在张某斌、宝昌公司、通乾公司、昌荣公司之间分配。随后，江阴市市场监督管理局作出公司准予变更登记通知书，联通公司注册资本由11516万元变更为6245.12万元。股东变更为陈某和、刘某林、六某方三方。

联通公司章程第十一条载明：股东会会议分为定期会议和临时会议。召开股东会会议，应当于会议召开十五日前通知全体股东。第十三条载明：股东会会议作出修改公司章程、增加或者减少注册资本的决议，以及公司合并、分立、解散或者变更公司形式的决议，必须经代表三分之二以上表决权的股东通过，对于其他事项必须经代表半数以上表决权的股东通过。

联通公司在一审庭审中自认：2015年12月25日、2016年3月16日、2016年3月18日、2016年5月23日四次股东会未通知陈某和参加会议；诉争减资款项按等额股本金实际已交付减资股东。

【案件焦点】

涉案股东会决议内容是否违反法律、行政法规的规定而应确认无效。

【法院裁判要旨】

江苏省江阴市人民法院经审理认为，联通公司召开四次股东会均不通知陈某和，损害了陈某和对联通公司的参与管理权，且在章程中没有约定，和未取得全体股东一致同意的情况下，作出了差别减资的决议，该决议内容违反了有限责任公司股东“同股同权”的一般原则，直接损害了陈某和作为股东的资产收益权，应当认定为无效。

江苏省江阴市人民法院依照《中华人民共和国民法通则》第四条，《中华人民共和国公司法》第四条、第二十二条、第三十四条、第四十一条之规定，作出如下判决：

确认联通公司2015年12月25日股东会决议第二项、2016年3月16日股东会决议第三项、2016年3月18日股东会决议第二项、2016年5月23日股东会决议第二项内容无效。

陈某和持原审起诉意见提起上诉。江苏省无锡市中级人民法院经审理认为：联通公司召开的四次股东会均未通知陈某和参加，并且利用大股东的优势地位，以多数决的形式通过了不同比减资的决议，并实际办理了减资登记，直接剥夺了陈某和作为小股东的知情权、参与重大决策权以及资产收益权，属于内容违法，应认定无效。

江苏省无锡市中级人民法院依照《中华人民共和国民事诉讼法》第一百七十条第一款第（一）项的规定，作出如下判决：

驳回上诉，维持原判。

【法官后语】

《中华人民共和国公司法》第四十三条规定减少注册资本须持有经三分之二以上表决权的股东通过，仅针对的是公司减少注册资本，而减资在股东之间的分配应参照《中华人民共和国公司法》第三十四条关于公司增资和分红的规定，适用资本一致决。综观公司法，资本多数决是为了解决公司的日常管理问题，提高公司的运营效率，而对于股东之间的权益分配，应当严格遵循同股同权原则，仅以资本一致决为例外情形。减资应当是全体股东同比例减资，如果只要经三分之二以上表决权的股东通过就可以作出不同比减资的决议，实际上是以多数决的形式改变公司设立时经发起人一致决所形成的股权架构，显然系挑战公司法的根本。因此，除非全体股东在章程中作出约定，“差异化减资”必须遵循资本一致决。本案中联通公司做出了部分股东减资的决议，既未通知小股东陈某和参与股东会，也未决议对其减资，显然是违反了有限责任公司股东“同股同权”的一般原则，直接损害了陈某和作为股东的财产权益，应当认定为无效。

编写人：江苏省无锡市中级人民法院　季静娜　尹慧

六、股权转让纠纷

36

本案中的股权转让协议是否具有为借款提供担保的意思表示

——黄某光诉梁某君股权转让案

【案件基本信息】

1. 裁判书字号

天津市第二中级人民法院（2017）津02民终第4089号民事判决书

2. 案由：股权转让纠纷

3. 当事人

原告（上诉人）：黄某光

被告（被上诉人）：梁某君

【基本案情】

2016年5月15日，黄某光（出让方）与梁某君（受让方）签订了《陕西华耐置业有限公司股权转让协议》。双方约定：1. 出让方将其在陕西华耐置业有限公司11%的5500000元人民币出资转让给受让方，受让方应于本协议签订之日起30日内支付转让款。2. 出资转让后，出让方不再享受已转让部分的股东权利、承担已转让部分的股东义务，受让方在享受公司股东权利的同时必须承担股东的义务。3. 出让方保证对其转让的股权拥有完全处分权，保证该股权没有设定质押、担保、抵押，保证股权未被查封，并免遭第三人追索，否则出让方应承担由此引起的一切经济和法律责任。

同日，梁某君控股的天津星系商贸有限公司（出借方）与黄某光控股的陕西华耐置业公司（借款方）签订《借款协议》，协议约定：出借方同意在2016年5月31日以前，提供给借款方借款1亿元人民币。双方同意借款时间为10个月，借款方需在2017年3月31日将借款还于出借方。出借方及梁某君承诺在收到借款方全额归还本协议借款本息5个工作日内，无条件将梁某君在陕西华耐置业有限公司占有股份中的11%的股份转让给黄某光。经核实，借款方至今未返还上述借款。

陕西华耐置业有限公司的登记注册资本50000000元，上述《股权转让协议》签订时，该公司有四名股东：熊某根，持股比例占30%；王大柱，持股比例占15%；朱某龙，持股比例占15%；黄某光，持股比例占40%。2016年5月15日，熊某根与梁某君签订《陕西华耐置业有限公司股权转让协议》，约定将其在公司的“30%的1500万人民币出资”转让给梁某君；朱某龙与梁某君签订《陕西华耐置业有限公司股权转让协议》，约定将其在公司的“5%的250万人民币出资”转让给梁某君；王大柱与梁某君签订《陕西华耐置业有限公司股权转让协议》，约定将其在公司的“5%的250万人民币出资”转让给梁某君。上述股权转让协议的其他内容均与黄某光、梁某君签署的股权转让协议内容一致。朱某龙、王大柱将其剩余股份分别转让给了案外人刘某海、刘某峰。当日，陕西华耐置业有限公司召开了第二次股东会，作出了相关决议，其中一项决议内容为：选举梁某君为财务负责人，负责制定公司财务制度及财务人事安排。公司根据此次股东会决议，修改了公司章程，其中将原公司章程第四章第十一条：股东的姓名（名称）、出资额、出资时间及出资方式修正为：“梁某君认缴2550万元，出资方式为：货币出资。出资时间：2044年10月18日之前。黄某光认缴1450万元，出资方式为：货币出资。出资时间：2044年10月18日之前。刘某峰认缴500万元，出资方式为：货币出资。出资时间：2044年10月18日之前。刘某海认缴500万元，出资方式为：货币出资。出资时间：2044年10月18日之前。”随后公司办理了工商变更登记，现公司股东为：梁某君，持股比例51%；黄某光，持股比例29%；刘某海，持股比例10%；刘某峰，持股比例10%。

【案件焦点】

黄某光与梁某君签订的《股权转让协议》仅是转让股权还是具有为借款协议

提供担保的意思表示。

【法院裁判要旨】

天津市滨海新区人民法院经审理认为：当事人签订的《股权转让协议》不违反法律、行政法规的强制性规定，且其后黄某光配合梁某君办理了股东的工商变更登记，梁某君此后也实际行使了股东权利，故上述协议是双方真实意思表示，对其效力予以确认。《中华人民共和国合同法》第六十条第一款规定，当事人应当按照约定全面履行自己的义务。协议签订之后，黄某光作为出让方，配合梁某君办理了股东等的变更登记，梁某君成为陕西华耐置业有限公司的股东，作为受让方的梁某君也应该按照约定履行自己的义务。黄某光请求解除合同，根据《中华人民共和国合同法》第九十三条、第九十四条规定，合同解除条件可以是约定的，也可以是法定的。本案当事人并未约定合同的解除条件，黄某光主张梁某君未在约定的期限内支付股权转让款，符合《中华人民共和国合同法》第九十四条第（四）项规定的法定解除条件。本案的焦点问题为，梁某君是否存在根本违约行为，对此需要从以下两个层次分析：

第一，梁某君主张其与黄某光之间的股权转让是无偿的，股权转让的事实应与《借款协议》结合起来看。该《借款协议》约定：出借方天津星系商贸有限公司及梁某君承诺在收到借款方陕西华耐置业有限公司全额归还本协议借款本息 5 个工作日内，无条件将梁某君在陕西华耐置业有限公司占有股份中的 11% 的股份转让给黄某光。黄某光将股份转让给梁某君也是为了担保上述借款，黄某光偿还上述借款之后，梁某君会再将股份转让给黄某光。一审庭审中黄某光认为该《借款协议》约定的条件具备时，梁某君向黄某光转让 11% 的股权是无偿的，且其他股东与梁某君签订《股权转让协议》之后并未向其索要股权转让款。若黄某光的陈述属实，那么事实就是：黄某光于 2016 年 5 月 15 日无偿将诉争股份转让给梁某君，在《借款协议》约定的条件成就时，梁某君再将 11% 股份无偿转让给黄某光。既然股权转让是无偿的，则不存在支付款项的义务，那么黄某光主张解除合同、返还股权没有事实及法律依据。

第二，诉争的《股权转让协议》明确约定了具体的付款期限，但是，协议中的“550 万元人民币出资”是 11% 股份对应的认缴资本，并未表述为股权转让款，故从字面意思看，也不能认定股权转让款就是 5500000 元，即使涉案的股权转让是有偿的，双方之间的股权转让协议存在约定不明确的情况。《中华人民共和国合同法》第六十一条规定，合同生效后，当事人就质量、价款或者报酬、履行地点等内容没有约定或者约定不明确的，可以协议补充；不能达成补充协议的，按照合同有关条款或者交易习惯确定。如果黄某光认为涉案的股权转让是有偿的，可与梁某君进一步协商，要求其支付拖欠的股权转让款等。

本案中，当事人均认可双方系因陕西华耐置业有限公司与西安中交金尧房地产开发有限公司的合作开发项目而发生矛盾，对于经营中的矛盾，双方可进一步协商解决，不能以随意变动股权、影响公司的稳定等为代价。对于分歧，双方可依据合同法的规定，进一步协议补充，且梁某君在一审庭审中也明确表达了协商的意愿，故梁某君现在并不存在根本违约的情形。综上，在公司章程已经修订，股权变更登记已经完成，梁某君已经实际行使股东权利并担任公司职务的情况下，结合以上事实，黄某光请求解除合同、返还股权没有事实及法律依据，不予支持。

天津市滨海新区人民法院依照《中华人民共和国合同法》第六十条第一款、第六十一条，《中华人民共和国民事诉讼法》第六十四条第一款的规定，作出如下判决：

驳回原告黄某光的诉讼请求

黄某光持原审起诉意见提起上诉。天津市第二中级人民法院经审理认为：黄某光与梁某君均认可签订《股权转让协议》以及双方控股公司签订《借款协议》的目的是开展与西安中交金尧房地产开发有限公司的合作项目，故涉案《股权转让协议》《借款协议》与双方的合作事项密不可分，不能单独割裂来看。《股权转让协议》中约定梁某君将其在陕西华耐置业有限公司占有的11%的股份转让给黄某光，而《借款协议》约定，在借款方陕西华耐置业有限公司全额归还借款本息后，梁某君无条件将陕西华耐置业有限公司11%的股份转让给黄某光，由此可见，梁某君占有该11%的股份目的在于督促借款方及时还款，同时达到双方股权的平衡。现黄某光已将11%的股份转让给梁某君并办理了工商登记，梁某君成为公司股东并开展了合作业务，《借款协议》已经履行且借款方尚未偿还借款，故黄某光单独要求解除《股权转让协议》并返还该11%的股份不符合双方签订《股权转让协议》的目的及目前的合作现状，不予支持。关于黄某光主张梁某君未支付股权转让款的损失问题，因双方在《股权转让协议》中对转让价款并未作出明确约定，故黄某光向梁某君主张该项损失没有依据，不予支持。

天津市第二中级人民法院依照《中华人民共和国民事诉讼法》第一百六十九条第一款、第一百七十条第一款第（一）项的规定，判决：

驳回上诉，维持原判。

【法官后语】

本案处理重点主要在于对黄某光与梁某君签订的《股权转让协议》是否附有为《借款协议》提供股权担保的意思表示。

在本案中，确实没有明文约定股权转让为借款提供担保，梁某君主张口头借款合同，对方不予承认。但是，根据双方实际控股的公司签订的《借款协议》的约定可以看出，11%的股份转让是附有偿还借款本息后无条件返还的条件。因此，该《股权转让协议》是附有返还条件的股权转让，不是真实的关于股权转让的意思表示。相反，如果认定黄某光与梁某君签订的《股权转让协议》不具有为借款协议提供担保的意思表示，则《借款协议》中约定无条件返还11%股份，违反正常的借贷双方权利义务相一致原则，有违常理。

本案肯定了股权转让协议系隐藏真意的意思表示，同时并未认定该行为为当事人虚假的意思表示。正如，一审裁判理由中所述，一项有限责任公司的股权交易，关涉诸多方面，如其他股东对梁某君的接受和信任，记载到股东名册和在工商部门进行变更登记等，已经产生了对外的效力。梁某君在受让股份后，已经实际行使股东权利，参与实际经营和公司管理，股权也已经实际过户到其名下。双方当事人的实际履行行为也能证实该协议并不违反双方的真实意愿，如果直接否定协议效力，会造成股权变动，影响公司的稳定，进而违背商事行为的外观主义和交易安全。根据合同法总则关于合同效力的相关规定，为担保债务履行签订的股权转让协议，并未违反法律及行政法规关于合同效力性的强制性规定，应认定为合法、有效。

编写人：天津市滨海新区人民法院　卓丹红

37

公司设立前约定登记股东转让部分股权且转让后的股权仍由登记股东代持的协议有效

——江苏省振新实业有限公司诉於某华股权转让案

【案件基本信息】

1. 裁判书字号

江苏省无锡市中级人民法院（2017）苏02民终第1132号民事判决书

2. 案由：股权转让纠纷

3. 当事人

原告（反诉被告、被上诉人）：江苏省振新实业有限公司（以下简称振新公司）

被告（反诉原告、上诉人）：於某华

【基本案情】

2013年2月21日，振新公司等四位拟设立铭诚公司的法人股东召开股东会，於某华等四位自然人作为特邀人员列席，会议形成决议：铭诚公司注册资本2亿元，各股东认缴出资额进行调整，调整后振新公司认缴出资4350万元、於某华认缴出资1000万元。会议通过后，转让各方另行签订《股权转让协议》及《委托持股协议》并向铭诚公司备案。

同日，於某华与振新公司签订《股权转让协议》及《委托代持股协议》，约定振新公司向於某华转让铭诚公司5%的股份，转让价款1000万元；支付方式为待铭诚公司验资注册时，於某华按转让标的及转让价款同比例同步出资到位，将资金打入振新公司指定的银行账户上，以振新公司名义进行注册验资；协议生效后，上述股权即转让给於某华，考虑到铭诚公司完成设立登记，为确保铭诚公司顺利经营，双方协商一致，在铭诚公司设立一周年后办理公司章程变更事宜，并办理工商登记。在此期间，於某华自愿委托振新公司作为前述股份的名义持有人。

2013 年 3 月 1 日，於某华向振新公司支付了 100 万元转让款。

2013 年 3 月 14 日，铭诚公司经登记设立，首期共计出资 1.2 亿元。2014 年 3 月 12 日，铭诚公司召开股东会，决议公司注册资本从 2 亿元减至 1.2 亿元，出资比例调减 40%。

2014 年 4 月 25 日，於某华出具《承诺书》，内容为："铭诚公司：於某华按协议要求出资 600 万元，目前已出资 100 万元，在转贷资金 295 万元，余款 205 万元，本人承诺于 2014 年 12 月 31 日前全部到位。"

於某华自铭诚公司设立后一直在铭诚公司任职总经理。2016 年 7 月，於某华离职后，振新公司向法院起诉要求於某华支付剩余 500 万元股权转让款。於某华则反诉要求解除双方签订的《股权转让协议》与《委托代持股协议》。

【案件焦点】

案涉《股权转让协议》的性质及效力。

【法院裁判要旨】

江苏省江阴市人民法院经审理认为：案涉《股权转让协议》及《委托代持股协议》系基于 2013 年 2 月 21 日的召开的设立前股东会决议（发起人会议），会议通过了由名义股东振新公司"转让"部分股份给於某华，共同出资设立铭诚公司，第三方出资所对应的股份由名义股东代持的决议。故案涉两协议实质上是共同出资及代持股协议。该协议系双方真实意思表示，不违反法律、行政法规的强制性规定，应为合法有效。协议签订时振新公司尚未取得铭诚公司的股权，不影响该协议的效力。根据案涉两协议的约定及此后调减出资比例的决定，於某华应在验资时将 600 万元出资款打入振新公司指定账户，但於某华仅支付了 100 万元，故於某华违约在先，违约方无权解除案涉两协议。

《江苏省小额贷款公司管理办法（试行）》不属于法律、行政法规，不能作为认定案涉协议效力的依据。该办法第十条要求境内自然人作为投资人，其入股资金为自有资金且来源合法，不得以借贷资金入股，不得以他人委托资金入股。首先，振新公司与於某华不存在借贷合意，振新公司为於某华垫付出资的行为不能被认定为於某华向振新公司借款；其次，根据协议，振新公司与於某华之间的委托关系在于委托持股，而不是委托出资，即使於某华委托振新公司出资，那也是振新公司以他人委托资金入股，而非於某华以振新公司委托的资金入股，该条款限制的是自然人不得以他人委托资金入股；最后，从该条款的本意来理解，条款所作的限制主要考虑的是小贷公司注册资本的合法、稳定，约束的应当是登记股东向小贷公司的出资，而非隐名股东的出资。因此，振新公司为於某华垫付出资的行为并不违反《江苏省小额贷款公司管理办法（试行）》第十条的规定，其垫付后可以向於某华追偿。

江苏省江阴市人民法院判决：

一、於某华应于判决发生法律效力之日起十日内支付给振新公司代垫出资款500万元并承担该款自2013年3月13日起至实际给付之日止按中国人民银行同期贷款基准利率计算的利息损失；

二、驳回於某华的全部反诉请求。

於某华不服原审判决，提起上诉。江苏省无锡市中级人民法院经审理后对案涉两协议的效力与一审法院认定一致。但认为本案系股东将其持有公司股份转让给第三人并为第三人代持，就其为第三人已垫付转让款追偿的纠纷，仅该转让款表现为公司设立时的出资款，但未改变股东转让其持公司股份的性质，故本案案由仍为股权转让纠纷而非一审认定的公司设立纠纷。又因，振新公司二审中调整了逾期付款利息的起算日，减轻了於某华的负担，故二审法院对逾期付款利息部分相应作了变更，其余部分予以维持。

【法官后语】

本案中，《股权转让协议》及《委托代持股协议》的本质系公司设立前，全体股东一致同意由部分股东作为登记股东，第三人作为隐名股东，第三人的股权由登记股东代持。为此，全体股东采用的方式系由登记股东认购注册资本后将其持有的部分股权转让给第三人，并约定仍由登记股东代持。

股权转让合同的本职系买卖合同，该买卖合同的标的物即某公司的股权。作为买卖合同的标的，无须现已存在，将来产生或制作的物亦可成为买卖合同的标的，如期房的买卖。只是在约定的交付期限届满时，若标的物仍未存在，会产生履行不能的法律后果，即标的是否现实存在只是履行层面的问题，而非影响合同效力的问题。由此，本案中，虽签订股权转让协议时，铭诚公司尚未成立，转让的标的尚不存在，但并不影响转让协议的效力。

本案中，於某华等人实际系公司设立前确定的出资人，但出于审批程序等种种考虑，采取部分股东认购出资并登记，但认购后即转让部分股权并仍由登记股东代持股的协议，并不违反法律、行政法规的规定，应认定为合法、有效。

编写人：江苏省无锡市中级人民法院　费益君　包梦丹

38

公司章程关于原价回购离职股东股份的规定是否有效

——舒某宇诉席某刚股权转让案

【案件基本信息】

1. 裁判书字号

重庆市第五中级人民法院（2017）渝05民终第7821号民事判决书

2. 案由：股权转让纠纷

3. 当事人

原告（被上诉人）：舒某宇

被告（上诉人）：席某刚

第三人：上海斯宇投资咨询有限公司（以下简称斯宇公司）

【基本案情】

原告舒某宇与被告席某刚均系上海沪工焊接集团股份有限公司（以下简称沪工集团）的核心技术人员。为了维护集团的稳定，2011年7月25日，原告舒某宇与被告席某刚及其他多名自然人共同签署《上海斯宇投资咨询有限公司章程》（以下简称《公司章程》），成立斯宇公司，其中被告席某刚出资23.66万元，持有该公司1.67%股权。根据斯宇公司的《公司章程》规定，该公司股东必须与沪工集团（斯宇公司为该集团公司股东之一）存在劳动或顾问关系，若解除劳动合同，股东资格自然丧失，丧失资格的股东需在两个月内将其股权转让给公司第一大股东（即本案原告舒某宇），转让价格为激励对象获得所持股权时实际支付的对价。2015年12月，被告席某刚从沪工集团辞职，但未将其所持股份转让给舒某宇。舒某宇向法院起诉请求以23.66万元的价格回购被告持有的斯宇公司1.67%的股份。被告席某刚抗辩认为由于沪工集团上市，该价格转让被告所持斯宇公司股份显失公平（沪工集团于2016年8月上市，通过对占股比例的初步测算，被告席某刚所持斯宇公司的股份价值在沪工集团上市当天高达926万元），且被告席某刚有实际出资，属于斯宇公司的普通股东，并非激励对象范畴。

【案件焦点】

1. 席某刚是否属于《公司章程》规定的激励对象；2.《公司章程》关于第一大股东可原价回购离职股东股份的规定是否合法有效。

【法院裁判要旨】

重庆市九龙坡区人民法院经审理认为：第三人斯宇公司的《公司章程》经全体股东签字确认，该章程的规定对全体股东均有约束力。根据《公司章程》第十条、第五十六条的约定，被告离职后应将股份转让给公司第一大股东即本案原告。依据《公司章程》关于设立斯宇公司目的的规定可以看出，斯宇公司设立的目的是保证沪工集团公司管理层、核心技术人员的稳定，斯宇公司股东必须与沪工集团签订劳动合同或者存在劳动关系或存在顾问合同关系。被告是否实际出资并不能否定被告作为沪工集团员工，沪工集团出于稳定公司人员而由被告出资成为斯宇公司股东的事实，故被告属于章程规定的股权激励对象。《公司章程》第六十七条第一款明确约定：无论退股，转让，减资和被人民法院执行股权，转让价格=激励对象获得所持股权时实际支付的对价。根据该款约定，若股权转让方为激励对象时的股权转让价格已由《公司章程》予以事先约定。同时，《公司章程》对激励对象以原始出资额转让股权的规定亦不存在被撤销或无效的事由。被告作为股东向公司投资后，其所持股份是否升值受市场影响，故股份实际价值的变化属于商业风险范畴，被告作为股东在通过公司章程时，已通过签字的行为表明其认可公司章程所确立的其在离职时转让股权的对价标准，该行为也足以说明被告自愿接受相应的商业风险，故并不存在被告所称的显失公平的情形。被告辩称原告主张的收购价格显失公平，要求按实际价值确定转让价格的辩称意见不予采信，原告主张被告将其持有的股份以其出资时实际支付的对价转让给原告，有事实和法律依据，应予以支持。

重庆市九龙坡区人民法院依照《中华人民共和国合同法》第五十二条、第五十四条、第五十五条，《中华人民共和国公司法》第七十一条之规定，作出如下判决：

一、被告席某刚于本判决生效后十日内将其持有的第三人斯宇公司1.67%的股权以236600元的价格转让给原告舒某宇；

二、原告舒某宇于本判决生效后十日内向被告席某刚支付股权转让款236600元。

席某刚不服一审判决，提起上诉。重庆市第五中级人民法院经审理认为：二审诉讼中双方争议焦点在于：《公司章程》相关条款效力的认定，进而判定席某刚是否应当将其持有的斯宇公司股份转让给舒某宇以及股权转让价格的认定。公司章程是股东共同一致的意思表示，载明公司组织和活动的基本准则，是“公司的宪法”。《中华人民共和国公司法》突出公司章程的制度构建作用，强化公司意思自治，法无禁止则公司章程即可约定。《中华人民共和国公司法》第七十一条规定：“有限责任公司的股东之间可以相互转让其全部或者部分股权。……公司章程对股权转让另有规定的，从其规定。”根据上述法律规定，有限责任公司的股东之间可以相互转让全部或部分股权，且公司章程对股权转让另有规定的，从其规定。本案中，依据《公司章程》第十条、第五十六条的约定，被告离职后应将股份转让给公司第一人股东即本案原告。《公司章程》第六十七条约定“无论退股，转让，减资和被人民法院执行股权，转让价格 = 激励对象获得所持股权时实际支付的对价”。《公司章程》规定股东之间相互转让股权的方式以及转让股权价格，符合上述法律规定，并未损害国家、社会公共利益或第三人利益。《公司章程》未违反国家法律法规的强制性规定，已经全体股东签字确认，并在工商登记部门登记备案，该章程合法有效，对斯宇公司及其全体股东、董事、监事、高级管理人员具有约束力。席某刚作为公司股东，理应受到章程约束。依据《公司章程》关于设立目的规定可以看出，斯宇公司设立的目的是保证沪工集团公司管理层、核心技术人员的稳定，斯宇公司股东必须与沪工集团签订劳动合同或者存在劳动关系或存在顾问合同关系。换言之，只有与沪工集团签订劳动合同或存在劳动关系或存在顾问合同关系的人才有成为斯宇公司股东的资格，如果前述劳动关系等解除，就失去股东资格。本案中，席某刚作为斯宇公司成立发起人之一，在《公司章程》上签字确认，应当对《公司章程》约定具有充分的认知和理解。席某刚于2015年11月9日向沪工集团公司提出辞职并要求沪工集团公司退还其入股斯宇公司股本金，证明席某刚知晓辞职即意味着失去斯宇公司股东资格。席某刚离职后，其应当依照公司章程规定，将其持有的斯宇公司股份转让给舒某宇。关于席某刚抗辩主张其实际进行了出资，不属于激励对象的问题。沪工集团通过设立斯宇公司，使沪工集团公司的核心人才通过间接持股的方式，与企业结成利益共同体，分享利润、承担风险。股权激励的前提条件就是成为斯宇公司股东。斯宇公司股东出资方式或股本金来源并不影响其成为沪工集团公司的激励对象。席某刚作为沪工集团管理人员才享有斯宇公司股东资格，其自行出资购买股份与成为沪工集团激励对象并不相悖，也符合《公司章程》第六十七条规定的“获得所持股权时”的身份认知，故席某刚的抗辩主张理由不能成立，不予支持。席某刚主张转让价格应当以2016年8月15日沪工集团市值计算。如前所述，《公司章程》已经就转让时间和价格进行明确规定，在无证据推翻公司章程的情况下，应当尊重《公司章程》在公司治理中的制度规范作用，以及成立公司时各股东的合意，按照《公司章程》的规定履行义务。加之《公司章程》规定的股权转让时限内，沪工集团并未上市，席某刚关于转让价格的主张，缺乏事实和法律支撑，不予支持。席某刚的上诉理由不能成立，原审判决应予维持。

重庆市第五中级人民法院依照《中华人民共和国民事诉讼法》第一百七十条第一款第（一）项之规定，判决如下：

驳回上诉，维持原判。

【法官后语】

本案中，依据《公司章程》规定股东离职即丧失股东资格，且离职股东必须将其持有的股份转让给第一大股东，其实质系对离职股东的股权转让进行明确约定。虽然离职股东将股份转让第一大股东是对其股权自由转让的限制，但《中华人民共和国公司法》并未对此种转让限制加以禁止，故可以认定斯宇公司制定的章程符合法律规定，被告应当受到该章程的约束。

执行公司章程的规定系公司自治的体现，若合法有效的章程条款因个别股东的原因而不能被执行，则将危及公司正常的经营与管理，不利于市场主体和市场经济的发展。依照《公司章程》，本案被告应在离职两个月内将其股份转让原告，但被告拒绝与原告签订股权转让协议，致使原告无法获得相应股权，亦难以获得股权带来的经济收益。从实践看，离职股东拒不退股，存在权利人通过召开股东大会以绝对多数股东决议通过对离职股东进行股东除名并变更股东名册方式实现其目的情况，但该种行为对内、对外的效力均有待商榷。同时，由于缺乏股权转让协议书这一关键要件，公司难以在工商行政部门进行股权变更登记，公司内部的股权变动行为亦无法对抗第三人，将造成股东在对外行使权利时存在效力瑕疵。另外，原告采用诉讼的方式主张权利，依据公司章程要求被告履行转让股权的义务，并依据生效判决通过强制执行的方式实现股权的变更登记，将使股权的变更具有完整性，符合公司运营的正规化要求。

编写人：重庆市九龙坡区人民法院　向毅

39

股权回购协议成立但未生效时股东自愿承担回购款为债的加入

——丁某革诉胡某林、河北叁零壹玖洲鑫源农产品有限公司股权转让案

【案件基本信息】

1. 裁判书字号

北京市第一中级人民法院（2017）京01民终第4111号民事判决书

2. 案由：股权转让纠纷

3. 当事人

原告（被上诉人）：丁某革

被告（上诉人）：胡某林、河北叁零壹玖洲鑫源农产品有限公司（以下简称叁零壹公司）

【基本案情】

叁零壹玖公司于2011年5月4日成立；叁零壹公司名称于2016年8月19日由"涿州叁零壹玖洲鑫源农产品有限公司"变更为"河北叁零壹玖洲鑫源农产品有限公司"。许某群于2012年9月25日因病去世，丁某革为许某群妻子，系许某群继承人之一。

2013年4月22日，包括丁某革在内的许某群四名继承人与叁零壹公司签订《协议书》，确认许某群为叁零壹公司股东，持有公司25%股份；因许某群过世，叁零壹公司其他所有股东一致同意全额退还许某群生前对叁零壹公司的投资款200万元，于2014年3月30日和2014年9月30日之前分别支付100万元。对于退回的许某群投资款，丁某革继承退回款项的八分之五，折合125万元。四名继承人均同意在叁零壹公司退回200万元款项的前提下，放弃许某群所持有的25%股权。《协议书》另约定，如叁零壹公司不能按协议约定近期足额支付相关款项，其应对未如期支付的款项按日万分之五承担违约金，同时叁零壹公司所有股东对于上述债务承担连带担保责任；《协议书》自各方及其他全部股东或其代表签字之日起生效。叁零壹公司在《协议书》上盖章，四名继承人、王某臣、胡某林、高某斌分别在其上签字，股东付某进、马某先未在《协议书》上签字。

2014年11月6日，胡某林在《协议书》上补充签署如下内容："本协议中200万元退款现由本人负责支付，付款日期：2014年12月31日前付200万元。"2014年12月16日，胡某林在《协议书》上补充签署"逾期按月息2%计取利息"。

2015年1月19日的《涿州叁零壹玖洲鑫源农产品有限公司股东会决议》中载明股东马某先和股东许某群的全部股权分别以50万元和250万元转让给胡某林，变更后胡某林出资450万元，占注册资本总额的45%，末尾股东签名处有胡某林、付某进、马某先、许某群、高某斌、王某臣签字，并加盖叁零壹公司公章。《股权转让协议》载明胡某林以250万元购买许某群在叁零壹公司的全部股权，末尾处转让方为许某群，受让方为胡某林。

【案件焦点】

1.《协议书》的效力；2. 胡某林在《协议书》上签署补充内容之行为的性质；3. 叁零壹公司向丁某革给付的670000元是否系股权转让款的部分。

【法院裁判要旨】

北京市海淀区人民法院经审理认为：市场经济的发展使得公司股东变动越发频繁，变动程序也越发多样；股权回购即股东退出公司的重要方式之一，虽然《中华人民共和国公司法》第七十四条仅规定了三种公司回购股权的情形，但在现实生活中，为实现公司的发展及股东利益的保护，股权回购协议不宜一概认定不成立。合同义务有合同准备义务和合同给付义务之分；依法成立但未生效的合同，合同给付义务尚不发生法律效力，但依然有约束双方当事人履行合同准备义务的效力。针对股权回购协议成立但在未生效情形下依法受让并取得退出股东股权的公司股东在回购协议中自愿承担回购款支付的，应认定该股东与退出股东之间在事实上形成了新的股权转让协议，而非债的加入而仅承担担保义务。

北京市海淀区人民法院依照《中华人民共和国合同法》第八条、第四十五条第一款，《中华人民共和国公司法》第七十四条、第七十五条、第一百四十二条，《中华人民共和国民事诉讼法》第六十四条第一款，《最高人民法院关于审理民间借贷案件适用法律若干问题的规定》第二十六条第一款以及《最高人民法院关于适用〈中华人民共和国民事诉讼法〉的解释》第九十条第一款之规定，判决如下：

一、被告胡某林于本判决生效之日起十日内向原告丁某革给付股权转让款1250000元及逾期付款利息损失（以1250000元为基数，以月息2%的利率为标准，自2015年1月1日计算至实际给付之日）；

二、驳回原告丁某革的其他诉讼请求。

二审法院同意一审法院裁判意见，依照《中华人民共和国民事诉讼法》第一百七十条第一款第（一）项规定，判决如下：

驳回上诉，维持原判。

【法官后语】

本案为股东继承人在继承股东资格后退出公司的情形，该种情况虽系《中华人民共和国公司法》第七十四条关于股东请求有限责任公司回购股权规定之外的股东请求公司回购股权的情况，但公司成立系股东意思表示一致的结果，公司存在的意义不在于将股东困于公司中不得脱身，而在于谋求股东利益最大化，因此，当股东因自身原因不能正常行使股东权利时，股东与公司达成协议由公司回购股权，既符合有限责任公司封闭性和人合性特点，又可确保公司正常经营的进行，使公司、股东甚至是公司债权人的利益得到平等保护。故而即便是以股东资格继承者身份通过签订协议形式请求公司回购股权，既符合合同法关于合同成立要件的规定，也未违反公司法等相关法律规定，此种协议依法成立。

依法成立的合同，即使未生效，对当事人仍具有法律约束力。未生效合同“不生效力”仅指直接决定合同目的实现的“合同给付义务”的尚未生效；对于合同生效的控制约款以及为控制未生效前合同关系中存在的风险，以满足实现合同预期目的所需具备的条件等“合同准备义务”，已处于受法律约束的有效状态，具备完全的效力。对于股权回购协议亦是如此，股权回购协议依法成立后即使未发生法律效力，也主要是针对协议中退出股东转让并协助变更股权义务及公司回购款的给付义务尚未生效。故本案中，丁某革主张叁零壹公司向其支付125万元股权转让款之请求系股权回购协议的合同给付义务，因协议未生效而未获支持。

本案中，根据股东会决议及股权转让协议合法受让退出股东所持股权的股东，在股权回购协议中签署自愿承担回购款支付义务的，该种行为性质的判断不宜被认定为债的加入。例如，回购协议成立但未生效，则该种行为应当被视为该股东与退出公司的股东间在事实上形成了新的股权转让协议，支付的回购款应当被视为股权转让款的对价。

编写人：北京市海淀区人民法院　张璇　李思頔

40

股权调整型对赌协议的裁量

——北京神州泰岳软件股份有限公司诉北京泛亚太信息技术研究所（普通合伙）股权转让案

【案件基本信息】

1. 裁判书字号

北京市第一中级人民法院（2017）京01民终第6090号民事判决书

2. 案由：股权转让纠纷

3. 当事人

原告（被上诉人）：北京神州泰岳软件股份有限公司（以下简称神州泰岳公司）

被告（上诉人）：北京泛亚太信息技术研究所（普通合伙）（以下简称泛亚太研究所）

【基本案情】

2013 年 8 月 14 日，神州泰岳公司（甲方）与包括泛亚太研究所在内的北京广通神州网络技术有限公司（以下简称广通神州公司）的五位股东（乙方）签署了《股权转让协议》，约定：神州泰岳公司受让以上五位股东持有的广通神州公司 100% 股权，同时约定泛亚太研究所在收到第一笔股权转让价款后的 2 个月内合计使用不少于人民币 700 万元用于从二级市场购买神州泰岳股票。2013 年 12 月 13 日，上述各方又签订《〈股权转让协议〉之补充协议》，约定泛亚太研究所已购买了神州泰岳股票 247000 股（以下简称担保股份），并办理了锁定。若广通神州公司 2014 年度、2015 年度及 2016 年度实现的归属于广通神州母公司股东的累计合并净利润不足 3000 万元的，则剩余股权转让款应予扣减，担保股份应归神州泰岳公司所有。

2014 年 4 月，神州泰岳公司以资本公积金向全体股东每 10 股转增 10 股，泛亚太研究所持有担保股份总额增加至 495800 股。2015 年 5 月，神州泰岳公司以资本公积金向全体股东每 10 股转增 5 股，泛亚太研究所持有担保股份总额增加至 743700 股。

神州泰岳公司提供广通神州公司合并利润表、审计报告、年度报告及财务报表等，显示 2014 年、2015 年、2016 年该公司未能达到承诺的 900 万元、1000 万元、1100 万元。神州泰岳公司提供泛亚太研究所的资金合并对账单等，主张泛亚太公司目前仅持股 591600 股。

神州泰岳公司提供 2014 年 4 月 16 日、4 月 17 日、2015 年 6 月 5 日、6 月 8 日神州泰岳公司股票股价截图，证明 2014 年、2015 年两次以资本公积金转增股本后，由于转增股后股份总价值不变，股份数量与股票股价的增减比例基本相同。

神州泰岳公司起诉请求：1. 判令泛亚太研究所按约定，以购买152100股神州泰岳公司股票的方式恢复其应持有的担保股份数额；2. 判令泛亚太研究所将743700股“神州泰岳”（股票代码300002）过户给神州泰岳公司；3. 如泛亚太研究所不能将上述743700股神州泰岳股票如数过户给神州泰岳公司，则神州泰岳公司请求泛亚太研究所按照每股9.52元的价格（依据2017年2月24日收盘价计算）向神州泰岳公司赔偿损失，总计7080024元。

泛亚太研究所辩称：不同意神州泰岳公司的诉讼主张。担保股份应为247900股，而非743700股，泛亚太公司仅同意返还247900股担保股份。

【案件焦点】

1. 股权调整型对赌协议的效力和性质；2. 对资本公积金转增股本后股票价值的认定。

【法院裁判要旨】

北京市海淀区人民法院经审理认为：广通神州公司未能完成股权转让协议约定的2014年、2015年、2016年业绩承诺，泛亚太研究所提供的全部担保股份743700股应归属于神州泰岳公司所有并由神州泰岳公司进行处理。泛亚太研究所应以购买相应数额神州泰岳股票的方式，将担保股份数量恢复至743700股，并将全部担保股份743700股过户给神州泰岳公司，如泛亚太研究所无法履行全额过户的义务，则应按照业绩对赌结果确定之日即2017年2月24日神州泰岳股票的收盘价格9.52元/股的标准，向神州泰岳公司支付不能过户股票份额所对应的损失［计算公式：9.52×（743700－可以办理过户的神州泰岳股票份额）］。

北京市海淀区人民法院依照《中华人民共和国合同法》第八条、第一百零七条、第一百一十三条，《中华人民共和国民事诉讼法》第六十四条第一款之规定，判决：

一、自判决生效之日起十日内，泛亚太研究所以购买152100股“神州泰岳”股票（股票代码300002）的方式，恢复其应持有的743700股担保股份数额；

二、自判决生效之日起三十日内，泛亚太研究所将上述743700股“神州泰岳”（股票代码300002）过户给神州泰岳公司；

三、如泛亚太研究所不能将上述743700股神州泰岳股票全部如数过户给神州泰岳公司，则泛亚太研究所应按照每股 9.52 元的价格，向神州泰岳公司支付不能过户股票份额所对应的损失数额，损失计算公式为：[9.52 元/股 × (743700 - 可以办理过户的神州泰岳股票数额)]。

泛亚太研究所不服一审判决，提出上诉。北京市第一中级人民法院经审理认为：本案的争议焦点为，在《〈股权转让协议〉之补充协议》约定的条件成就后，泛亚太研究所应向神州泰岳公司过户的“神州泰岳”股票，是最初的 247000 股，还是转增后的 743700 股。根据事实与证据，该院认定泛亚太研究所应向神州泰岳公司过户的“神州泰岳”股票的数量应为 743700 股。

针对该争议焦点问题的分析，不能脱离资本公积金转增股本的实质及《股权转让协议》《〈股权转让协议〉之补充协议》中约定担保股份的本意。首先，资本公积金转增股本，是上市公司使用资本公积金向股东转送股票。与股票分红不同，资本公积金转增股本，并没有改变上市公司的股东权益，也没有影响公司的资产和负债，股东持有的股票数量虽然增加，但每股拥有的权益同比例下降，故股东所持股份占公司总股本的比例不会发生变化，股东的股东权益也没有发生变化，不会产生所谓的获得孳息的问题。从上述资本公积金转增股本的实质来看，“神州泰岳”股票转增前的 247000 股与两次转增后的 743700 股的股票权益是一致的，虽然转增导致数量增加，但股价相应下跌，应认定转增前的 247000 股与转增后的 743700 股实际具有同一性。其次，从双方的合同约定内容来看，双方设立所谓的担保股份，实际是为了对神州泰岳公司所支付的股权转让款进行附条件的调整，将目标公司的未来业绩作为股权转让款的一种考量，此时担保股份以其体现的价值来对股权转让价款进行调整，而非泛亚太研究所主张的以其固定的数量对股权转让价款进行调整，故资本公积金转增股本后，743700 股的“神州泰岳”股票才是最初双方约定的担保股份。

北京市第一中级人民法院依照《中华人民共和国民事诉讼法》第一百七十条第一款第（一）项之规定，判决：

驳回上诉，维持原判。

【法官后语】

本案的担保股份，产生于双方当事人约定的“对赌协议”中。关于对赌条款的具体类型，根据调整标的不同，可区分为股权调整型、现金补偿型、股权稀释型、股权回购型、股权激励型、股权优先型等多种不同的调整类型。本案的对赌协议属于股权调整型和现金补偿型的复合模式。对赌协议作为金融创新产品，在司法实践中应淡化其性质分类，而将其认定为一种无名合同，按照合同约定的具体内容，确定各方的权利义务关系，并据此进行司法裁量。

具体到本案的担保股份的性质问题，根据合同约定内容，担保股份的性质更接近于一审判决所认定的“非典型性担保”或目前常见的“以物抵债”两种法律关系。但首先，担保股份与上述两种法律关系的差别是主债务是否成立处于不确定的状态，非典型性担保与以物抵债均以已经生效的债务存在为前提；其次，上述两种法律性质下均存在对于流质的结果司法不予支持的问题，但本案针对股权调整型的对赌协议，最终直接判令担保股权予以过户；最后，“非典型性担保”和“以物抵债”在效力上存在分歧性认识，而对赌协议目前的司法实践一般均认定有效。综合以上情况，笔者认为，不应将担保股权认定为“非典型性担保”或“以物抵债”，本案二审中，并未就担保股份的法律性质作出明确认定，而是将泛亚太公司特定条件下给付股票的义务简单认定为合同之债，并予以支持。

本案中，双方当事人就泛亚太研究所应过户给神州泰岳公司的股票数量产生了极大争议，资本公积金转增股本的性质成为解决上述问题的关键。资本公积金转增股本，即用资本公积金向股东转送股票。资本公积金，是在公司的生产经营之外，由资本、资产本身及其他原因形成的股东权益收入。由于资本公积金原本即属于公司资产的一部分，故资本公积金转增股本没有改变上市公司的股东权益，也没有影响公司的资产和负债，股东持有的股票数量虽然增加，但每股拥有的权益同比例下降，股东所持股份占公司总股本的比例不会发生变化，股东的股东权益也没有发生变化。

无论是从担保股份的设立主旨出发，还是从资本公积金的性质考虑，最初的247900股在经过两次转增后，已经变成了743700股，作为双方约定的估值调整的标的股票的数量，应为转增后的743700股。

编写人：北京市第一中级人民法院　王晴

41

股权转让中的欺诈行为

——李某玉诉张广信股权转让案

【案件基本信息】

1. 裁判书字号

北京市第二中级人民法院（2017）京02民终第10153号民事判决书

2. 案由：股权转让纠纷

3. 当事人

原告：李某玉

被告：张某信

【基本案情】

李某玉与张某信系河北京陶房地产开发有限公司（以下简称京陶公司）的股东。2014年，二人签订股权转让协议书，约定将法定代表人由张某信变更为李某玉，同时，张某信将全部股权以896万元转让给李某玉。协议签订后，京陶公司办理了法定代表人变更登记，李某玉支付了400万元转让款，但双方未办理股权变更登记。李某玉发现张某信在担任京陶公司法定代表人期间于2014年5月27日以京陶公司名义向其子张凯所欠李兵的500万元借款提供担保，该担保未经召开股东会决议，直接由张某信出具协议并加盖了京陶公司公章。2016年9月，李某玉收到李兵要求京陶公司承担保证责任的起诉状。李某玉以张某信在股权转让中存在欺诈为由要求撤销股权转让协议并返还股权转让款。

【案件焦点】

1. 股东在担任法定代表人期间以公司名义擅自对外提供巨额担保，在内部转让股权时未向不知情的受让股东披露该事实的，是否构成欺诈；2. 受让股东是否可以撤销股权转让协议、要求返还股权转让款。

【法院裁判要旨】

北京市大兴区人民法院经审理认为：关于是否构成欺诈的问题。一方当事人故意告知对方虚假情况或者故意隐瞒真实情况，诱使对方当事人作出错误意思表示的，可以认定为欺诈行为。欺诈包括积极告知不实信息和消极隐瞒真实信息两种情形。本案中，张某信并未在股权转让协议中或以其他方式向李某玉告知或承诺不存在对外担保事实，不存在积极的欺诈行为。关于张某信是否构成消极的欺诈行为，应当从以下方面分析认定：

首先，张某信在股权转让前系京陶公司法定代表人，其在未召开股东会的情形下以京陶公司名义为第三人提供担保，不能认定李某玉知晓担保事实。而且，张某信也未提交证据证明通过其他途径或方式告知李某玉担保事实。在李某玉不知晓担保事实的情况下，张某信在转让股权时未将担保事实告知李某玉，系隐瞒真实情况。

其次，虽然股权转让协议涉及北新家园项目问题，但核心内容体现为转让京陶公司的股权。在股权转让中，公司的经营状况、盈利能力、对外法律风险等都是影响是否受让股权以及转让价格的重要因素。

最后，在股权转让协议的第一部分“法人变更”以及第三部分“股权撤出”中对股权转让前的风险都进行了分担。这再次印证，股权转让协议中双方十分注重对外风险的提示和分配。张某信辩称，股权转让协议已经概况性地约定，包括涉案担保事宜在内的“与北新家园项目无关的张某信利用京陶公司名义开展的业务，其法律责任、风险均由张某信承担”。该抗辩不能成立，因为对外担保系以京陶公司名义对外作出，张某信与李某玉的约定系针对京陶公司法定代表人的责任，并不影响公司对外承担担保责任。

综上所述，张某信明知京陶公司对外提供担保500万元担保的事实，而该事实对于李某玉决定是否签订股权转让协议以及确定股权转让款具有重要影响，但张某信并未举证证明向李某玉告知该事实，构成消极的欺诈行为。

关于李某玉的撤销权是否消灭的问题。《中华人民共和国合同法》第五十五条规定：“有下列情形之一的，撤销权消灭：（一）具有撤销权的当事人自知道或者应当知道撤销事由之日起一年内没有行使撤销权；（二）具有撤销权的当事人知道撤销事由后明确表示或者以自己的行为放弃撤销权。”首先，李某玉收到李兵起诉状的时间为2016年9月，没有证据证明李某玉在此之前知晓担保事实，故李某玉提起本案诉讼未超过一年的除斥期间。其次，明确表示放弃撤销权，应由权利人以书面或口头形式直接、明确地表达出放弃撤销权的意思表示。撤销权的行使以合同有效为前提，撤销权人认可合同有效并不构成明确表示放弃撤销权。最后，以自己的行为放弃撤销权，主要体现为在知道撤销事由后仍继续履行合同。李某玉支付张某信的564万元均发生在股权转让协议签订之前，无证据证明李某玉在2016年李兵提起诉讼后仍履行了协议内容。因此，李某玉的撤销权未消灭。

关于张某信应返还的款项金额。张某信认可收到564万元中的400万元为股权转让款，故应予返还。双方对于剩余164万元的性质存在争议，李某玉主张该款项系转让协议中的“运营成本投入款”，但证据不足，不予采纳。

北京市大兴区人民法院依照《中华人民共和国合同法》第五十四条第二款、第五十五条、第五十八条，《最高人民法院关于适用〈中华人民共和国民事诉讼法〉的解释》第九十条之规定，作出如下判决：

一、撤销原告李某玉与被告张某信于2014年签订的《法人变更和北新家园项目股权转让协议书》；

二、被告张某信于本判决生效后十日内向原告李某玉返还4000000元；

三、驳回原告李某玉的其他诉讼请求。

张某信不服原审判决，提起上诉。北京市第二中级人民法院认为：张某信与李某玉签订的为股权转让协议，系张某信向李某玉转让京陶公司的股份，且将法人变更为李某玉，双方在协议中虽提及了京陶公司运营的除北新家园外的项目，但京陶公司为张凯所欠李兵的500万元提供担保一事，并不在双方的约定项目之内。在签订协议时，张某信并未将此重大事项告知李某玉，属于故意隐瞒真实情况，可认定为欺诈行为。撤销权的放弃需权利人有明确的意思表示，李某玉在他案的应诉行为不足以表明其放弃了撤销权的行使。综上所述，张某信的上诉请求不能成立，应予驳回。

北京市第二中级人民法院依照《中华人民共和国民事诉讼法》第一百七十条第一款第（一）项之规定，判决：

驳回上诉，维持原判。

【法官后语】

实践中，部分股东在控制公司期间损害公司利益，然后再通过股权转让逃避责任的行为屡见不鲜，给股权受让人造成损失。对此，应当通过股权转让中的信息披露义务，为受让股东提供法律救济。股权转让中，虽然股权转让的标的为目标公司的股权，但是，股权作为一种具有财产价值的权利，其交易价格主要取决于目标公司的经营状况，故出让股东依法负有相应的信息披露义务。

股东在转让股权时，首先应当披露与股权直接相关的信息，如股权份额、登记状况、有无抵押、实缴出资情况等。除此之外，股东是否负有其他信息披露义务，应当根据股东的股权份额、任职情形等具体案情判断。对于中小股东，一般不参与公司经营管理，缺乏对公司重要信息的了解途径，没有义务向受让股东提供与公司有关的信息。对于大股东或者实际控制公司的股东，由于其参与公司经营管理，了解公司的相关信息，应当认定其负有相关的披露义务。需要注意的是，如果当事人对披露义务作出特别约定，或者根据案件情况可以得出当事人默示存在该约定的，应当按照约定执行。

编写人：北京市大兴区人民法院　马超雄

42

加盖法定代表人印章的合同效力

——唐某诉张某承等股权转让案

【案件基本信息】

1. 裁判书字号

上海市第二中级人民法院（2017）沪02民终第6040号民事判决书

2. 案由：股权转让纠纷

3. 当事人

原告（被上诉人）：唐某

被告（上诉人）：张某承、梁某华

被告：朴某烨

第三人（原审第三人）：广州易贝信息科技有限公司、广州易贝教育科技有限公司（以下简称易贝教育公司）、汪某

【基本案情】

2015年6月16日，原告与三被告及第三人汪某签订《增资扩股协议》，载明被告张某承、梁某华、第三人汪某为原股东，朴某烨为实际股东代表，标的公司为易贝教育公司，法定代表人为张某承；易贝教育公司原股东拟进行增资扩股；原告以120万元认购新增注册资本526256元；若易贝教育公司出现以下任一情形，原告享有回赎权，有权要求易贝教育公司原股东回购原告投资款项：1. 新增资金未按本协议载明投向约定项目……3. 易贝教育公司自本协议生效起1年期限内未能实现股份制改造或者自本协议生效日起三年内未能实现上市（含新三板）……本协议生效的先决条件是协议的签订以及协议的全部内容已得到各方董事会或股东会的批准、主管部门批准，本协议自各方盖章及其授权代表签字之日起生效。上述协议最后落款处，原告唐某、被告梁某华、被告朴某烨、第三人汪某均在其证件号处签名并加盖手印，载明张某承身份证号处则加盖“张某承”印章。该协议后附易贝教育公司实际股东及持股比例。2015年6~7月原告分两笔共向易贝教育公司转账120万元增资款。同年6月，易贝教育公司完成股东备案登记的变更。

原告认为，易贝教育公司未能按约定在《增资扩股协议》生效一年内进行股改，故原告有权要求易贝公司原股东暨被告张某承、梁某华回购股权。同时要求被告朴某烨对被告张某承、梁某华应承担的债务承担连带责任。三被告均不同意原告的诉请。被告张某承辩称其从未与原告就《增资扩股协议》达成合意，协议上所加盖被告张某承印章为其作为易贝教育公司法定代表人的私章，而非其个人印章，《增资扩股协议》不对其发生法律效力。被告梁某华辩称，根据《增资扩股协议》的约定，该协议生效的条件为协议的全部内容得到股东会或董事会的批准等，由于张某承作为易贝教育公司的股东并未签署该协议，且易贝教育公司并未对该协议的全部内容形成股东会决议，故《增资扩股协议》未生效。被告梁某华不是实际股东，不应承担回购责任。被告朴某烨辩称其仅系易贝教育公司的实际股东代表，而

非实际股东，不应承担回赎股权的相关义务。签署《增资扩股协议》时，第三人汪某告知其张某承没有时间签字且原告同意加盖张某承法定代表人印章，故其在没有与张某承沟通的情况下交给其他人加盖张某承印章。《增资扩股协议》中“易贝教育公司自本协议生效起 1 年期限内未能实现股份制改造或者自本协议生效日起三年内未能实现上市（含新三板）”的两个股权回购条件应当同时满足才能符合回赎条件。第三人易贝信息公司与易贝教育公司述称，股权回购条件并未成就，易贝教育公司没有如期股改的原因在于公司亏损负资产经营，这一经营状况是由于原告原本应允为易贝教育公司引入绿色账户项目未有效开展、易贝教育公司准备引入新股东融资，但原告及第三人汪某不同意。第三人汪某认可原告的诉讼请求。

【案件焦点】

1. 《增资扩股协议》是否存在影响合同效力的因素；2. 《增资扩股协议》约定的股权回赎条件是否成就；3. 如果回赎条件成就，承担回赎义务的主体及责任范围的确定。

【法院裁判要旨】

上海市虹口区人民法院审理认为：《增资扩股协议》上加盖张某承印章，张某承的印章与张某承签名的法律效力相同。对于三被告所称该印章系张某承作为易贝教育公司法定代表人的印章且交由朴某烨作为易贝教育公司经营所用，而非其私人印章，在无证据表明张某承向朴某烨交付其个人印章时明确印章使用范畴且该印章使用范畴的限制已经由朴某烨向协议相对方唐某披露的情况下，三被告的辩称意见并不能对抗协议相对方唐某，原告唐某有理由相信该印章加盖于《增资扩股协议》上代表张某承本人的意思表示。如果被告张某承并未对朴某烨授权在《增资扩股协议》上盖章，则被告张某承可以就本案承担责任之后向被告朴某烨进行依法主张。

关于《增资扩股协议》的效力问题，在协议的签订主体均为自然人时，协议中关于“本协议得到各方董事会或股东会批准、主管部门批准”的约定并不约束各方自然人协议主体。张某承印章的加盖表明张某承已经对《增资扩股协议》的内容予以认可，故《增资扩股协议》各方当事人均已就协议形成合意，协议应于签订当日生效。

关于股权回赎条件是否成就，根据《增资扩股协议》约定，易贝教育公司未完成股改、未上市应只要符合其中一种就可以认定回赎条件成就。现易贝教育公司未在协议约定的合同生效后一年时间内变更为股份有限公司。易贝教育公司等未提供证据证明原告曾允诺应为公司开展绿色账户项目以及该项目应当开展的程度，亦未提供证据证明原告阻碍易贝教育公司增资扩股导致公司无法在约定时间内完成股改，故法院对于易贝教育公司等的辩称意见不予采纳。因此，《增资扩股协议》所约定的原告要求回赎股权的条件成就。

关于股权回赎主体的确定，根据《增资扩股协议》约定，应当为原股东，并且协议中明确标注被告张某承、梁某华、汪某为原股东，故股权回赎的主体应当为张某承、梁某华、汪某。

上海市虹口区人民法院依照《中华人民共和国合同法》第一百零七条，《中华人民共和国民事诉讼法》第六十四条第一款，《最高人民法院关于适用〈中华人民共和国民事诉讼法〉的解释》第九十条之规定，判决如下：

一、被告张某承于本判决生效之日起十日内回购原告唐某持有的易贝教育公司4.98%的股权并返还原告498000元；

二、被告梁某华于本判决生效之日起十日内回购原告唐某持有的易贝教育公司4.98%的股权并返还原告498000元；

三、被告张某承于本判决生效之日起十日内支付原告唐某资金使用费，分别以249000元为基数从2015年6月19日起按照15%/年计算至实际支付之日止、以249000元为基数从2015年7月14日起按照15%/年计算至实际支付之日止；

四、被告梁某华于本判决生效之日起十日内支付原告唐某资金使用费，分别以249000元为基数从2015年6月19日起按照15%/年计算至实际支付之日止、以249000元为基数从2015年7月14日起按照15%/年计算至实际支付之日止；

五、驳回原告唐某的其他诉讼请求。

张某承、梁某华不服一审判决，提起上诉。

上海市第二中级人民法院依照《中华人民共和国民事诉讼法》第一百七十条第一款第（一）项规定，判决如下：

驳回上诉，维持原判。

【法官后语】

本案中，法官以合同的效力认定——合同的条款解释——合同主体的具体权利义务分配这样一种逻辑思路作为案件审理的主线，在合同效力确定的基础上解决争议。首先，关于《增资扩股协议》的效力问题，被告张某承尽管没有签字，但是盖章与签字具有同等法律效力。原告唐某作为善意相对人对于被告张某承所称的公章、私章并不知情，并且在无证据表明张某承向朴某烨交付其个人印章时明确印章使用范畴且该印章使用范畴的限制已经由朴某烨向协议相对方唐某披露的情况下，印章上载有被告张某承的姓名就产生盖章即表示张某承作出意思表示的外观。此外，张某承作为印章所载主体，负有保管印章的义务。只要该印章不是因盗窃或伪造而为朴某烨所有，朴某烨加盖该印章即构成表见代理的权利外观，唐某有理由相信印章的加盖代表张某承本人的意思表示。因此，《增资扩股协议》经过合同主体的签字或盖章，应当于协议签订当日生效。其次，关于股权回购条件是否成就的问题，结合涉案增资扩股协议上下文条款，联系有限责任公司上市前需进行股份制改革的实践情况，本案中易贝教育公司未完成股改或者未上市，只要符合其中一种就可以认定回赎条件成就。

编写人：上海市虹口区人民法院　沈文宏　范毅君

43

情势变更原则与商业风险的判定

——胡某霞诉陈某国股权转让案

【案件基本信息】

1. 裁判书字号

北京市第一中级人民法院（2017）京01民终第3263号民事判决书

2. 案由：股权转让纠纷

3. 当事人

原告（反诉被告、被上诉人）：胡某霞

被告（反诉原告、上诉人）：陈某国

【基本案情】

工商企业登记档案显示，万源公司于2012年8月23日成立，原始股东为陈某国与王某勇两人。其中陈某国认缴出资1500万元，出资比例占75%；王某勇认缴出资500万元，出资比例占25%。

2012年8月27日，万源公司召开第二次股东会议，通过如下决议：股东王某勇同意将其在公司持有的25%的股权500万元，以500万元的价格转让给新股东胡某霞，转让后王某勇退出股东会；股东陈某国放弃优先受让权。

同日，胡某霞与王某勇签订股权转让协议书就上述股权转让事宜进行了明文约定。同日，万源公司通过了章程修正案载明：股东出资情况：陈某国认缴出资1500万元，出资比例占75%；王某勇认缴出资500万元，出资比例占25%。修正为：陈某国认缴出资1500万元，出资比例占75%；胡某霞认缴出资500万元，出资比例占25%。2012年9月7日，上述投资人（股权）变更情况在陕西省工商行政管理局进行了变更登记。

2015年3月14日，胡某霞与陈某国签订《股权转让协议》约定：胡某霞将拥有的万源公司25%的股权全部转让给陈某国；陈某国同意以225万元受让胡某霞所持有的该公司25%的股权，年息10%，在三年内分四次等额支付本息。

2015年3月20日，万源公司召开第七次股东会，会议由全体股东陈某国、胡某霞参加，代表100%表决权。新股东赵莹列席本次会议，经代表100%表决权的股东通过，作出如下决议：同意原股东陈某国将其拥有本公司23.75%的股权475万元转让给新股东赵莹，同意胡某霞将其拥有本公司25%的股权500万元转让给股东陈某国，同意胡某霞退出本公司股东会。股东转让出资后，本公司新的出资结构如下：陈某国认缴出资1525万元，赵某认缴出资475万元。同日，万源公司通过章程修正案，对上述变更内容予以确认。同日，陈某国向胡某霞支付了第一笔股权转让金562500元。2015年3月23日，上述投资人（股权）变更在陕西省工商行政管理局进行了变更登记。

2016年3月14日，陈某国向胡某霞支付第二笔股权转让金100000元，余款

471591元及利息159659元至今未付。

诉讼中，陈某国提出反诉请求，要求解除其与胡某霞签订的《股权转让协议》，并返还已经给付的股权转让金及利息。其理由为：第一，胡某霞系代持本案所涉股权，因第三人张某明已另案诉请胡某霞返还其代持股份，故胡某霞无权转让本案所涉股权，更无权收取股权转让价款；第二，本案所涉股权转让协议签订后，涉案股权价值骤减，继续履行股权转让协议对陈某国明显不公平。但陈某国并未对胡某霞无权转让股权及股权价值骤减出示有效证据。陈某国出示的《合作协议书》的甲方为：北京纳维达斯科技有限公司（李诺克、王宏烈）；乙方为：张某明、赵某洲、成某、王某勇。

【案件焦点】

1. 诉争股权的权属；2. 情势变更与商业风险认定。

【法院裁判要旨】

北京市海淀区人民法院经审理认为：本案胡某霞与陈某国签订的《股权转让协议》，系双方真实意思表示，未违反法律、行政法规的强制性规定，且通过公司股东会决议表决通过，符合公司章程，应属合法有效。上述协议签订之后，胡某霞按照约定完全履行了合同义务，交付了诉争股权，且完成了股权的变更登记，而陈某国拒不履行继续给付金钱的义务，已经构成违约。胡某霞要求陈某国继续履行合同的主张，证据充分，于法有据，本院予以支持。

就陈某国反诉要求解除双方签订的《股权转让协议》一节，其第一项抗辩理由是胡某霞为诉争股权代持人，胡某霞并非诉争股权的合法持有人，无权转让股权。对其该项抗辩理由：首先，根据万源公司登记的基本信息及历次股权变更经过可以看出，胡某霞股权受让于王某勇，且通过公司股东会决议，符合公司章程，完成了股权变更登记，股权流转清晰，可以确认胡某霞系诉争股权的合法持有人。其次，陈某国主张胡某霞并非诉争股权的合法持有人，未出示有效证据。最后，陈某国并未对《股权转让协议》的效力提出任何异议，即便胡某霞代持股权抑或对股权所有权存在缺陷，亦不构成合同解除的法定条件。故对陈某国的此项抗辩理由不予采信。

就陈某国第二项抗辩理由，本案诉争《股权转让协议》签订后，涉案股权价值骤减，继续履行股权转让协议对陈某国明显不公一节，首先，陈某国并未对股权价值骤减出示有效证据，无法证明继续履行协议对陈某国显示公平；其次，即便诉争股权存在波动，亦未证明与胡某霞存在直接的关系；最后，即便诉争股权存在价格的重大变化，亦属于正常的商业风险，并非不可预见。故对陈某国的此项抗辩理由，不予采信。

庭审中，陈某国称案外人张某明已经另案向陕西省西安市雁塔区法院起诉要求解除其与王宏烈、李诺克等人签订的《合作协议书》，据此认为胡某霞丧失股权，并要求中止本案的审理，但陈某国出示的证据不足以证明张某明案与本案存在直接关联性，且根据民法理论中“合同相对性原理”，案外人张某明的诉讼并非本案审理的前提，不能构成本案中止审理的法定条件，与本案亦非属同一法律关系，不能构成陈某国继续履行《股权转让协议》的有效抗辩。

北京市海淀区人民法院依照《中华人民共和国合同法》第四十四条、第六十条、第九十四条、第一百零七条、第一百一十四条第二款，《最高人民法院关于适用〈中华人民共和国合同法〉若干问题的解释（二）》第二十七条、第二十九条，《中华人民共和国民事诉讼法》第六十四条第一款之规定，判决如下：

一、被告（反诉原告）陈某国于本判决生效后十日内给付原告（反诉被告）胡某霞第二笔股权转让金471591元及约定利息159659元；

二、被告（反诉原告）陈某国于本判决生效后十日内给付原告（反诉被告）胡某霞第二笔股权转让金的逾期利息及滞纳金（以471591元为基数，按照年息24%，自2016年3月27日起计算至实际付清之日止）；

三、驳回原告（反诉被告）胡某霞其他本诉请求；

四、驳回被告（反诉原告）陈某国全部反诉请求。

陈某国不服一审判决，提起上诉。北京市第一中级人民法院同意一审法院裁判意见，依照《中华人民共和国民事诉讼法》第一百七十条第一款第（一）项规定，判决如下：

驳回上诉，维持原判。

【法官后语】

本案被告陈某国以案外第三人张某明已另案诉请原告胡某霞返还诉争股权为

由，进而主张胡某霞并非本案诉争股权的合法持有人，从而否定其股东资格。对此，合议庭认为股东资格的取得主要依据合法的股权来源，根据万源公司注册登记信息及历次股权变更经过可以看出，胡某霞股权受让于王某勇，并通过公司股东会决议，符合公司章程，且完成了股权变更登记，股权流转清晰，可以确认胡某霞系诉争股权的合法持有人；另外，案外第三人张某明的另案主张并未获得法院生效裁决的支持，仅凭起诉立案的事实无法证明胡某霞已经丧失诉争股权的所有权。此外，根据“合同相对性原则”，为了保护交易秩序的安全与稳定，不能以前手交易存在争议而否定本案《股权转让协议》的效力。

本案被告认为诉争股权的价值主要包括了万源公司对北京纳维达斯科技有限公司享有的应收账款，但随后发现纳维达斯科技有限公司无力偿还其对万源公司的借款，该项钱款可能无法收回，导致诉争股权价值骤减。此种情况并不属于情势变更，而是在签订合同时可以预见或者应当能够预见的商业风险，因此，合同继续履行的客观基础和法律基础并未丧失。被告既无约定解除权，亦无法定解除权，其要求解除合同的主张，于法无据。双方应当继续履行。

编写人：北京市海淀区人民法院　张辉　邢娜

44

从解释论寻找规制冒名行为的规则

——黄某霞诉吴某梅股权转让案

【案件基本信息】

1. 裁判书字号

福建省厦门市湖里区人民法院（2016）闽0206民初第1252号民事判决书

2. 案由：股权转让纠纷

3. 当事人

原告：黄某霞

被告：吴某梅

【基本案情】

道合教育公司于2009年11月24日登记成立，2016年1月22日公示的法定代表人是吴某惠，股东为吴某惠与吴某梅，分别持股95%、5%。

2014年2月7日，道合教育公司形成一份《股东会决议》，内容为：股东徐某霏将所持有的占公司28.2%的股权（认缴注册资本141000元，实缴141000元），以141000元转让给吴某惠；股东肖某将所持有的占公司31.8%的股权（认缴注册资本159000元，实缴159000元），以159000元转让给吴某惠；股东黄某霞将所持有的占公司5%的股权（认缴注册资本25000元，实缴25000元），以25000元转让给吴某惠；股东黄某霞将所持有的占公司5%的股权（认缴注册资本25000元，实缴25000元），以25000元转让给吴某梅。股权转让后，吴某惠持有公司95%股权。该《股东会决议》上有黄某霞及案外人徐某霏、肖某、吴某惠签名，并有道合教育公司签章。同日，落款显示为“黄某霞（甲方）”与“吴某梅（乙方）”的双方签订一份《股权转让协议》，约定：甲方同意将所持有道合教育公司5%的股权（认缴注册资本25000元，实缴25000元）以25000元转让给乙方，乙方同意在本协议签订之日起30日内，将转让费25000元以现金方式一次性支付给甲方。道合教育公司在该《股权转让协议》上签章。庭审时，吴某梅表示《股权转让协议》上落款的“吴某梅”并非其本人所签，其与黄某霞不认识，亦未见过面，至今未授权他人签署《股权转让协议》，也未予以追认，并表示愿意归还登记在其名下的道合教育公司5%的股权给黄某霞。黄某霞在第二次庭审过程中，认可吴某梅所称《股权转让协议》上落款的“吴某梅”并非其本人所签的事实。

【案件焦点】

行为人冒用名义载体与相对人签订的股权转让协议属合同未成立、合同无效、合同效力待定还是合同可撤销。

【法院裁判要旨】

福建省厦门市湖里区人民法院经审理认为：合同自受要约人向要约人作出生效

承诺时成立。本案讼争的落款显示为“黄某霞”与“吴某梅”于2014年2月7日签订的《股东协议书》，约定将黄某霞名下5%的道合教育公司股权转让给吴某梅。然而，该《股东协议书》上“吴某梅”的名字并非吴某梅本人所签，吴某梅并无受让黄某霞股权的意思表示，客观上亦未向黄某霞作出承诺，双方当事人并未达成股权转让的合意。同时，黄某霞亦无证据表明吴某梅有授权他人代签《股权转让协议》或存在表见代理，吴某梅至今对《股权转让协议》不予追认。依法该《股权转让协议》并未成立。吴某梅基于该《股权转让协议》而取得的道合教育公司5%的股权应当予以返还。

福建省厦门市湖里区人民法院依照《中华人民共和国合同法》第二十五条、第五十八条,《中华人民共和国民事诉讼法》第六十四条第一款，以及《最高人民法院关于适用〈中华人民共和国民事诉讼法〉的解释》第九十条、第九十二条第一款之规定，作出如下判决：

被告吴某梅应于判决生效之日起十日内，将登记于其名下的厦门道合通慧教育咨询有限公司5%的股权返还给原告黄某霞，即将该5%的股权恢复登记至原告黄某霞名下。

宣判后，双方当事人均未提出上诉，判决已发生法律效力。

【法官后语】

有限公司股权转让中出现冒名行为的现象越来越凸显，在出现该类案件时，从解释论层面去寻找冒名行为形成的外观事实和现有法律规范包含的要件事实，在具有重要评价意义的要素上存在的共同点，并通过法律行为规则或类推适用其他现有法律规范予以处理。

认定股权转让中冒名行为的私法效果，不宜类推适用无权处分/善意取得制度，也不宜一以贯之地适用无权代理/表见代理制度，而应以相对人之意愿及其主观上是否善意、名义载体之意愿及其是否具有可归责性四个要素为基准，通过法律行为规则或类推适用无权代理/表见代理制度予以判定。当相对人只愿意与名义载体实施法律行为时，若名义载体事后予以追认，则冒名行为在名义载体和相对人之间成立并生效。若名义载体不予追认，则分两种情形：第一，名义载体具有可归责性，且相对人主观上是善意的，则应类推适用表见代理制度，认定冒名行为在名义载体与相对人之间成立并生效；第二，相对人是非善意的，则不论名义载体是否具有可归责性，均可依法律行为规则，认定冒名行为未成立。若名义载体尚未确定是否追认，且其不具有可归责性，而相对人又是善意的，则应类推适用无权代理制度，名义载体在不予追认时，无须承担冒名行为的法律后果，由冒名人向相对人承担替代履行或赔偿损失责任，此时，冒名人实施的负担行为在冒名人与相对人之间成立并生效，冒名人实施的处分行为无效。当相对人不在意与何人实施法律行为时，则不论名义载体是否具有可归责性以及相对人是否是善意，均应依法律行为规则认定冒名行为在冒名人与相对人之间成立并生效，而不宜类推适用代理制度。

本案中黄某霞与冒用吴某梅名义的行为人通过他人传递方式签订了《股权转让协议》，吴某梅并无受让黄某霞股权的意思表示，其与黄某霞之间并未达成合意，未建立合同关系。黄某霞不知冒用吴某梅名义与其签订《股权转让协议》的具体行为人是何人，《股权转让协议》的另一方主体无法确定，应被认定为不成立。

编写人：福建省厦门市湖里区人民法院　刘惠斌

45

改制企业中股东资格的认定的审查要素

——邬某明诉杨某荣、江阴市爱衣思团绒毛纺有限公司股权转让案

【案件基本信息】

1. 裁判书字号

江苏省无锡市中级人民法院（2017）苏 02 民终第 3993 号民事判决书

2. 案由：股权转让纠纷

3. 当事人

原告：邬某明

被告：杨某荣、江阴市爱衣思团绒毛纺有限公司（以下简称爱衣思公司）

【基本案情】

江阴市团绒厂（以下简称团绒厂）于1988年8月30日登记设立，该厂设立时厂长及法定代表人是杨某忠。江苏银铃集团公司（下称银铃集团）于1993年7月28日登记设立，该集团设立时法定代表人是杨某忠。银铃集团以团绒厂为主体，并以该厂为核心，组建集团公司。

爱衣思公司于1998年3月30日登记设立，该公司法定代表人是杨某荣。1998年3月14日，江阴黄山会计师事务所出具澄黄字（98）第144号验资报告，其中载明爱衣思公司由江阴市北国镇国东村村委与杨某忠等41名自然人股东出资成立，1998年3月11日自然人杨某忠、邬某明等40人汇入爱衣思公司在北国信用社开设的账号货币资金76万元，作为对爱衣思公司投入的注册资本金；其中杨某忠6万元、邬某明2万元，工商登记资料中备案的资金来源证明存有自然人股东的投资款收据。

1998年5月团绒厂与爱衣思公司签订产权转让合同，编号为澄交产1998年019号、澄交产1998年025号，主要载明团绒厂的部分资产转让给爱衣思公司，原团绒厂所有职工均由爱衣思公司负责安置，江阴市产权交易中心盖章鉴证。上述转让合同签订后，团绒厂与爱衣思公司签订转让交割清单，江阴市产权交易中心盖章鉴证，交割清单中的债权债务清单中载明，团绒厂将对邬某明的4373.39元债权转让给爱衣思公司。

1999年12月18日，爱衣思公司形成股东会决议，同意要求退股的股东退出本公司的全部股份，并按公司法的规定进行股权转让，具体为：陆某东股份4万元、徐某忠、王某、高某定、钱某芳、蒋某娅、曹某峰、邬某明各2万元，合计18万元股份全部转让给杨某荣。股东签字处未有邬某明签字。

1999年12月20日，甲方杨某荣与乙方陆某东、徐某忠、王某、高某定、钱某芳、蒋某娅、曹某峰、邬某明签订协议书一份，主要载明乙方将在爱衣思公司的全部股份转让给甲方杨某荣，转让后乙方不再是爱衣思公司的股东。该协议乙方签字处有“邬某明”的签名，但非邬某明所签。爱衣思公司依据上述协议书及股东会决议办理工商变更登记，并对变更后的章程予以备案，邬某明在工商登记中已非爱衣思公司股东。

银铃集团1998年2月24日出具1997年主要厂长、经理报酬结算兑现通知书载明，团绒（厂）单位：按1997年承包经营责任制合同规定条款，通过总公司年终考核结算，经讨论审定，承包厂长、经理邬某明同志：合计报酬15390元。团绒厂1998年1月至3月账册载明，邬某明1997年承包奖15390元记入邬某明在团绒厂的往来账中，此后1998年3月该账册中记载“重建股份制”并将之前的团绒厂15390元的奖金及其他款项同时结转。1998年3月至12月爱衣思公司的账册中记载，上述款项结转后邬某明陆续从爱衣思公司领款，截止到1998年8月爱衣思公司与邬某明的往来账目中载明邬某明结欠爱衣思公司4373.39元，并在该记录项下记载“出售爱衣思”字样。此后，爱衣思公司的账册中逐笔记录双方往来，记账凭证显示邬某明于2000年3月、5月仍从爱衣思公司领款，爱衣思公司账册记载截止到2001年年底邬某明尚结欠爱衣思公司2288.4元，后该款结转至下一年度，账册显示邬某明未结清上述款项。

邬某明自1990年8月进入团绒厂，先后职务为业务员、业务科长、厂长、银铃集团办公室主任，直到2000年8月离开爱衣思公司，在爱衣思公司工作期间全部工资约2万~3万元一年；邬某明在1998年3月爱衣思公司设立时不清楚自己为股东，也未签署相关文件章程，爱衣思公司未向邬某明交付出资收据；验资报告中的2万元邬某明没有交现金；邬某明未见过工商备案的出资款收据；2000年邬某明离开爱衣思公司后未参加该公司股东会、未收取过分红，2016年邬某明知晓股权被转让后诉至法院，要求判令：1. 邬某明与杨某荣之间的股权转让协议不成立；2. 爱衣思公司将邬某明股权记载于爱衣思公司股东名册并履行工商股权登记义务。

【案件焦点】

邬某明在爱衣思公司成立时是否具有股东资格。

【法院裁判要旨】

江苏省江阴市人民法院经审理认为，邬某明自爱衣思公司成立时就不具有该公司的股东资格。理由如下：第一，邬某明不具有发起设立爱衣思公司的意思表示。邬某明在爱衣思公司成立时未在任何登记设立的章程、协议、文件上签字确认，且邬某明自认其对爱衣思公司于1998年3月成立时作为股东的事实不知情，直至1998年年底询问奖金事宜时才知晓其为爱衣思公司股东，故邬某明与爱衣思公司的其他股东（发起人）之间未达成设立爱衣思公司的合意。第二，邬某明未向爱衣思公司缴纳出资款。邬某明无法提供出资款收据原件，其本人明确也未取得过出资款收据原件，即用于验资的2万元虽然进入爱衣思公司验资账户，但验资时该款项并非来源于邬某明本人。第三，邬某明关于其以团绒厂的奖金出资爱衣思公司的主张依据不足。爱衣思公司于1998年3月成立时载明邬某明出资2万元，但根据银铃集团、团绒厂、爱衣思公司的相关账册记载邬某明1997年度在团绒厂的奖金核定为15390元，该款在1998年2月入账，上述款项在团绒厂与爱衣思公司进行财务交接时已经支付完毕，不存在以奖金作为出资款条件。

江苏省江阴市人民法院依照《中华人民共和国公司法》第二十八条，《最高人民法院关于适用〈中华人民共和国公司法〉若干问题的规定（三）》第一条、第二十二条，《中华人民共和国民事诉讼法》第六十四条第一款，《最高人民法院关于适用〈中华人民共和国民事诉讼法〉的解释》第九十条之规定，作出如下判决：

驳回邬某明的全部诉讼请求。

邬某明不服一审判决，提起上诉。江苏省无锡市中级人民法院认定原审法院根据查明的事实所作判决正确，判决：

驳回上诉、维持原判。

【法官后语】

本案涉及改制企业的股东资格认定问题，由于企业设立至发生纠纷的时间跨度较大，给事实查明带来了较大困难，同时案件的审理还有较大的示范效益，如果审理不当，将导致改制企业的相关主体大规模的连环诉讼。有鉴于此，合议庭通过分配举证责任，要求被告提供详尽的账册资料，书面通知原告本人到庭就有关事实进行说明，并在此基础上固定了判决所需的事实要素，避免了笔迹鉴定、陈述反复等相关情况，即理顺了相关事实，相对客观地还原了改制过程中的客观情况，既保障原被告双方的诉讼权利，又实事求是地对诉争股权进行了产权确认，案件达到了法律效果和社会效果的统一。

从法律适用的角度，本案的审理难点是股东资格的确认问题，司法机关应当审查的具体要素有哪些。根据公司法的司法解释，当事人之间对股权归属发生争议，一方请求人民法院确认其享有股权的，应当证明以下事实之一：（一）已经依法向公司出资或者认缴出资，且不违反法律法规强制性规定；（二）已经受让或者以其他形式继受公司股权，且不违反法律法规强制性规定。上述规定确立了认定股东的一般准则，即按照股权的原始取得合同继受取得的两种方式，分别审查是否出资（认缴）或受让股权，上述准则也成为认定股权归属的基本指引。在本案中，从形式上看，对应上述规定，似乎邬某明可以认定为某某公司股东资格。

但经进一步审查，出资或者认缴出资是法定概念，应当符合相应的法定前提，即所谓出资或者认缴出资是指出资人具有与他人共同设立公司的意思表示，并根据公司设立协议，以出资或者认缴出资的方式，作为对价换取拟成立的公司的股权，成为拟成立的公司的股东，如果本身不具备设立公司的意思表示，则根本谈不上出资或者认缴出资。就本案而言，邬某明当庭陈述其在某某公司设立时根本不知情，在此情况下也就不存在出资的意思表示，相关款项不能认定为出资款，由此衍生，邬某明实际上也未在公司设立后数十年间主张股东权利。我们应当以上述司法解释为核心，将股东资格的审查要素拓展为设立公司的意思表示、缴纳出资款、主张或行使股东权利，由此才能去伪存真，真正定分止争，而非武断判定股权归属。

编写人：江苏省江阴市人民法院　王杰兵
南京师范大学　沈在辉

46

股东会纪要能否认定为股权转让协议

——周某清诉龚某津股权转让案

【案件基本信息】

1. 裁判书字号

浙江省绍兴市中级人民法院（2017）浙06民终第1722号民事判决书

2. 案由：股权转让纠纷

3. 当事人

原告（被上诉人）：周某清

被告（上诉人）：龚某津

【基本案情】

郑州深信投商用置业有限公司（以下简称深信投置业公司）系由深圳南国润禾投资有限公司（以下简称南国润禾公司）与香港亿采有限公司（以下简称亿采公司）共同投资设立的有限公司，亿采公司占股权 65%、南国润禾公司占股权 35%，法定代表人为龚某津。亿采公司的股权结构为：Sun Xiaoxuan 占股权 30.2%、周某清占 36.8%、郑某占 20%、张某占 5%、梁璐占 8%。南国润禾公司的股权结构为：龚某津占股权 35.2%、周某清占 44.8%、郑某占 20%。2014 年 7 月 24 日，龚某津、周某清、龚涛、张某签署了一份《股东会纪要》，约定全体股东及代表同意龚某津收购周某清在深信投置业公司的所有股权，股权作价 800 万元，该款项须在办理工商登记前打入周某清的银行账户。股权转让款项到账后，一周内股东周某清、龚涛、张某在深信投公司所有股权即转移到龚某津名下。该股权交易前（工商变更登记 15 日内），周某清为公司在华商银行和工商银行福田支行的个人担保予以解除，如果工商变更后没有按该时间解除周某清个人担保，相关法律责任由龚某津承担。

【案件焦点】

当事人在股东会纪要中载明股权转让事宜能否作为股权转让协议认定。

【法院裁判要旨】

浙江省嵊州市人民法院经审理认为：双方事实上并未签订规范的股权转让合同，周某清所依据的是一份《股东会纪要》。双方争议的是周某清是否拥有深信投置业公司的股东身份。周某清既是亿采公司的股东，又是南国润禾公司的股东。周某清有上千万元的资金注入深信投置业公司。这既可以理解为周某清向亿采公司和南国润禾公司的投资款直接打入深信投置业公司的账户上，即周某清对深信投置业公司有投资关系；也可以理解为周某清直接对深信投置业公司有投资，也就是说周某清是深信投置业公司的实际出资人。从公司法及最高人民法院对公司法司法解释的有关规定看，我国法律对有投资关系的自然人和实际出资人承认拥有股东身份、享有股东权利，实际出资人（隐名股东）与公司登记机关登记的股东（显名股东）相比，只是在行使权利的方式上有所不同。由此可见，因为周某清对深信投置业公司有投资，所以周某清是深信投置业公司的实际股东。《股东会纪要》虽然在形式上看是一份会议纪要，但从内容上看，在周某清、龚某津间可视为一份合同。《股东会纪要》对周某清和龚某津设定的权利、义务，两人均作了履行。从而说明周某清和龚某津均认可了合同已经生效。既然股权转让合同已经成立并生效，且周某清已经放弃行使股东权利，因此可以认定周某清在深信投置业公司中享有的股权已经转让。

浙江省嵊州市人民法院依照《中华人民共和国公司法》第七十二条第一款，《中华人民共和国合同法》第六十条第一款、第一百零七条、第一百一十三条第一款之规定，作出如下判决：

龚某津应支付周某清股权转让款800万元，并赔偿该款自2016年1月7日起至付清日止按年利率6%计算的利息损失。款限判决生效后十日内付清。

龚某津不服一审判决上诉。浙江省绍兴市中级人民法院经审理认为：双方当事人对于《股东会纪要》中所涉“股权”究竟为何公司的股权存在争议。从《股东会纪要》第1条约定的内容看，应当是指周某清在深信投置业公司的股权。《股东会纪要》虽名为深信投置业公司的股东会，但从工商登记情况看，深信投置业公司的股东为南国润禾公司及亿采公司。从参会人员看，为龚某津、周某清、龚涛、张某，均非深信投置业公司的股东，其形成的决议不构成合法有效的深信投置业公司的股东会决议。《股东会纪要》第1条、第2条内容与第5条内容矛盾，语焉不详。即使将《股东会纪要》认定为民事合同，该纪要约定周某清、龚某津双方的权利义务也不够明确。总之，故仅凭该《股东会纪要》，不足以认定周某清转让了深信投置业有限公司的股权并有权要求龚某津支付股权转让款800万元。

浙江省绍兴市中级人民法院依照《中华人民共和国民事诉讼法》第一百七十条第一款第（二）项规定，作出如下判决：

一、撤销浙江省嵊州市人民法院（2016）浙0683民初4921号民事判决；

二、驳回被上诉人周某清的诉讼请求。

【法官后语】

本案原告周某清以股权转让纠纷为由起诉，但实际上从工商登记的情况看，周某清并非深信投置业公司的股东。公司股东，以登记于公司股东名册为原则，若为隐名股东，应有实际出资并存在对应的名义股东。周某清并非深信投置业公司的显名股东——登记股东为南国润禾公司和亿采公司，也没有证据证明是隐名股东。从主体资格看，周某清不持有深信投置业公司的股权也无法转让该公司的股权。一审判决认为周某清是深信投公司的实际股东，显然有违公司法的规定。

退一步讲，如果周某清系深信投公司的股东，在《股东会纪要》上签字的人员均是深信投公司的股东，那么，在股东大会上作出的《股东会纪要》就具有股东会决议的法律性质。因参加股东会的股东与转让股权的股东身份重合，全体股东亦签字同意转让事宜，《股东会纪要》也可以看成周某清与龚某津之间存在转让股权的意思表示。但本案中，转让标的不明确，转让的仅是周某清的股权还是周某清、龚涛、张某的股权不甚明了，转让价格800万元是周某清的股权转让价还是周某清、龚涛、张某的股权转让价，前后文理解上也存在歧义。所以从内容看，《股东会纪要》也不齐备一份有效股权转让协议的必备条款，不能认定为周某清与龚某津之间形成了转让股权的合意。

当然，从形式上讲，股东转让股权在办理企业变更登记时需要提交股权转让协议，那么股东会纪要或者说股东会决议形式的文件应不能作为股权转让协议提交给登记机关。

编写人：浙江省绍兴市中级人民法院　王瑜

47

股权转让合同的性质及效力认定

——曲某莉、尹某明诉刘某民、李某宏确认合同无效案

【案件基本信息】

1. 裁判书字号

北京市第二中级人民法院（2017）京02民终第11234号民事判决书

2. 案由：确认合同无效纠纷

3. 当事人

原告（上诉人）：曲某莉、尹某明

被告（反诉原告，上诉人）：刘某民、李某宏

【基本案情】

2005 年，北京市大兴区西红门镇金星庄经济合作社将村市场南侧 90.35 亩土地（含本案争议 5.7 亩土地）出租给北京柳氏通达商贸有限公司（以下简称柳氏公司），租金为 1.5 万元/亩/年。同年达成补充协议，载明上述 90.35 亩土地含 20 亩基本农田，待土地变性后基本农田开始计算交纳租金。

2010 年，柳氏公司与北京凌迈汽车销售有限公司（以下简称凌迈公司）达成租赁合同，柳氏公司在上述 5.7 亩土地上新建一座 4S 店，以 60 万元/年出租给凌迈公司。

2013 年 3 月，柳氏公司将上述 5.7 亩土地承包经营权及地上建筑物所有权转让给凌迈公司，合同期限至 2025 年 3 月 31 日，转让费 420 万元。合同签订后凌迈公司支付了 168 万元转让费。

2013 年 12 月 18 日，曲某莉、尹某明（甲方）与刘某民、李某宏（乙方）签订股权转让合同书。合同第 2 条约定，甲方以 450 万元（……土地租赁转让款 228 万元，其他为附件内资产款）购买凌迈公司的资产；甲方同意继续履行凌迈公司与柳氏公司的土地转让合同并将剩余款项 252 万元直接交于柳氏公司，如因柳氏公司不履行合同而使甲方受让土地目的落空，乙方需退还 228 万元土地转让款给甲方。合同第 2.4 条、第 4.1 条约定，甲方受让凌迈公司后，受让前公司的有关业务、签订的房屋租赁、买卖合同由甲方继续履行管理，继续履行相应权利义务。合同还约定了甲乙双方共同到工商局办理凌迈公司股东变更手续及乙方违约，甲方有权解除合同，并向乙方收取十万元违约金等事项。

2013 年 12 月 19 日，凌迈公司召开股东会，就刘某民、李某宏将股权转让给尹某明、曲某莉事项进行表决并通过决议。次日，凌迈公司召开股东会，通过了选举曲某莉为公司执行董事、赵某为公司经理、尹某明为公司监事，并且修改公司章程的决议。2013 年 12 月 19 日至 2014 年 1 月 3 日，曲某莉、尹某明向刘某民、李某宏支付土地转让款 228 万元。

2015 年 3 月，柳氏公司向凌迈公司发出通知，载明因 252 万元余款未支付，即

日起解除2013年3月与凌迈公司签订的合同，若欲继续使用该土地，则应与柳氏公司另行签订协议，如不再使用请尽快腾退。该通知下方，赵某签字确认收到通知。现该4S店已被柳氏公司收回。

【案件焦点】

1. 股权转让合同书中当事人约定的主要内容为资产的转让，包括租用土地、车辆及配件，属于资产转让还是股权转让，该股权转让合同书性质应当如何认定；2. 涉案土地性质认定；3. 股权转让合同书是否有效。

【法院裁判要旨】

北京市大兴区人民法院经审理认为：对于合同性质，为股权转让合同。首先，名称为"股权转让合同书"，开头明确合同内容为"转让凌迈公司股权事项"。其次，合同第2.2条约定，出资450万元买断乙方股权外，同意继续履行凌迈公司与柳氏公司的土地转让合同并将剩余款项252万元直接交于柳氏公司。合同第2.4条、第4.1条约定，甲方受让凌迈公司后，受让前公司的有关业务、签订的房屋租赁、买卖合同由甲方继续履行管理，继续履行相应权利义务。上述条款表明，双方系就股权转让达成协议，该合同书的主要内容系关于股权转让的权利义务约定。最后，凌迈公司2013年12月19日、20日股东会决议，后续工商变更登记材料，均可佐证合同书性质为股权转让。综上，双方以股权转让为目的达成合同，合同约定的主要内容为新股东受让原股东的权利义务，性质应为股权转让合同。

关于原告的诉讼请求，认定意见如下：

一、原告主张其股权转让合同第2.1条、第2.2条部分内容无效。首先，根据当事人申请，本院经对争议土地性质进行调查，均属建制镇范畴，不属农业用地，故相应条款未违反土地管理法规定。其次，金星庄经合社将土地租赁给柳氏公司，是法律赋予的权利，柳氏公司将土地转租给凌迈公司，亦不违反法律规定。

二、原告主张被告退还土地转让款并赔偿损失。因上述股权转让合同合法有效，且已经实际履行。股权转让书约定"因柳氏公司不履行合同而使甲方受让土地目的落空，乙方需退还228万元土地转让款给甲方"。但柳氏公司通知凌迈公司解除合同，系因原告受让凌迈公司股权后，未按约定履行付款义务，而非因柳氏公司解除合同，且柳氏公司在通知中明确若欲继续使用土地，应另行签订协议。

三、原告提出追加凌迈公司、柳氏公司、金星庄经合社为第三人参加诉讼，并就此增加诉讼请求。因该第三人之间的合同关系与本案合同非同一法律关系，与本案当事人主体亦不同，该第三人追加申请，不符合法律规定；增加的诉讼请求，不属于本案审理范围。

据此，判决如下：

驳回原告曲某莉、尹某明的全部诉讼请求。

原告不服一审判决，提出上诉。2017 年 12 月 28 日，北京市第二中级人民法院经审理认为：曲、尹二人与刘李二人签订的股权转让合同系双方当事人的真实意思表示。首先，曲、尹二人称其在 2014 年 1 月才看到柳氏公司与凌迈公司签订的《合同书》且刘、李二人虚假陈述《合同书》内容，但曲、尹二人在本院庭审中认可在 2013 年 12 月 18 日就看到了《合同书》；且曲、尹二人未提交充足证据证明刘某民给了柳氏公司 60 万元。故刘、李二人以欺诈、胁迫手段订立股权转让合同不成立。涉案土地是建制镇的土地，属国家所有，但该股权转让合同并不存在非法目的。故曲、尹二人与刘、李二人签订的股权转让合同合法有效，双方应依约履行。其他裁判意见与一审法院意见一致。

据此，判决如下：

驳回上诉，维持原判。

【法官后语】

本案主要涉及股权转让合同与资产转让合同性质的区分及股权转让合同效力的认定。

第一，主体不同。股权转让是指公司股东将自己的股权有偿转让给他人的民事法律行为，转让的主体只能是公司的股东。资产转让是资产所有人对其资产进行处理的买卖行为，转让公司资产的主体只能是公司。本案中，刘某民、李某宏二人以个人身份与曲某莉、尹某明签订股权转让合同，约定将刘某民、李某宏在凌迈公司的股权转让给曲某莉、尹某明。因此，该合同书的性质为股权转让合同。致使股权转让和公司资产转让混淆是因为转让方是凌迈公司的全部股东，拥有凌迈公司的控制权和经营管理权，在对外转让股权的同时，约定转让了公司的租用土地、车辆及配件等资产，且约定由其承担转让前公司的业务。股东无权以自己的名义对外转让公司资产。依照《中华人民共和国公司法》的规定，股东处分公司财产，必须召开股东会，形成公司决议，然后由公司对外签订公司资产转让合同，转让所得归入公司。刘某民、李某宏在股权转让合同中同时约定转让公司资产给股东以外的第三人，属无权处分行为。依照《中华人民共和国合同法》的规定，该条款属效力待定，事后如经公司追认，则资产转让条款有效，否则无效。但本案中，事后全部股权和公司资产同一受让人曲某莉、尹某明形成股东决议，上升为公司意志，事实上追认了原股东处分公司财产的行为，使原股东刘某民、李某宏以个人名义出让公司资产行为合法化。

第二，客体不同。股权转让中转让的是股东持有的股权，是股东在公司中享有的概括性权利，而资产转让中转让的是公司中的具体资产，如房产等固定资产。股东在出资设立公司时就已经把财产所有权交付给公司，丧失了对该财产的所有权从而获得股权。本案中，刘某民、李某宏向曲某莉、尹某明转让的不只是租用土地、车辆及配件等资产，而是包括凌迈公司经营管理、合同履行享用的整体的权利义务。因此，该合同书的性质为股权转让合同。

第三，转让条件不同。股权转让的条件更为严格。有限公司在股权转让时，不仅要求签订股权转让的书面协议，并且要经过其他股东的同意并办理相应的变更登记手续。而资产转让只需双方达成合意并签订转让协议即成立，无须办理变更登记手续。本案中，股权转让合同中明确约定了刘某民、李某宏及曲某莉、尹某明甲乙双方共同到大兴区工商局办理凌迈公司股东变更手续。且股权转让合同书签订后，凌迈公司召开股东会，就刘某民、李某宏将股权转让给尹某明、曲某莉事项进行表决并通过决议。次日，凌迈公司召开股东会，通过了选举曲某莉为公司执行董事、赵健为公司经理、尹某明为公司监事，并且修改公司章程的决议。因此，这也可以佐证合同书的性质并非资产转让合同而是股权转让合同。

对于股权转让合同的效力认定，也应受《中华人民共和国合同法》第五十二条的效力性规定的规制。本案中，曲某莉、尹某明在上诉中以此条款第（一）项、第三项为由要求认定其与刘某民、李某宏之间的股权转让合同无效，但刘某民、李某宏未以欺诈、胁迫手段订立股权转让合同，且该股权转让合同不存在非法目的，因此曲某莉、尹某明的主张欠缺事实及法律依据，该股权转让合同有效，双方应依约履行。

编写人：北京市大兴区人民法院　魏若男

48

股权转让协议载明当事人未签署协议时协议效力的认定

——王某英诉夏某荣股权转让案

【案件基本信息】

1. 裁判书字号

上海市第二中级人民法院（2017）沪02民终第4050号民事判决书

2. 案由：股权转让纠纷

3. 原告：王某英

被告：夏某荣

第三人：上海南市百货商场有限公司

【基本案情】

1997年11月，第三人改制为股份合作制企业，包括原告在内的38名职工成为企业第一批股东。当时第三人注册资本为50万元，全部股东实际缴纳30万元，其中原告实际缴纳出资6800元，持有第三人2%股权。

2000年4月17日，原告与第三人签订《解除劳动关系协议》，约定原告同意与第三人解除劳动合同，并由第三人补偿其25000元。同时，原告收回其向第三人缴纳集资款6800元。

2003年6月6日，第三人工作人员以原告等37人（甲方）名义与被告（乙方）签订《股权转让协议》，约定：甲方将所持有的第三人73.4%股权，计36.7万元整转让给乙方（见附表），乙方出资36.7万元整受让甲方所持有的第三人73.4%股权。协议所附“股权转让表”列明原告股权比例为2%。

2007年1月，第三人再次改制为有限责任公司。

原告王某英诉称：其于2016年发现，被告与案外人万某琴于2003年5月私自将原告持有的第三人2%股权转至被告名下，工商备案的相应股东会决议、委托书以及2003年6月6日《股权转让协议》均未经原告签名，系被告与案外人万某琴伪造。原告认为，被告的行为侵害了原告权益，故诉至法院。

被告夏某荣辩称：原告与第三人于2000年4月17日签订《解除劳动关系协议》之前，于2000年4月15日与第三人签订《股权转让协议》，按照实际出资额将其持有的全部第三人股权以6800元转让给第三人。此后，在第三人深化改制过程中，被告拟受让原告及其他原股东原持有的第三人股权。由于改制中退股的职工数量多、联系困难，为方便办理工商变更登记，第三人工作人员于2003年6月6日以原告等37人的名义与被告签订了《股权转让协议》，又以原告等37人委托代理人的名义与被告签订了《上海市产权交易合同》，完成了将上述股权变更至被告名下的工商登记。因此，2003年6月6日《股权转让协议》合法有效。

第三人上海南市百货商场有限公司认可被告的意见。

【案件焦点】

第三人于2003年6月6日以原告名义与被告签订的《股权转让协议》是否具有法律效力。

【法院裁判要旨】

上海市黄浦区人民法院经审理认为：被告提供的2000年4月14日《股权转让协议》及付款凭单均非复印件，内容可以互相印证，且原告确认收到的款项与该协议及付款凭单载明的金额一致，原告否认上述证据真实性，但不申请笔迹鉴定，应承担举证不能的责任，法院认定，原告与第三人于2000年4月14日签订《股权转让协议》、第三人依约向原告支付6800元。2000年4月14日《股权转让协议》的转让标的系原告持有的第三人全部股权，其实质系原告自第三人企业退股。原告认为该协议未经协议双方当事人协商，但其观点与原告签署协议的行为相悖，法院难以采纳。2000年4月14日签订的《股权转让协议》系双方当事人的真实意思表示，未违反法律法规强制性规定，合法有效。

此外，原告还于2000年4月17日与第三人签订《解除劳动关系协议》，解除与第三人的劳动合同关系，原告作为第三人企业职工因解除劳动合同关系等原因离开企业后，不再具有企业劳动者的身份，亦不再具有股东身份。

原告与第三人签订2000年4月14日《股权转让协议》及2000年4月17日

《解除劳动关系协议》后，即不再具有第三人的股东身份，而第三人则取得了对原告原持有股权的处分权，应当依照法律及企业章程的相关规定对上述股权进行处分，包括寻找股权受让人或减资。第三人于2003年6月6日以原告名义与被告签订《股权转让协议》系为完成对上述股权的处分所采取的变通措施，不对协议载明的当事人产生权利义务后果，亦不损害原告利益。原告要求确认2003年6月6日《股权转让协议》中涉及原告股权份额部分无效的诉请，难以支持。同时，原告要求被告配合将其名下第三人2%股权变更登记至原告名下的诉请缺乏依据，亦不予支持。

一审宣判后，原告不服判决，向上海市第二中级人民法院提起上诉。二审法院经审理后，依法判决：

驳回上诉、维持原判。

【法官后语】

本案争议围绕涉股份制企业的股权转让协议效力，涉及股份合作制企业案件的法律适用、职工身份与股东资格的关系、职工股东退股后的股权处分问题，本案判决对此一一作答。

第一，涉股份合作制企业案件的法律适用。关于股份合作制企业组织形式，散见于中央部委的一些政策和指导性意见及地方政府的文件当中，如国家经济体制改革委员会1997年7月发布的《关于发展城市股份合作制企业的指导意见》（以下简称《国家体改委指导意见》）、上海市人民政府1997年5月17日发布的《上海市股份合作制企业暂行办法》（以下简称《上海市暂行办法》）。本案在审理中，参照《国家体改委指导意见》和《上海市暂行办法》的相关规定进行裁判。由于规定较为原则，在此情况下，可根据《国家体改委指导意见》及《上海市暂行办法》所规定的股份合作制企业的本质属性为基本原则，结合《公司法》的相关规定，对案件进行处理以解决法律适用问题，填补商事审判中的法律漏洞。

第二，职工身份与股东资格的关系。本案中，原告与第三人是否签订2000年4月14日《股权转让协议》存在争议。尽管二审阶段，经鉴定2000年4月14日《股权转让协议》系原告所签，但由于其在一审阶段拒绝申请，一审法院系根据被告提供的相应证据，推定其签订《股权转让协议》，进而认定原告愿意自第三人企业退股。而对于原告是否享有第三人企业股东资格，根据原告与第三人签订《解除劳动关系协议》的事实亦可得出同样结论，本案判决对此亦作相应分析认定。《国家体改委关于发展城市股份合作制企业的指导意见》第二条规定，在股份合作制企业中，劳动合作和资本合作有机结合。劳动合作是基础，职工共同劳动，共同占有和使用生产资料，利益共享，风险共担，实行民主管理，企业决策体现多数职工的意愿；资本合作采取了股份的形式，是职工共同为劳动合作提供的条件，职工既是劳动者，又是企业出资人。第五条规定，在自愿的基础上，鼓励企业职工人人投资入股，也允许少数职工暂时不入股。……不吸收本企业以外的个人入股。职工离开企业时其股份不能带走，必须在企业内部转让，其他职工有优先受让权。《上海市暂行办法》第二十五条规定，股份合作制企业设立后，股东所持股份不得退股。但遇职工股东调出、辞职、除名、退休、死亡等情况，可由企业按企业章程规定或者股东大会决议处理。根据上述规定，在股份合作制企业是劳动合作和资本合作有机结合的产物，职工股东的资格与其职工身份直接相关，职工股东不能脱离劳动关系而成为单纯的自有资本的受益者，因此，职工股东不具有企业劳动者身份时，股东资格自动取消。

第三，职工股东退股后的股权处分。本案《股权转让协议》载明的转让方为原告，但非由原告签署。然而，对于协议效力的认定不能简单根据协议载明的当事人是否签订协议确定，而应考量以原告名义签订协议的当事人是否有权处分协议项下股权。原告与第三人签订2000年4月14日《股权转让协议》及2000年4月17日《解除劳动关系协议》后，即不再具有第三人的股东身份。参照公司法的相关规定，原告退股后，第三人取得了对原告原持有股权的处分权，处分方式包括寻找股权受让人或减资。因此，第三人于2003年6月6日以原告名义与被告签订《股权转让协议》系为完成对上述股权的处分所采取的变通措施，实质并非交易行为，不对协议载明的当事人产生权利义务后果，亦不损害原告利益。尽管上述处理方式不甚严谨，鉴于原告已不再具有第三人股东身份，而第三人取得相应股权的处分权，被告受让上述股权是否存在违反第三人企业章程、股金管理规定等的情形与原告无涉，原告要求确认2003年6月6日《股权转让协议》中涉及原告股权份额部分无效的诉请，难以支持。

编写人：上海市黄浦区人民法院　邵宁宁

49

有限责任公司股东不得通过约定的方式突破法定情形进行股权回购

——成都齐物投资管理中心诉唐某全等股权转让案

【案件基本信息】

1. 裁判书字号

四川省成都市中级人民法院（2017）川01民终第16661号民事判决书

2. 案由：股权转让纠纷

3. 当事人

原告（被上诉人）：成都齐物投资管理中心

被告（上诉人）：唐某全

被告（被上诉人）：唐某华、成都川科化工有限公司（以下简称川科公司）

【基本案情】

成都齐物投资管理中心与唐某华于2012年3月27日签订《股权转让协议》，因川科公司注册资本2500万元，唐某华出资1779.3万元，占股71.1%，现双方约定唐某华将其持有的川科公司注册资本中50万元的出资作价490万元转让给成都齐物投资管理中心，并于5个工作日付清全部转让款。

同日，成都齐物投资管理中心（甲方）、唐某华（乙方）、川科公司（丙方）就上述股权转让协议共同签订《补充协议书》，第五条约定："1. 在满足下述任一条件下，甲方有权在任意时刻要求乙方和丙方对甲方所持有的全部股份进行回购……2. 在甲方向乙、丙方发出回购股权的请求函之后的3个月内，乙、丙方必须按照下述公式决定的回购价格付清所有回购款。……"2012年3月29日，原告通过银行转账方式向唐某华账户转账490万元。

2012年12月27日在川科公司办公室签订《补充协议2》，对股权转让方式进行了调整：一、唐某华、唐某全为一致行动人，原合同中股权转让方由唐某华变为唐某全；二、因2012年川科公司邛崃基地投产晚于预期，三方一致同意股权转让价款调整为对原告的补偿，具体由原告支付490万元给唐某全（原告已支付给唐某华的490万元，由唐某华转支付给唐某全），唐某全将其拥有的川科化工股权55万元转让给原告，原告不再因邛崃基地延期原因要求二人补偿；三、原告与被告唐某华签订的《股权转让协议》及《补充协议》中唐某华的责任义务均由唐某全承担，唐某华承担连带担保责任。

2012年12月28日，川科公司就前述股权转让向工商登记机关申请办理了变更登记。

2016年1月18日，成都齐物投资管理中心向三被告邮寄发出《回购股权请求函》，要求三被告依照《股权转让协议》《补充协议书》《补充协议2》的约定，对原告所持有的川科公司股份进行回购，在发出请求函后3个月内，按照公式决定的回购价格付清所有回购款。三被告分别于1月19日、1月20日和1月22日签收了邮件，但一直推诿拖延，后原告遂诉至法院，请求判令三被告共同回购原告持有的成都川科化工有限公司的股权并支付回购款723.24万元，并支付从2016年1月20日起至回购款付清时止的违约金。

【案件焦点】

《补充协议》中约定由川科公司进行回购的条款内容是否有效。

【法院裁判要旨】

四川省成都市武侯区人民法院经审理认为：唐某华对《补充协议2》中签名真实性申请鉴定，但因未缴纳鉴定费用被鉴定机构终止鉴定并退回，根据《最高人民法院关于民事诉讼证据的若干规定》第二十五条的规定，现唐某华未缴纳鉴定费用，故应当承担举证不能的法律后果，本院对唐某华提出的《补充协议2》中签名非本人所签的抗辩不予采纳。原告与三被告签订的《股权转让协议》《补充协议书》《补充协议2》系各方当事人真实意思表示，不违反法律、行政法规的强制性规定，应属合法、有效，双方均应遵照履行。

根据《股权转让协议》及《补充协议2》的约定，原告受让的股份的转让方由唐某华变更为了唐某全，唐某华之前收取的股权转让款490万元应由唐某华全部移交给唐某全，虽唐某华实际未向唐某全移交该490万元转让款，但并不因此否定唐某全作为转让方转让股份的意思表示，同时被告川科公司就原告受让唐某全的55万元股份也办理了工商变更登记。因此目标股份的实际转让方为唐某全。根据《补充协议书》第五条的约定，当满足一定条件时，原告有权要求唐某华及川科公司将原告持有的股份进行回购，据审查，川科公司并未实现在2015年12月31日之前上市，同时川科公司2012年完整会计年度的合并报表扣除非经常性损益后的净利润低于4240万元，2013年完整会计年度的合并报表扣除非经常性损益后的净利润低于5600万元，因此《补充协议书》约定的回购条件已经成就，原告有权主张回购。

关于承担回购责任的主体，《补充协议书》约定原告可要求唐某华和川科公司进行回购，但《补充协议2》中又约定将《补充协议书》中唐某华的权利义务概括转让给唐某全，故唐某全应当承担《补充协议书》中原唐某华的回购股份的责任。同时，根据《补充协议2》约定，唐某华对唐某全承担连带担保责任，故本院对原告主张的唐某华承担共同支付责任承担方式不予认可，对唐某华的责任承担方式以连带责任方式予以支持。《补充协议书》中约定原告可要求川科公司回购股份，对被告提出的公司回购股份会损害公司债权人利益的抗辩，本院认为，《中华人民共和国公司法》第七十四条约定了股东要求公司回购其股份的情形，同时《最高人民法院关于适用〈中华人民共和国公司法〉若干问题的规定（二）》（以下简称《公司法司法解释（二）》）第五条也约定了在公司解散诉讼中，股东可以协商由公司或股东收购股份，即法律明确了公司可以收购股东股份的特殊情形，本案中约定的公司收购股东股份并不属于前述法律规定的情形之一，同时公司在实际进行收购时可能会减少公司资本，有违公司资本维持原则，可能损害债权人利益，因此本院认为协议中约定由川科公司进行回购的条款内容无效。

关于回购价格，《补充协议书》约定“回购价格需确保甲方的年复合投资回报率达到10%，计算公式如下：$Xn = Xo \times (1 + 10\%)^{N} - \sum Dn$，其中Xn代表回购价格，Xo为甲方本次投资的成本，∑Dn代表甲方在入股期间累计得到公司所派发的现金红利，N代表甲方持有股权的时间，时间从甲方汇出投资款之日起开始计算，到甲方收到所有回购价格之日结束（N精确到月，如两年三个月N＝2.25）。若Xn

小于Xo，则按投资成本回购。”原告向唐某华转账支付490万元，故Xo=490万元，各方当事人确认公司未进行过分红，故∑Dn=0，协议约定的回购时间为收到回购请求后三个月内，原告主张的截至2016年4月22日的回购，故N=4.083（从2012年3月至2016年4月，4年零一个月），综上，回购价格为490万元×$(1+10\%)^{4.083}-0$=7231067元，故本院对原告主张的回购款在7231067元范围内予以支持。

对原告提出的违约金，因《补充协议书》中约定唐某华未在约定期限内支付回购款的，应按回购款总额的万分之五向原告支付违约金，现唐某全已全部概括受让了唐某华的权利义务，故对原告要求三被告共同支付违约金的请求，本院仅对要求唐某全支付违约金，唐某华承担连带责任的部分予以支持。对违约金的计算，因根据约定，回购价款应在收到请求后三个月内支付，故违约金计算时间应从2016年4月22日起算，以7231067元为基数，按照每日万分之五的标准计算至付清之日止。

据此，四川省成都市武侯区人民法院依照《中华人民共和国合同法》第六十条，《中华人民共和国公司法》第七十四条、《公司法司法解释（二）》第五条，《最高人民法院关于民事诉讼证据的若干规定》第二十五条，《中华人民共和国民事诉讼法》第一百四十二条之规定，判决如下：

一、被告唐某全于本判决生效之日起五日内向原告成都齐物投资管理中心支付股权回购款7231067元及违约金（以7231067元为基数，自2016年4月22日起，按照每日万分之五的标准计算至回购款付清之日止），用于受让原告成都齐物投资管理中心持有的被告成都川科化工有限公司55万元股权；

二、被告唐某华对被告唐某全的上述支付义务承担连带责任；

三、驳回原告成都齐物投资管理中心的其他诉讼请求。

唐某全持原审起诉意见提起上诉。成都市中级人民法院经审理认为：二审争议焦点为：唐某全是否应当向齐物投资中心支付股权回购款7231067元并按日万分之五标准自2016年4月22日起支付相应违约金。

齐物投资中心与唐某华、唐某全签订的《补充协议2》，系各方当事人真实意思表示，且未违反法律、行政法规强制性规定，合法有效。《补充协议2》是对《股权转让协议》及《补充协议书》的补充约定，明确了股权转让方的变更、股权转让价款的支付方式以及将《股权转让协议》及《补充协议书》中唐某华权利义务概括移转给唐某全的内容。当事人对此知晓并接受《补充协议2》约定的内容，齐物投资中心履行了支付股权转让款义务，唐某全的股权转让款应由唐某华支付。故唐某全能否从唐某华处收到股权转让款并不影响齐物投资中心关于主张股权回购权利的行使，唐某全认为其未收到股权转让款不应承担股权回购责任的上诉意见不能成立，法院不予采纳。

如本院认定争议事实部分所述，齐物投资中心已按《补充协议书》中关于股份回购的约定向唐某全发送了《股权回购请求函》，唐某全逾期未履行回购义务，应按《补充协议书》中的约定，对齐物投资中心承担支付违约金的责任。

四川省成都市中级人民法院依照《中华人民共和国民事诉讼法》第一百七十条第一款第（一）项规定，作出如下判决：

驳回上诉，维持原判。

【法官后语】

关于有限责任公司回购股权的问题，《中华人民共和国公司法》第七十四条规定了公司股东在三种情形下可以要求公司回购股权，《公司法司法解释（二）》第五条规定了解散公司诉讼中股东可以协商由公司或股东收购股份，那么除前述情形外，有限责任公司股东是否可以通过约定的方式要求公司回购股权？

此问题在审判实务中争议较大，有两种截然相反的观点。一种观点认为，有限责任公司回购股权的情形并不限于《公司法》第七十四条以及《公司法司法解释（二）》第五条所规定的情形，其他合理情况下公司亦可回购股权。理由是：单纯从法条文意分析，并不能确定现行法律允许的有限责任公司回购股权情形只限于《公司法》及《公司法司法解释（二）》所规定的几种情形，在民商法领域实行“法不禁止皆自由”的原则，既然法律并无明文规定除法定情形外有限责任公司不得回购股权，那有限责任公司就可以通过与股东签订合同等约定的方式回购自己股权。另一种观点认为，有限责任公司只可在法律规定的情形下回购公司股权，公司不得通过约定的方式突破法律规定回购股权。理由是：我国实行法定资本制，需遵循资本维持原则，《中华人民共和国公司法》第三十五条规定“公司成立后，股东不得抽逃出资”，在这个总原则下，只有在法律有明文规定允许回购的情况下才可进行回购。若允许有限责任公司自由约定回购自己股权，则可能会与公司的资本原则相冲突、不利于公司债权人和中小股东的平等保护。本案采纳第二种观点，即非属法定情形公司不得回购股权。

编写人：四川省成都市武侯区人民法院　彭怡

七、损害股东、公司利益责任纠纷

50

不能以利益间接受损为由提起股东直接诉讼

——成都仁明投资有限责任公司诉四川伟津实业有限公司等股东利益责任案

【案件基本信息】

1. 裁判书字号

四川省成都市新津县人民法院（2017）川0132民初第2052号民事裁定书

2. 案由：股东利益责任纠纷

3. 当事人

原告：成都仁明投资有限责任公司（以下简称成都仁明公司）

被告：四川伟津实业有限公司（以下简称四川伟津公司）、成都凌海物资贸易有限公司、四川信托有限公司（以下简称四川信托公司）

【基本案情】

原告成都仁明公司与其他股东共同出资成立了四川伟津公司。后四川伟津公司四方股东与四川信托公司签订《股权收益权转让及回购合同》、合作及管理协议、资金支持协议、账户监管协议，四方股东将其在四川伟津公司的股权收益权转让给四川信托公司融资10亿元人民币，资金由四川信托公司支付到四股东委托的四川伟津公司账户。后原告成都仁明公司认为，由于谷昌公司一直控制着四川伟津公司，数年来不向小股东递交财务报告，四川信托公司也未履行通知义务，三方共同给原告造成了损失，损害了其作为四川伟津公司股东的合法权益。

【案件焦点】

原告成都仁明公司能否以公司其他股东的行为损害公司利益，导致其利益间接受损为由提起股东直接诉讼。

【法院裁判要旨】

四川省成都市新津县人民法院经审理认为：原告成都仁明公司在本案中主张三被告共同赔偿其损失，认为损害的系其作为被告四川伟津公司股东而享有的股东收益权，故原告成都仁明公司在本案中诉的利益为股东利益。根据公司法的相关规定，股东作为原告提起诉讼有两种方式，一种为股东直接诉讼，另一种为股东代表诉讼。股东代表诉讼即股东以自己的名义代表公司提起诉讼，依据《最高人民法院关于适用〈中华人民共和国公司法〉若干问题的规定（四）》的规定，这种诉讼应当列公司为第三人，且胜诉利益属于公司。原告成都仁明公司系被告四川伟津公司的股东，本案中，其将四川伟津公司列为被告，要求被告四川伟津公司对其承担赔偿责任，故原告成都仁明公司在本案中不是代表公司进行诉讼，系基于股东身份提起的直接损害其股东利益的诉讼。依据《中华人民共和国公司法》的规定，股东在向公司完成出资、成为公司股东后只能依据公司法及公司章程的规定享有分取红利、分配剩余财产等权利，即公司财产与股东财产相分离。被告四川伟津公司的对外合同行为即使存在虚构交易，其行为直接损害的也应当是被告四川伟津公司的利益，仅是间接损害了原告成都仁明公司作为股东的利益，故原告成都仁明公司与本案无直接利害关系，不具备本案原告主体资格。另原告成都仁明公司在询问陈述中主张适用一般侵权关系提起该案诉讼，但本案系原告成都仁明公司基于股东身份提起的诉讼，并非一般意义上的侵权之诉，应当适用公司法的相关规定审查其与本案是否存在直接利害关系。

四川省成都市新津县人民法院依照《中华人民共和国民事诉讼法》第一百一十九条第（一）项，《最高人民法院关于适用〈中华人民共和国民事诉讼法〉的解释》第二百零八条第三款的规定，裁定如下：

驳回原告成都仁明公司的起诉。

【法官后语】

本案中原告成都仁明公司以公司实际控制者谷昌公司存在虚构交易、资金去向不明等为由起诉至法院，要求公司向其承担赔偿责任，故本案首要解决的问题即在于成都仁明公司的起诉是否符合《中华人民共和国民事诉讼法》第一百一十九条第（一）项规定的原告是与本案有直接利害关系的公民、法人和其他组织的起诉条件。

根据《中华人民共和国公司法》关于股东直接诉讼的规定规范的是直接侵害股东权益的行为以及股东在向公司完成出资、成为公司股东后只能依据公司法及公司章程的规定享有分取红利、分配剩余财产等权利，即公司财产与股东财产应是相分离的，故公司股东不能以公司高管、公司行为损害公司利益导致股东利益间接受损为由提起股东直接诉讼。

编写人：四川省新津县人民法院　陈健

51

提起股东代表诉讼的公司股东应持续具有股东资格

——李某宁诉陆某杰、杨某春损害公司利益责任案

【案件基本信息】

1. 裁判书字号

北京市第一中级人民法院（2017）京01民终第9059号民事裁定书

2. 案由：损害公司利益责任纠纷

3. 当事人

原告（上诉人）：李某宁

被告（被上诉人）：陆某杰、杨某春

原审第三人：北京神州融信信息技术有限（以下简称神州融信公司）

【基本案情】

神州融信公司成立于2006年12月21日，陆某杰是法定代表人，担任执行董事职务，杨某春是总经理，周某兰是监事。

2011年4月20日，国家知识产权局授予集群读写装置及系统实用新型专利证书，专利权人是神州融信公司，发明人是陆某杰、周某术。2011年7月12日，国家知识产权局发出通知，准予将上述专利的专利权人由神州融信公司变更为周某术。

2011年12月，李某宁成为神州融信公司的股东。2012年3月底，神州融信公司的投资人由陆某杰、杨某春、李某军、李某宁四人，变更为李某宁、陆某杰、杨某春三人。

2013年7月28日，涉案专利的财产权评估值为1000万元。2013年7月30日，杨某春、周某术、陆某杰共同出资设立中恒公司，公司注册资本为2001万元，其中货币出资1001万元，知识产权出资1000万元。2014年1月6日，周某术、杨某春、陆某杰将三人享有的涉案专利财产权益转移至中恒公司。2015年1月8日，涉案专利的专利权人登记为中恒公司。

2015年3月底，神州融信公司的股东变更为丁纯、李某宁，董事成员由陆某杰变更为丁纯，监事成员由周某兰变更为李某宁，经理由杨某春变更为李伟。

2015年10月，中恒公司决定将涉案专利从公司减资。2016年6月20日，国家知识产权局向中恒公司发出《专利权终止通知书》，写明该专利权于2015年10月13日终止。

李某宁提起本案诉讼，请求法院判令：陆某杰、杨某春向李某宁、神州融信公司返还涉案专利同等价款1000万元，并赔偿李某宁及神州融信公司损失300万元。

二审查明：神州融信公司工商登记信息中载明，李某宁自2017年2月20日起不再是神州融信公司股东。李某宁二审诉讼中明确表示，其是以股东身份而非神州融信公司监事身份提起本案诉讼，要求公司高级管理人员、控股股东陆某杰、杨某春向神州融信公司承担侵占公司财产的赔偿责任。

【案件焦点】

股东提起股东代表诉讼的，在诉讼期间不再具有股东身份，是否具有原告主体资格。

【法院裁判要旨】

北京市海淀区人民法院经审理认为：李某宁于2011年12月成为神州融信公司的股东，之后又担任公司监事，有权以自己的名义向法院提起诉讼。陆某杰和杨某春将涉案专利无偿转让给周某术，并将专利作为三人的入资成立中恒公司，已构成对神州融信公司和其他股东利益的损害，违反了其法定义务。涉案专利被宣告为无效，并不代表涉案专利不具有财产价值。李某宁并未举证直接经济损失的实际发生金额，故该院对损失赔偿额酌定为30万元。

北京市海淀区人民法院依照《中华人民共和国公司法》第一百四十九条，《中华人民共和国民事诉讼法》第一百四十四条之规定，作出如下判决：

一、陆某杰、杨某春于判决生效之日起十日内给付神州融信公司经济损失30万元；

二、驳回李某宁其他诉讼请求。

陆某杰、杨某春不服一审判决，提出上诉。北京市第一中级人民法院经审理认为：李某宁以损害公司利益责任纠纷提起本案诉讼，故本案为股东代表诉讼，李某宁具备公司股东身份是有限责任公司股东提起股东代表诉讼的身份要件。本案中，虽然李某宁起诉时具备神州融信公司股东的身份，符合法律关于股东代表诉讼原告资格的要求，但在法院审理过程中，其将所持股份全部转让给信安世纪公司，并办理了工商变更登记，李某宁已丧失了神州融信公司股东的身份，即丧失了在本案中继续以神州融信公司股东身份进行股东代表诉讼的资格，其并非本案适格原告，对其诉讼请求应予驳回。

北京市第一中级人民法院依照《最高人民法院关于适用〈中华人民共和国民事诉讼法〉的解释》第三百三十条规定，作出如下裁定：

一、撤销北京市海淀区人民法院（2015）海民（商）初字第24997号民事判决；

二、驳回李某宁的起诉。

【法官后语】

股东代表诉讼中，具有股东资格，是原告提起该类诉讼的基础条件之一。本案的特殊之处，在于原告起诉时具有股东资格，亦符合法律规定的其他起诉条件，但在案件审理过程中不再具有公司股东的身份，在这种情况下，其是否仍能以股东身份继续本案诉讼的资格？

股东的利益与公司的利益并不具有当然的同一性，股东提起股东代表诉讼并非就其自身利益受到侵害，其虽以自己的名义、以原告身份提起诉讼，但其诉讼指向的是公司的受损利益，诉讼结果和利益应归属于公司，从这个角度上讲，股东系作为有限责任公司的“代表”提起诉讼，提起诉讼的股东并非真正意义上的原告，在此情况下，必然要求原告与公司内部存在直接的关联，即原告应为有限责任公司的股东，一旦原告的股东身份不再存续，其与公司内部再无直接关联，股东利益与公司利益尚不完全一致，那么在原告的股东身份丧失后，自然无法得出原股东与公司利益必然一致、原股东可代表公司提起诉讼的结论。因此，是否具有股东身份，是判断原告能否提起股东代表诉讼的先决条件。

就本案而言，李某宁在法院审理过程中，其将持有的神州融信公司的股份全部转让并办理了工商变更登记，其不再具有神州融信公司股东的身份，同时，二审诉讼期间，李某宁明确表示系以股东身份提起本案诉讼，要求神州融信公司的高级管理人员、控股股东陆某杰、杨某春向神州融信公司承担侵占公司财产的赔偿责任，据此，李某宁已不再具有神州融信公司股东的身份，与其诉请的要求陆某杰、杨某春向神州融信公司承担的赔偿责任并无直接利害关系，故二审法院裁定驳回李某宁的起诉。

编写人：北京市第一中级人民法院　徐硕

52

损害公司利益责任纠纷中的举证责任分配

——三毅医疗设备（厦门）有限公司诉陈某毅损害公司利益责任案

【案件基本信息】

1. 裁判书字号

福建省厦门市中级人民法院（2017）闽02民终第2174号民事判决书

2. 案由：损害公司利益责任纠纷

3. 当事人

原告（被上诉人）：三毅医疗设备（厦门）有限公司（以下简称三毅医疗公司）

被告（上诉人）：陈某毅

【基本案情】

三毅医疗公司于2014年8月7日成立。公司成立时登记的股东为三毅投资公司（持股85%）和庄某婷（持股15%），法定代表人为陈某毅，注册资本200万元。黄某于2014年6月15日转账20万元给陈某毅；李某省于2014年10月15日转账60万元给陈某毅；王某文委托案外人黄小萍于2014年10月22日、2014年10月27日各转账10万元给陈某毅。2015年3月1日，三毅投资公司分别与李某省、黄某、王某文签订《三毅医疗设备（厦门）有限公司股权转让协议》，主要约定三毅投资公司将其持有的三毅医疗公司的股权分别转让给李某省（受让65%）、黄某（受让10%）、王某文（受让10%），协议中均约定三毅投资公司实缴注册资本0元，股权转让后相应比例的尚未到资的注册资本由受让方按照公司章程规定如期到资。同日，庄某婷与李某省签订《三毅医疗设备（厦门）有限公司股权转让协议》，约定庄某婷将其持有的三毅医疗公司的15%的股权转让给李某省，庄某婷实缴注册资本0元，股权转让后相应比例的尚未到资的注册资本由李某省按照公司章程规定如期到资。

2015年3月5日，李某省、陈某毅、王某文、黄某签订《合作协议》，约定：李某省以现金出资60万元，占三毅医疗公司30%股份，该款已于2014年10月汇入陈某毅账户；陈某毅将三毅医疗公司原来所有相关权益及事务变更给李某省后，可获得公司实际投资股份5%的股权（干股）；王某文以现金出资20万元，占三毅医疗公司实际投资股份10%，该款已于2014年10月汇入陈某毅账户；黄某以现金出资20万元，占三毅医疗公司实际投资股份的10%，该款已于2014年8月汇入陈某毅的账户；各出资人按投入公司的资本额占公司注册资本额的比例享有资产权益，按各自持股比例分取红利；出资人可转让其在设立的公司的出资；如公司不能设立时，在承担发起人义务和责任前提下，有权收回所认缴的出资；四方有权监督公司的经营管理工作，共同投资款仅用于三毅医疗公司的经营运作，不得他用；陈某毅可用其公司半年分红的金额弥补前期经营亏空的金额后，可再获得占公司实际投资股份15%的股权（干股），公司剩余另30%股权由现有股东优先认购；陈某毅保证将现有全国医疗单位及其他市场资源无条件列入公司内；另就各方其他权利义务、公司股东会职权、公司组织机构设置、利润分配等做了约定。李某省、陈某毅、王某文、黄某、三毅医疗公司均在该份《合作协议》上签章。2015年3月24日，经厦门市思明区工商行政管理局审查，准予三毅医疗公司变更公司股东为李某省（持股80%）、黄某（持股10%）、王某文（持股10%），法定代表人变更为李某省。

三毅医疗公司成立时起至2015年3月24日前，陈某毅在三毅医疗公司担任执行董事兼总经理。陈某毅于2014年8月12日代三毅医疗公司支付刻制税务专用章的费用228元；于2014年8月13日代三毅医疗公司支付刻制公司财务专用章、单位专用印章的费用560元；于2014年8月18日代三毅医疗公司支付制作公司证照、IC卡的费用140元；于2015年3月10日代三毅医疗公司支付独家代理保证金50000元给案外人南京炮苑电子技术研究所有限公司。三毅医疗公司自认，2014年9月至11月陈某毅曾陆续转账共2400元至三毅医疗公司账户。2014年11月30日，从三毅医疗公司账户转出150元至陈某毅账户。

【案件焦点】

陈某毅是否损害公司利益。

【法院裁判要旨】

二审法院认为：讼争《合作协议》明确约定李某省、王某文、黄某三人向陈某毅（时任执行董事兼总经理）支付的共计100万元属于三人向三毅医疗公司的现金出资，并约定该款用于三毅医疗公司的经营运作，不得用于其他用途。除了三毅医疗公司自认其中53178元已用于公司经营之外，陈某毅未能举证证明其将100万元中的剩余款项用于三毅医疗公司经营运作，其行为已经损害了三毅医疗公司的利益。根据《中华人民共和国公司法》第一百四十七条第二款“董事、监事、高级管理人员不得利用职权收受贿赂或者其他非法收入，不得侵占公司的财产”、第一百四十九条“董事、监事、高级管理人员执行公司职务时违反法律、行政法规或者公司章程的规定，给公司造成损失的，应当承担赔偿责任”的规定，三毅医疗公司有权要求陈某毅返还剩余款项946822元，陈某毅抗辩三毅医疗公司并非适格主体且陈某毅无须返还的理由不能成立，不予支持。二审法院遂维持一审判决内容，即

一、陈某毅于判决生效之日起七日内返还三毅医疗设备（厦门）有限公司资金946822元；

二、驳回三毅医疗设备（厦门）有限公司的其他诉讼请求。

【法官后语】

根据公司法相关规定，高级管理人员在执行公司职务时不得侵占公司的财产，否则应向公司承担赔偿责任。在本案中，虽然讼争《合作协议》系各股东之间的合作约定，但却明确约定各股东的出资应当用于目标公司的经营运作，属于公司的资产。如若高级管理人员履行职务中确实侵占前述财产，公司作为被侵害的权利主体，当然有权利向高级管理人员主张赔偿责任。

关于高级管理人员损害公司利益的举证责任也应当根据目标公司的经营状况以及具体案情灵活把握。本案中，原告公司并未处于正常经营状态，而是陷入困境当中。被告作为时任执行董事兼总经理，负责公司的经营管理，掌握公司的财务资料，具备举证便利的条件。在公司已经举证被告与其他股东之间的出资约定之后，应当由具备举证优势的被告承担较多的举证责任，证明并不存在侵占公司财产、损害公司利益的行为，否则应当承担举证不能的法律后果。

编写人：福建省厦门市中级人民法院　苏鑫

八、股东损害公司债权人利益责任纠纷

53

保证人作为法人清算未尽债务人清算义务其股东是否应当承担赔偿责任

——向某诉张某以、周某容股东损害公司债权人利益责任案

【案件基本信息】

1. 裁判书字号

重庆市璧山区人民法院（2017）渝0120民初第6651号民事判决书

2. 案由：股东损害公司债权人利益责任纠纷

3. 当事人

原告：向某

被告：张某以、周某容

【基本案情】

2014年6月4日，原告向某与张某能签订了一份《借款合同》，张某能向原告借款人民币250万元，借款期限为10个月，从2014年6月4日起至2015年4月4日止。重庆壁能房地产开发有限公司及联亿合公司对张某能该笔借款提供了连带责任保证担保。该笔借款到期后，张某能并未归还全部借款，至今仍欠借款本金200万元及相应的逾期利息。现原告发现联亿合公司已于2017年9月14日注销，但原告作为债权人此前并未得到该公司的清算通知。原告认为，二被告作为联亿合公司的股东，未经依法清算即办理注销登记，依法应当对联亿合公司负有向原告清偿借

款及逾期利息的债务承担赔偿责任。原告遂诉讼主张权利。

被告辩称：1. 因与原告是亲戚，开办联亿合公司仅是为了贷款，也是在原告授意下开办的。原告借给张某能250万元是事实。联亿合公司于2015年向璧山区工银村镇银行贷款120万元的时候是将公章交给了原告前去办理，该段时间公章一直是在原告处，原告将贷款交给了张某能。2. 张某以仅仅是挂名股东，是应父亲张某能的要求，被告张某以没有实际出资，没有实际经营，联亿合公司的营业执照、公司的管理均是由张某能管理，联亿合公司的股权也是帮张某能代持，不应该对联亿合公司的债权债务承担责任。3. 联亿合公司不是本案借款合同的当事人，原告在上次诉讼的时候对当事人的身份也是明确的，没有把联亿合公司列为当事人，虽然上面加盖了联亿合公司的印章，但是被告认为上面的印章是原告自己之后加盖上去的，不是联亿合公司的真实意思表示，如果联亿合公司的担保意思真实，就应该在签订合同的时候列为主体，原告并没有将公司列为主体。借款合同仅写了璧能公司为保证人，根本没有写联亿合公司为保证人。4. 开办联亿合公司的时候，被告张某以没有在上面签字，其并不是联亿合公司的真实股东，该公司已经注销是事实，被告张某以不应该对债权债务承担任何责任，且联亿合公司的担保期已过。并且被告周某容也已经承担过连带责任，也不应再承担责任。

【案件焦点】

联亿合公司作为保证人在清算时未尽债务人清算义务，其股东张某以是否应当承担赔偿责任。

【法院裁判要旨】

重庆市璧山区人民法院经审理认为：原告向某以张某能、周某容、重庆璧能房地产开发有限公司为被告主张权利，已由生效法律文书确定。因重庆璧能房地产开发有限公司和重庆联亿合汽车经纪有限公司均为张某能在原告处的借款提供保证。根据《中华人民共和国担保法》第十二条规定："同一债务有两个以上保证人的，保证人应当按照保证合同约定的保证份额，承担保证责任。没有约定保证份额的，保证人承担连带责任，债权人可以要求任何一个保证人承担全部保证责任，保证人都负有担保全部债权实现的义务……"在连带共同保证中，保证人是作为一个整体共同对债权人承担保证责任，债权人向共同保证人中的任何一人主张权利，都是债权人要求保证人承担保证责任的行为，其效力自然及于所有的保证人。本案中，原告向某向连带共同保证人之一的重庆璧能房地产开发有限公司主张权利，其效力应当及于作为连带共同保证人之一的联亿合公司。被告对此的辩称意见不成立，不予采纳。因此，原告向某有权向债务担保的联亿合公司主张权利，但由于联亿合公司现已注销，根据我国公司法的规定，有限责任公司经合法清算程序后注销的，其民事主体资格消灭，公司的债权人未获清偿的债权不再予以清偿，股东对公司的债务不再承担清偿责任。但如果公司股东未严格依法履行清算义务，则作为公司清算主体的股东应承担清偿责任。根据《最高人民法院关于适用〈中华人民共和国公司法〉若干问题的规定（二）》第十九条规定，有限责任公司的股东未经依法清算，以虚假的清算报告骗取公司登记机关办理法人注销登记，债权人主张其对公司债务承担相应赔偿责任的，人民法院应依法予以支持。被告张某以、周某容作为联亿合公司的股东，未经依法清算，以虚假的清算报告办理其公司注销登记，因此，被告张某以、周某容应对张某能借款250万元及逾期利息承担赔偿责任。但被告周某容已在原告另诉案件中确定责任承担，因此原告在本案中就被告周某容的诉请，不予支持。

重庆市璧山区人民法院依照《中华人民共和国担保法》第十二条，《中华人民共和国公司法》第一百八十条、第一百八十三条，《最高人民法院关于适用〈中华人民共和国公司法〉若干问题的规定（二）》第十九条以及《中华人民共和国民事诉讼法》第一百四十二条之规定，判决如下：

一、被告张某以于本判决生效后次日对张某能应归还原告向某借款250万元并支付逾期利息（以尚欠借款本金250万元为基数从2015年11月5日起按月息2%计付，息随本清）承担赔偿责任；

二、驳回原告向某的其他诉讼请求。

【法官后语】

本案中，债权人向连带保证人之一重庆璧能房地产开发有限公司主张权利的法律效果应当及于本案的被告张某以为股东的联亿合公司。连带共同保证债务虽然具有牵连性，但在债权人明确表示不再向部分保证人主张债权的，其他连带共同保证人不得以此为由也主张全部免责，而仅得在债权人放弃债权的范围内主张免责。债权人放弃债权的范围可根据《中华人民共和国民法总则》第一百七十八条的原则确定：各连带共同保证人有内部约定的，从其约定；没有内部约定的，推定放弃债权的范围仅为各保证人应平均分担的部分。另外，根据《最高人民法院关于适用〈中华人民共和国公司法〉若干问题的规定（二）》第十九条规定："有限责任公司的股东、股份有限公司的董事和控股股东，以及公司的实际控制人在公司解散后，恶意处置公司财产给债权人造成损失，或者未经依法清算，以虚假的清算报告骗取公司登记机关办理法人注销登记，债权人主张其对公司债务承担相应赔偿责任的，人民法院应依法予以支持。"由于联亿合公司清算时未尽到债务人义务，依法进行清算，故作为联亿合公司股东的张某以应当向原告承担赔偿责任。

编写人：重庆市璧山区人民法院　罗皓骏

54

公司主要财产、账册等灭失无法清算时清算义务人的连带责任

——北京外文出版纸张公司诉刘某松、李某股东损害公司债权人利益责任案

【案件基本信息】

1. 裁判书字号

北京市第三中级人民法院（2017）京03民终第432号民事判决书

2. 案由：股东损害公司债权人利益责任纠纷

3. 当事人

原告（被上诉人）：北京外文出版纸张公司（以下简称外文纸张公司）

被告（上诉人）：刘某松、李某

【基本案情】

北京诗濠永式纸制品有限公司（以下简称诗濠永式公司）系有限责任公司，股东为刘某松、李某。2009年10月30日，北京市海淀区人民法院就外文纸张公司与诗濠永式公司买卖合同纠纷一案作出（2009）海民初字第26054号民事判决，认定诗濠永式公司与外文纸张公司成立买卖合同关系，并判令诗濠永式公司于判决书生效之日起10日内向外文纸张公司支付货款2716407.52元、违约金800000元；案件受理费由诗濠永式公司负担7000元。该判决生效后，诗濠永式公司未履行，外文纸张公司申请强制执行，北京市海淀区人民法院于2011年4月28日作出（2010）海民执字第1700号执行裁定书，因诗濠永式公司无财产可供执行且外文纸张公司不能提供可供执行的财产线索，终结本次执行程序。2010年10月30日，诗濠永式公司被工商机关吊销营业执照，刘某松、李某未自行组成清算组进行清算。在本案审理过程中，刘某松、李某自认诗濠永式公司财务账册已灭失，无法进行清算。

一审庭审中，为证明诗濠永式公司财务账册因水浸灭失，刘某松、李某申请证人天兴商贸公司出庭作证，天兴商贸公司法定代表人简祖成到庭陈述称2009年10月李某将10余箱账本存放到天兴商贸公司库房，2010年5月发现账本已被水浸变成纸浆无法辨认，天兴商贸公司通知李某后，李某将废纸弃于院内；简祖成表示不知道下雨的具体时间、库房的材质等情况。

一审庭审中，为证明诗濠永式公司在发生解散事由之前即已资不抵债，刘某松、李某向一审法院提交2010年1月10日由北京国府嘉盈会计师事务所有限公司（以下简称国府会计师事务所）出具的审计报告，审计报告记载国府会计师事务所对诗濠永式公司2009年11月30日的资产负债表、2005～2008年度、2009年1～11月的利润表以及财务报表附注进行了审计，并认为除部分保留事项外，诗濠永式公司财务报表能够反映诗濠永式公司2009年11月30日的财务状况及2005～2008年度、2009年1～11月经营成果。审计报告显示诗濠永式公司2009年11月30日资产总计5318605.01元，其中应收账款为4782986.90元。

【案件焦点】

1. 刘某松、李某是否存在怠于履行清算行义务的行为；2. 刘某松、李某主张财务账册因水浸灭失的免责事由是否成立；3. 外文纸张公司的诉讼请求是否已过诉讼时效。

【法院裁判要旨】

北京市朝阳区人民法院经审理认为，有限责任公司的股东因怠于履行义务，导致公司主要财产、账册、重要文件等灭失，无法进行清算，应当对公司债务承担连带清偿责任。刘某松、李某系诗濠永式公司股东，符合清算义务人因怠于履行清算义务对公司债权人承担责任的主体要件。外文纸张公司对诗濠永式公司的合同债权亦已经生效判决确认，外文纸张公司具有诗濠永式公司合法债权人资格。

有限责任公司股东在公司解散事由发生后，应当对公司的财产、账册、重要文件尽善良管理人的忠实、勤勉的保管义务，并应当在法定期间内组成清算组，对公司进行依法清算，以保护公司和公司债权人的利益。诗濠永式公司 2010 年 10 月 30 日被吊销营业执照后至今，刘某松、李某未组成清算组进行清算，显属怠于履行清算义务。

关于刘某松、李某主张财务账册因水浸灭失的免责事由是否成立。首先，刘某松、李某仅提供了天兴商贸公司证人证言，该证人证言属于传来证据、间接证据，亦缺乏其他证据佐证，无法证实刘某松、李某主张的诗濠永式公司会计账簿灭失的原因。另有，刘某松、李某提交的审计报告亦显示在 2009 年 11 月 30 日至 2010 年 1 月 10 日，国府会计师事务所对诗濠永式公司进行了审计，此项事实亦与天兴商贸公司陈述的 2009 年 10 月李某将财务账簿存放于天兴商贸公司库房，2010 年 5 月天兴商贸公司发现财务账簿因水浸变成纸浆的陈述存在矛盾。再有，刘某松、李某作为诗濠永式公司股东，负有妥善保管公司财务账簿的法定义务，应将公司财务账簿保管于安全场所，刘某松、李某主张因暴雨导致库房进水进而使会计账簿灭失亦不属于不能预见、不能克服的客观原因。综上，一审法院对于刘某松、李某主张对财务账簿灭失不存在过错，因此不需承担责任的答辩意见不予采纳。

关于刘某松、李某主张外文纸张公司未申请清算，也应承担部分责任的答辩意见是否成立。公司解散事由出现之后，公司的债权人有权申请对公司进行强制清算，但申请对公司进行清算仅是清算义务人——刘某松、李某的法定义务，对外文纸张公司来说，申请清算仅为其权利，而非义务，故外文纸张公司无须因此承担责任。

关于外文纸张公司的诉讼请求是否超过了诉讼时效期间。清算义务人因怠于履行清算义务，导致损害债权人利益，债权人要求股东承担的连带清偿责任属于侵权责任，诉讼时效应自知道或应当知道权利受侵害时起算，但侵权行为处于持续状态的，应自侵权行为结束之日起计算。本案中刘某松、李某在公司解散事由发生后，未在法定期限内成立清算组进行清算，并至今未履行清算义务，故刘某松、李某以不作为方式进行的侵权行为至今仍处于持续状态，故外文纸张公司在本案中主张的请求权，并未罹于诉讼时效期间。

综上，刘某松、李某怠于履行清算义务，导致诗濠永式公司的账册、财产灭失，无法进行清算，刘某松、李某应当对诗濠永式公司的债务承担连带清偿责任。外文纸张公司关于要求刘某松、李某承担诉讼费7000元的诉讼请求，因生效判决确认诉讼费向人民法院交纳，故该部分诉讼费不属于诗濠永式公司对外文纸张公司的债务，外文纸张公司的相关诉讼请求，不予支持。

北京市朝阳区人民法院依照《最高人民法院关于适用〈中华人民共和国公司法〉若干问题的规定（二）》第十八条第二款之规定，判决：

一、刘某松、李某对（2009）海民初字第26054号民事判决书中确定的诗濠永式公司对外文纸张公司的付款义务及法定迟延履行金承担连带清偿责任；

二、驳回外文纸张公司的其他诉讼请求。

刘某松、李某不服一审判决，提起上诉。北京市第三中级人民法院经审理后认为，刘某松、李某的上诉请求不能成立，应予驳回；一审判决认定事实清楚，适用法律正确，应予维持。

北京市第三中级人民法院依照《中华人民共和国民事诉讼法》第一百七十条第一款第（一）项规定，判决：

驳回上诉，维持原判。

【法官后语】

公司解散事由发生后，有限责任公司的股东负有两项义务，首先，应依法及时启动清算程序对公司进行清算；其次，还应对公司的财产、账册、重要文件等尽到善良管理人的忠实、勤勉的保管义务。有限责任公司的股东怠于履行义务，消极不作为导致公司主要财产、账册、重要文件等灭失，无法进行清算，公司债权人的合法债权无法受偿的，其应当对公司债务承担连带责任。其法律依据为《中华人民共和国公司法》第二十条第三款的规定，公司股东滥用公司法人独立地位和股东有限责任，逃避债务，严重损害公司债权人利益的，应当对公司债务承担连带责任，即公司法人人格否认制度。若有限责任公司的股东仅是未在法定期限内成立清算组进行清算，并未达到"无法清算"的程度，其仅应在造成公司财产减少的范围内对公司债务承担补充赔偿责任，而非连带责任。

债权人要求有限责任公司股东承担连带责任的请求权基础系侵权责任，应当适用诉讼时效，但诉讼时效以债权人知道或者应当知道权利受侵害时起算。若公司进行过强制清算，但经人民法院审理后以无法清算或者以无法完全清算为由终结清算程序的，债权人应当在终结裁定送达后的二年内向有关清算义务人提起诉讼。例如，终结裁定送达之日早于《最高人民法院关于适用〈中华人民共和国公司法〉若干问题的规定（二）》（以下简称《公司法解释二》）颁布实施之日，以《公司法解释二》颁布实施之日起计算；若公司没有进行过强制清算的，债权人直接起诉清算义务人承担清算责任，如经审查确实存在无法清算情形的，由清算义务人举证证明债权人何时知道或者应当知道无法清算的事实而怠于主张权利。例如，该时点早于《公司法解释二》颁布实施之日的，以《公司法解释二》颁布实施之日起计算。

编写人：北京市第三中级人民法院　巴晶焱　石艳明

55

股东未依法清算公司资产需对公司债权人承担赔偿责任

——广州广高高压电器有限公司诉范某英、胡某生股东损害公司债权人利益责任案

【案件基本信息】

1. 裁判书字号

广东省广州市中级人民法院（2017）粤01民终第5875号民事判决书

2. 案由：股东损害公司债权人利益责任纠纷

3. 当事人

原告（被上诉人）：广州广高高压电器有限公司（以下简称广高公司）

被告（上诉人）：范某英、胡某生

【基本案情】

2007年11月12日，广州市天河区人民法院就广高公司与恒垄公司之间的买卖合同纠纷作出（2007）天法民二初字第2131号判决，判令恒垄公司于判决发生法律效力之日起十日内向广高公司支付货款447800元及逾期付款利息（自2007年9月6日起至付清款项之日止，按中国人民银行规定的同期同类逾期贷款利率计付），受理费4010元由恒垄公司负担。2008年1月15日，本院受理了广高公司的强制执行申请。执行过程中，因广高公司暂无法提供恒垄公司的下落及其他可供执行的财产线索，广州市天河区人民法院于2008年7月10日裁定该案中止执行。

2008年7月24日，广州市天河区人民法院就广高公司与恒垄公司的另案买卖合同纠纷出具（2008）天法民二初字第1226号民事调解书。调解协议约定：一、恒垄公司于2008年8月31日前清偿广高公司货款355000元，广高公司放弃其他诉讼请求；二、恒垄公司未能在上述期限内足额清偿完毕，则从2008年9月1日起，以恒垄公司未清偿的货款为本金，按中国人民银行规定的同期同类贷款利率标准的双倍计算债务利息至实际清偿之日止；三、案件诉讼费6630元减半收取3315元，由恒垄公司承担。由于双方签收该民事调解书后，恒垄公司未依照上述协议履行付款义务，广高公司于2008年9月4日向本院申请强制执行。因执行过程中，广高公司暂无法提供恒垄公司的下落及其他可供执行的财产线索，广州市天河区人民法院于2008年12月12日裁定该案中止执行。

2012年12月13日，恒垄公司因不按规定接受2011年度检验，被广州市工商行政管理局吊销营业执照。营业执照被吊销后，恒垄公司股东范某英、范某厚、胡某生未及时对恒垄公司进行清算，导致恒垄公司未能清偿上述判决或调解书所确定的债务。广高公司遂起诉范某英、胡某生，要求两被告对恒垄公司对广高公司所负的债务承担连带赔偿责任。

【案件焦点】

范某英、胡某生是否应按照《最高人民法院关于适用〈中华人民共和国公司法〉若干问题的规定（二）》第十八条第一款的规定向广高公司承担赔偿责任。

【法院裁判要旨】

广东省广州市天河区人民法院经审理认为：恒垄公司已于2012年12月13日被吊销营业执照，根据《中华人民共和国公司法》相关规定，范某英、胡某生作为股东理应在公司营业执照被吊销之日起十五日内成立清算组，开始清算。现范某英、胡某生显然未依法履行清算义务，亦未就恒垄公司的资产状况进行举证，故认定范某英、胡某生对广高公司合法债权无法受偿负有过错。

广东省广州市天河区人民法院依照《中华人民共和国公司法》第一百八十条、第一百八十三条，《最高人法院关于适用〈中华人民共和国公司法〉若干问题的规定（二）》第十八条第一款，《中华人民共和国民事诉讼法》第六十四条第一款、第九十四条、第一百四十四条的规定，作出如下判决：

一、被告范某英、胡某生于本判决发生法律效力之日起十日内，就恒垄公司依据（2007）天法民二初字第2131号民事判决书所负的债务，共同向原告广高公司赔偿货款447800元及逾期付款利息（自2007年9月6日起至付清款项之日止，按中国人民银行规定的同期同类逾期贷款利率计付），并支付诉讼受理费4010元；

二、被告范某英、胡某生于本判决发生法律效力之日起十日内，就恒垄公司依据（2008）天法民二初字第1226号民事调解书所负的债务，共同向原告广高公司赔偿货款355000元及利息（以未清偿的货款为本金，按中国人民银行规定的同期同类贷款利率标准的双倍，自2008年9月1日起计至实际清偿之日止），并支付诉讼费3315元。

范某英、胡某生不服一审判决，提出上诉。广东省广州市中级人民法院经审理认为：一审判决的分析认定并无不当，予以确认。另外，案涉债务分别于2008年中止执行，后恒垄公司在2012年被吊销营业执照。在此情况下，作为恒垄公司股东的范某英、胡某生有义务及时进行清算，范某英、胡某生未及时清算的行为构成了对广高公司的侵权，故有关范某英、胡某生未及时清算的行为是否导致恒垄公司财产贬值、流失、毁损或者灭失，以及造成损失范围的大小的举证责任，应由作为恒垄公司股东的范某英、胡某生承担。

广东省广州市中级人民法院依照《中华人民共和国民事诉讼法》第一百七十条第一款第（一）项的规定，判决：

驳回上诉，维持原判。

【法官后语】

范某英、胡某生作为恒垄公司的股东、清算义务人，未在法定期限内成立清算组开始清算，依照法律规定，应在其怠于清算导致公司财产贬值、流失、毁损或者灭失的损失范围内对公司债务承担赔偿责任。首先，该举证责任问题的提出是针对范某英、胡某生作为清算义务人未依法定期限履行清算义务，而广高公司作为公司债权人在这一过程中则无过错。其次，范某英、胡某生作为公司股东，对公司财产状况应当有最详细真实的了解，广高公司作为局外人，难以获取恒垄公司财产损失的具体情况。因此，范某英、胡某生应就其怠于履行清算义务的行为未对恒垄公司的财产造成损失举证，举证不能的应当承担相应的不利后果。范某英、胡某生关于广高公司应举证因怠于清算造成的损失范围的上诉理由不能成立。

根据《最高人民法院关于适用〈中华人民共和国公司法〉若干问题的规定（二）》第十八条第一款的规定，清算义务人的赔偿责任以其怠于清算导致的公司财产损失范围为限。但在清算义务人未能举证证明损失范围时，应承担无限赔偿责任。由于实际经营中的公司资产规模可能远远超过其注册资本，待清算的公司资产也有可能足够清偿公司债务。因此在清算义务人未举证其怠于清算造成的公司财产损失范围时，如果给其赔偿责任设置上限，将给清算义务人恶意不启动清算程序、转移公司财产以可乘之机。反之，对清算义务人课以无限赔偿责任，则能督促其主动履行清算义务，有利于保护公司债权人合法权益的实现，也有助于公司清算退出市场机制的运行。

清算义务人在法定期限内未启动清算程序，已经违反了公司法相关规定，应当举证其造成的公司财产损失范围并在范围内赔偿公司债务。清算义务人怠于清算的行为侵害了公司债权人的利益，公司债权人在清算义务人在损失范围内履行赔偿义务后仍有剩余债权未获清偿时，可继续在公司清算过程中申报债权。而在清算义务人不能举证其怠于清算给公司财产造成的损失时，因其承担无限赔偿责任，公司债权人可要求清算义务人就其全部债务进行赔偿。清算义务人此时再行启动清算程序的，不能免除其赔偿责任。

编写人：广东省广州市天河区人民法院　廖敏敏　陈策

56

金融不良债权转让后，是否承担担保责任

——刘某娜诉山东省桓台县果里镇人民政府等股东损害公司债权人利益责任案

【案件基本信息】

1. 裁判书字号

山东省淄博市中级人民法院（2017）鲁03民终第1916号民事判决书

2. 案由：股东损害公司债权人利益责任纠纷

3. 当事人

原告（上诉人）：刘某娜

被告（被上诉人）：山东省桓台县果里镇人民政府（以下简称果里镇政府）

被告：成某刚、耿某武

【基本案情】

原告刘某娜诉被告耿某武、成某刚、桓台县金海机械设备有限公司（以下简称金海公司）、桓台县周家镇农业机械管理站（以下简称周家农机站）、桓台县周家镇种子站（以下简称周家种子站）、桓台县周家镇人民政府（以下简称周家镇政府）借款担保合同纠纷一案，历经一审、二审、再审，2011年9月5日山东省淄博市中级人民法院作出（2011）淄民再终字第21号民事判决书，判决主要内容为：金海公司于该判决生效后十日内归还刘某娜借款本金300000元及利息427930元；桓台县周家镇种子站承担连带清偿责任；限耿某武、成某刚于该判决生效后一个月内成立金海公司清算组，并于该判决生效后三个月内清算完毕；限桓台县周家镇人民政府于该判决生效后一个月内成立桓台县周家镇种子站清算组，并于该判决生效后三个月内清算完毕。果里镇政府收到（2011）淄民再终字第21号民事判决书后，未在规定期限内成立周家种子站清算组。耿某武、成某刚也未成立金海公司清算

组。上述判决书生效后，刘某娜于2013年11月26日向桓台县人民法院申请执行该判决书所确定的内容。因（2011）淄民再终字第21号民事判决书作出时，周家镇政府已经被撤销合并到果里镇政府。2014年4月4日，山东省淄博市中级人民法院向桓台县人民法院发函通知该院在执行程序中直接将周家镇政府变更为果里镇政府。桓台县人民法院于2014年5月5日作出（2013）桓执字第847－2号执行裁定书，变更果里镇政府为被执行人。后刘某娜于2014年5月11日撤回该判决第三、四项（清算事项）的执行申请。

金海公司成立于1998年11月4日，董事长为耿某武，股东为耿某武、成某刚，该两被告均以实物资产作为对金海公司的出资。2006年12月28日被吊销营业执照。周家种子站成立于1987年11月18日，系集体所有制企业法人，主管部门为周家镇政府。2001年9月26日，周家种子站被吊销营业执照。2010年11月6日，淄博市人民政府下发了淄政发（2010）90号关于调整部分区县乡镇街道办事处行政区划的通知，撤销周家镇，将其原行政区域并入果里镇。刘某娜向一审法院起诉要求三被告赔偿因未在法定期限内清算给原告造成的损失1028466元。

【案件焦点】

金融不良债权转让后，原担保人的上级国家机关是否应承担相应的担保责任。

【法院裁判要旨】

山东省淄博市桓台县人民法院经审理认为：有限责任公司的股东未在法定期限内成立清算组开始清算，导致公司财产贬值、流失、毁损或者灭失，债权人主张其在造成损失范围内对公司债务承担赔偿责任的，人民法院应依法予以支持。耿某武、成某刚未按照（2011）淄民再终字第21号判决书履行成立金海公司清算组并清算完毕的义务，主观上存在不作为的过错，属滥用股东权利，并由此导致刘某娜本应受偿的合法债权得不到清偿，侵害了刘某娜的合法权益。因此二人已对刘某娜构成侵权，刘某娜诉求二人承担侵权赔偿责任应依法应予以支持，但是赔偿责任应在该侵权行为造成的损失范围内。耿某武、成某刚作为金海公司的股东，对公司的资产情况较债权人更为清楚，获取证据也更为方便，且只有股东组织了清算，债权人才能审查由于股东延误清算给其造成的实际损失，故耿某武、成某刚应就其怠于清算未给刘某娜造成全部损害承担举证责任。本案中耿某武、成某刚均未能提供上述证据，故应当承担刘某娜未能清偿部分的全部赔偿责任。本案中刘某娜诉求为侵权赔偿责任，并非违约责任，故刘某娜诉求以原借款合同约定的违约利率计算其受到的侵权损失，于法无据。且依据《最高人民法院关于涉及金融不良债权转让案件工作座谈会纪要》及《最高人民法院关于如何理解最高人民法院法发〔2009〕19号〈会议纪要〉若干问题的请示》之答复［（2009）民二他字第21号］的规定，受让人（非金融资产管理公司法人、自然人）向企业债务人主张不良债权受让之日后发生的利息的，人民法院不予支持。因（2011）淄民再终字第21号民事判决书已经对刘某娜未受清偿部分的本息作出判决，故刘某娜诉求赔偿损失，支持本金300000元，利息427930元，共计727930元。刘某娜诉求中的超出部分不予支持；（2011）淄民再终字第21号民事判决书已经以判决的形式确定了成某刚的股东身份及其应承担的清算义务，故成某刚辩称其是金海公司的临时工，其他情况并不了解，与本案没有关系的辩解意见，不予采信；本案中虽然果里镇政府未按照（2011）淄民再终字第21号民事判决书履行清算义务，但是果里镇政府作为涉案借款保证人的主管部门在未履行清算义务时，对借款人未清偿的债权承担直接赔偿责任并无法律依据。故刘某娜诉求果里镇政府承担直接赔偿责任于法无据，不予支持。据此，一审判决耿某武、成某刚赔偿刘某娜经济损失727930元。

刘某娜不服一审判决提起上诉称：（2011）淄民再终字第21号民事判决书已经明确判令果里镇政府应当履行清算义务，但在该文书生效后，其没有履行清算义务。一审法院审理时也已经认定果里镇政府未履行清算义务，因此应当依据该生效判决和《中华人民共和国公司法》规定判令果里镇政府承担赔偿责任。

山东省淄博市中级人民法院经审理认为：《中华人民共和国担保法》第八条规定，国家机关不得为保证人。既然不良债权转让合同中担保人为国家机关的无效，那么，在不良债权转让以后，要求国家机关承担相应的担保责任便无合同依据。因此，刘某娜要求果里镇政府变相承担担保责任，没有法律依据，不应得到支持。刘某娜的上诉请求不能成立，一审判决认定事实清楚，适用法律正确。

山东省淄博市中级人民法院判决：

驳回上诉，维持原判。

【法官后语】

本案是一起典型的金融不良债权转让后债权人要求国家机关变相承担担保责任的案件。本案中，借款人系周家农机站，担保人系周家种子站。现债权人刘某娜在担保人周家种子站已注销，在不能履行担保责任的情况下，以其现在的上级机关即果里镇政府未成立清算组、未履行清算义务为由要求其承担赔偿损失的责任，实质上是要求果里镇政府变相承担周家种子站应履行的担保义务。

《中华人民共和国担保法》第八条明确规定："国家机关不得为保证人，但经国务院批准为使用外国政府或者国际经济组织贷款进行转贷的除外。"因此根据法律规定，国家机关在通常情况下是不得作为保证人的，除非是经国务院批准为使用外国政府或者国际经济组织贷款进行转贷的情形。而本案显然也不存在这种除外情形。值得注意的是，在2009年，为认真落实中央关于研究解决金融不良债权转让过程中国有资产流失问题的精神，统一思想，明确任务，依法公正妥善地审理涉及金融不良债权转让案件，防止国有资产流失，保障金融不良债权处置工作的顺利进行，维护和促进社会和谐稳定，维护社会公共利益和相关当事人的合法权益，最高人民法院商有关部门形成了《关于审理涉及金融不良债权转让案件工作座谈会纪要》。其中确定对于金融资产管理公司转让不良债权存在债务人或者担保人为国家机关的，人民法院应当认定转让合同损害国家利益或社会公共利益或者违反法律、行政法规强制性规定而无效。根据以上规定，在国家机关作为保证人的都因违反法律强制性规定而无效的情形下，对于要求作为担保人的上级国家机关承担担保责任显然更是没有法律依据。因此，本案中由于果里镇政府并不是涉案借款合同的担保人，债权人刘某娜要求其替代下属单位周家种子站变相承担担保责任显然没有法律依据，其要求果里镇政府承担担保责任的主张依法不应得到支持。

编写人：山东省淄博市中级人民法院　荣明潇　孟庆红

57

瑕疵出资股权转让时受让方未尽到合理注意义务的，应对债权人承担连带责任

——中经信投资有限公司诉中国投融资担保股份有限公司、无锡国联实业投资集团有限公司股东损害债权人利益责任案

【案件基本信息】

1. 裁判书字号

北京市第一中级人民法院（2017）京01民终第6776号民事判决书

2. 案由：股东损害债权人利益责任纠纷

3. 当事人

原告（被上诉人）：中经信投资有限公司（以下简称中经信公司）

被告（上诉人）：中国投融资担保股份有限公司（以下简称中投保公司）

被告（被上诉人）：无锡国联实业投资集团有限公司（以下简称无锡国联公司）

【基本案情】

中经资产管理有限公司（以下简称中经公司）成立于1995年11月27日，注册资本5000万元人民币，创始股东（即发起人）共8个法人。中投保公司及中国技术创新有限公司（以下简称中创公司）、北京北辰创新高科技发展有限公司（以下简称北辰公司）系其中的三个发起人。中投保公司作为中经公司的主要创始大股东和发起人，占股30%。

1997年4月18日，中创公司与无锡国联公司的前身无锡国有资产投资开发总公司签订《出资转让协议》，将其对中经公司的出资500万元，转让给无锡国联公司。同年，北辰公司与无锡国联公司的前身无锡国有资产投资开发总公司签订《出资转让协议》，将其对中经公司的出资500万元，转让给无锡国联公司。此后，无

锡国联公司在中经公司占股20%。

2009年，北京市第二中级人民法院作出（2009）二中民初字第4429号民事判决书，判令中经公司于判决生效后十日内向中国东方资产管理公司北京办事处（以下简称东方资产北办）偿还借款本金4000万元及相应利息。后中国信达资产管理股份有限公司北京市分公司（以下简称信达北分）依法受让了上述债权。信达北分以中创公司与北辰公司作为创始股东，在设立中经公司时投入注册资金不实为由，申请追加中创公司和北辰公司为该执行案件的被执行人。2013年，北京市高级人民法院依法作出了（2013）高执复字第3号、第4号执行裁定书，确认追加中创公司和北辰公司为该执行案件的被执行人，其应各自在对中经公司出资不实的人民币500万元范围内向信达北分承担清偿责任。2013年，信达北分将上述债权转让给中经信公司。

中经信公司认为，中投保公司作为中经公司的主要创始大股东和发起人占股30%，应对中创公司和北辰公司未出资数额共计1000万元本息范围内向中经信公司承担连带补充赔偿责任。中创公司和北辰公司早在1997年4月就将自己持有的中经资产全部瑕疵股权（未实际出资）转让给了无锡国联公司，无锡国联公司应对中创公司和北辰公司未出资数额共计1000万元本息范围内向中经信公司承担连带补充赔偿责任，故诉至法院。

【案件焦点】

1. 中投保公司作为发起股东是否需要承担责任；2. 瑕疵股权受让中，“受让人对此知道或者应当知道”应由债权人承担举证责任还是受让方承担举证责任。

【法院裁判要旨】

北京市海淀区人民法院经审理认为：关于中经信公司要求中投保公司承担连带补充赔偿责任的法律依据问题。《中华人民共和国公司法》修订后，最高人民法院相关司法解释除规定因公司法实施前有关民事行为或者事件发生纠纷起诉到人民法院的，如当时的法律和司法解释没有明确规定时，可以参照适用公司法的有关规定。中经信公司依据现有的司法解释内容，要求中投保公司就北辰公司、中创公司对中经公司出资不实之补充赔偿责任承担连带责任，依据充分，予以支持。

关于中经信公司要求无锡国联公司承担连带补充赔偿责任的事实依据问题。关于无锡国联公司是否明知或应知的问题，在无锡国联公司对此明确予以否认的情况下，应由中经信公司举证证明无锡国联公司存在明知或应知北辰公司、中创公司出资不实而仍然愿意受让股权的情况存在。从中经信公司在本案中的举证情况来看，该公司并未就无锡国联公司对出资不实属于明知或应知状态提供充分有效的证据，仅凭出资转让协议本身并不足以证明无锡国联公司在受让股权时主观状态是否明知或应知。故中经信公司上述诉讼主张缺乏必要的证据支持，对其该项诉讼请求无法支持。

北京市海淀区人民法院依照《最高人民法院关于适用〈中华人民共和国公司法〉若干问题的规定（一）》第一条、第二条，《最高人民法院关于适用〈中华人民共和国公司法〉若干问题的规定（三）》第十三条第三款，《中华人民共和国民事诉讼法》第六十四条第一款之规定，判决如下：

一、自判决生效之日起七日内，中投保公司在中创公司未出资 500 万元本息范围内、北辰公司未出资 500 万元本息范围内，对中经公司、中机电公司在（2009）二中民初字第 4429 号民事判决书判决项下不能清偿部分的债务，向中经信公司承担连带补充赔偿责任（本金共计 1000 万元，利息按照中国人民银行同期贷款利率标准自 1995 年 11 月 27 日起计算至实际给付之日止）；

二、驳回中经信公司的其他诉讼请求。

中投保公司不服原审判决，提起上诉。北京市第一中级人民法院经审理认为：《最高人民法院关于适用〈中华人民共和国公司法〉若干问题的规定（三）》（以下简称《公司法解释三》）中对公司发起人对公司设立时未履行或者未全面履行出资义务的股东承担补充赔偿责任的内容作出了明确约定，体现了发起人的资本充实责任，是由公司设立者共同承担的相互担保出资义务履行的民事责任，是发起人的法定责任，也属无过错责任，只要存在资本不足的事实即可构成，公司设立者的全部或部分是否有过错在所不问，因此，中投保公司作为中经公司的发起人应当对另外发起人中创公司、北辰公司出资不实的法律责任承担补充赔偿责任。

中投保公司上诉称无锡国联公司应当承担相应的法律责任，无锡国联公司则认为一审法院未判决其承担责任的前提下，债权人中经信公司并未提出上诉，故中投保公司对此不具有上诉利益。对此，中经信公司起诉中投保公司和无锡国联公司的法律依据虽不相同，但均是基于中创公司和北辰公司出资不实的基本事实，因此无锡国联公司与中投保公司对债权人中经信公司来说应为债务人，故无锡国联公司是否承担本案债务对中投保公司承担债务的范围或产生实际影响，故中投保公司对无锡国联公司不承担赔偿责任的判决结果具有上诉利益。本案中，中创公司和北辰公司在未实际出资的情况下，分别将其持有的中经公司股权转让给无锡国联公司，现无锡国联公司已成为中经公司章程及工商登记中记载的现存股东，根据商事外观主义原则，在交易过程中具有公示公信力，对中经公司外部债权人形成了权利上的外观，相对第三人也有理由相信工商登记中的股东即为现实中的股东，从而基于信赖而为法律行为，其权利应受法律保护，虽然无锡国联公司否认其受让股权时知道中创公司和北辰公司出资不实的事实，但其未能举证证明其在受让股权之时尽到合理的审慎注意义务，一审法院未判决无锡国联公司承担补充赔偿责任有误，予以纠正。

北京市第一中级人民法院依照《最高人民法院关于适用〈中华人民共和国公司法〉若干问题的规定（一）》第一条、第二条，《最高人民法院关于适用〈中华人民共和国公司法〉若干问题的规定（三）》第十三条第三款、第十八条第一款，《中华人民共和国民事诉讼法》第六十四条第一款、第一百七十条第一款第（二）项之规定，判决如下：

一、撤销北京市海淀区人民法院（2015）海民（商）初字第24501号民事判决；

二、自判决生效之日起七日内，中投保公司在中创公司未出资500万元本息范围内、北辰公司未出资500万元本息范围内，对中经公司在（2009）二中民初字第4429号民事判决项下不能清偿部分的债务，向中经信公司承担补充赔偿责任（本金共计1000万元，利息按照中国人民银行同期贷款利率标准自1995年11月27日起计算至实际给付之日止）；

三、自判决生效之日起七日内，无锡国联公司在受让中创公司出资500万元本息范围内、北辰公司未出资500万元本息范围内，对中经公司在（2009）二中民初字第4429号民事判决项下不能清偿部分的债务，向中经信公司承担补充赔偿责任（本金共计1000万元，利息按照中国人民银行同期贷款利率标准自1995年11月27日起计算至实际给付之日止）；

四、驳回中经信公司的其他诉讼请求。

【法官后语】

本案涉及两个具有典型意义的法律问题需要予以厘定。

第一，发起股东承担的是无过错责任，不具有特殊免责情形。

《公司法解释三》第十三条第三款确立了发起人的资本充实责任，只要存在发起人出资不实，各发起人就需要对此承担连带缴足之义务，而发起人是否有过错则在所不问。当然，其他发起人承担相应责任后，可以向该股东追偿。因此，本案中中投保公司抗辩其已尽到自身的合理注意义务，无任何过错，并非免责事由，对其是否有过错也在所不问。中投保公司作为中经公司的发起人应当对另外发起人出资不实的法律责任一并承担赔偿责任。

第二，受让股东须对尽到合理注意义务承担举证证明责任。

《公司法解释三》第十九条第一款是关于瑕疵出资股权转让后出资责任承担的规定。瑕疵股权转让的，受让人不能以自身不知道或不应当知道出资瑕疵为由对抗公司债权人，除非能够证明自己尽到了合理注意义务。其一，该种举证证明责任的分配，实质上遵循了商事外观主义原则的需要。其二，受让股东相对于债权人来讲，对原股东的出资行为更应尽到合理的注意义务，且在一般商事交易中，受让股东都会对公司进行严格的尽职调查，包括各股东的出资情况。因此，将举证责任分配给受让股东更具有合理性。其三，该种举证责任并非典型的对不存在事实的举证责任，而是可以转换为对已经尽到合理注意义务的存在事实的举证责任，具有证明的可能性。

编写人：北京市第一中级人民法院　甄洁莹　郭帅

58

执行终结不应作为股东损害公司债权人利益责任纠纷诉讼时效的起算点

——北京联想诚纸业有限公司诉北京胜蓝明天科技发展有限公司等股东损害公司债权人利益责任案

【案件基本信息】

1. 裁判书字号

北京市第一中级人民法院（2017）京01民终第5661号民事判决书

2. 案由：股东损害公司债权人利益责任纠纷

3. 当事人

原告（被上诉人）：北京联想诚纸业有限公司（以下简称联想诚公司）

被告（上诉人）：北京胜蓝明天科技发展有限公司（以下简称胜蓝科技公司）、曹某群、王某

【基本案情】

联想诚公司诉称，其与胜蓝印刷公司一般买卖合同纠纷一案经北京市第二中级人民法院调解，双方同意由胜蓝印刷公司给付联想诚公司货款及违约金共计287993.92元。调解书生效后，胜蓝印刷公司拒不履行，联想诚公司依法申请强制执行。因胜蓝印刷公司无可供执行的财产，北京市朝阳区人民法院于2016年5月10日裁定终结本次执行程序。在执行程序中，胜蓝印刷公司因未在规定期限内申报企业年度年检，被吊销了营业执照，并被责令股东限期对公司进行清算。胜蓝科技公司、胜蓝广告公司、曹某群、王某作为清算义务人至今未对胜蓝印刷公司清算，导致胜蓝印刷公司的主要财产灭失、无法偿还债权人债务，应对胜蓝印刷公司的债务承担连带清偿责任。

被告胜蓝科技公司、胜蓝广告公司、曹某群、王某辩称，胜蓝印刷公司在2008年被吊销，其吊销15日之后的两年内联想诚公司应主张权利，现在已过诉讼时效。

北京市海淀区人民法院经公开审理查明：2007年6月22日，就联想诚公司诉胜蓝印刷公司一般买卖合同纠纷一案，双方达成调解协议，北京市第二中级人民法院作出（2007）二中民终字第10276号民事调解书，其后联想诚公司向北京市朝阳区人民法院申请强制执行。

2008年10月9日，北京市工商行政管理局作出京工商朝处字（2008）第D69640号行政处罚决定书，决定："吊销胜蓝印刷公司营业执照。胜蓝印刷公司应当依法进行清算，并到原登记机关办理注销登记。"

2016年5月10日，北京市朝阳区人民法院作出（2008）朝执字第03116号执行裁定书，认为在该院对被执行人财产调查后未发现可供执行财产，申请人亦无新执行财产线索提供并向该院申请终结该案本次执行程序，裁定："终结北京市第二中级人民法院作出的（2007）二中民终字第10276号民事调解书的本次执行程序。"

【案件焦点】

债权人对公司债务纠纷的强制执行作终结处理之日，能否作为债权人提起股东损害债权人利益责任纠纷案件的诉讼时效的起算时间。

【法院裁判要旨】

北京市海淀区人民法院经审理认为：诉讼时效期间从知道或者应当知道权利被侵害时计算，在胜蓝印刷公司被吊销营业执照时，（2008）朝执字第03116号案件尚未执行完毕，故联想诚公司当时并不知道其享有的债权无法实现，只有当上述案件经强制执行无法执行到财产，执行部门作出终结执行的裁定书后，联想诚公司才能知晓其权利已经被侵害，因此胜蓝科技公司、胜蓝广告公司、曹某群、王某主张从胜蓝印刷公司被吊销营业执照之日起算诉讼时效的期间的意见，于法无据，不予采纳。

北京市海淀区人民法院依照《中华人民共和国公司法》第二十条第三款、第一百八十条、第一百八十三条、第二百一十六条第（三）项，《最高人民法院关于适用〈中华人民共和国公司法〉若干问题的规定（二）》第十八条，《最高人民法院关于执行程序中计算迟延履行期间的债务利息适用法律若干问题的解释》第一条、第七条，《中华人民共和国民事诉讼法》第二百五十三条之规定，判决如下：

一、被告胜蓝科技公司、曹某群对胜蓝印刷公司在（2007）二中民终字第10276号民事调解书中所负债务承担偿还责任，即被告胜蓝科技公司、曹某群于本判决生效之日起十日内向原告联想诚公司给付货款、违约金共计287 993．92元以及迟延履行期间的债务利息；

二、驳回原告联想诚公司的其他诉讼请求。

胜蓝科技公司不服原审判决，提起上诉。北京市第一中级人民法院经审理认为：依据《中华人民共和国民法通则》第一百三十七条规定，该赔偿请求权的诉讼时效应当从权利人知道或者应当知道因公司股东不履行清算义务而致其债权受到损害之日起计算。依据《最高人民法院关于适用〈中华人民共和国公司法〉若干问题的规定（二）》第十八条第二款规定，债权人诉请股东对公司债务承担连带责任的前提基础是公司无法清算，故应当以债权人是否知晓公司无法清算且损害其利益为诉讼时效的起算点。而胜蓝科技公司是否能够清算，作为债权人的联想诚公司无从知晓。即便法院执行部门对胜蓝科技公司经强制执行未执行到财产而作出终结执行裁定书，但在发现被执行人的财产线索后仍然可能恢复执行程序，故法院出具的终结执行裁定也不足以作为诉讼时效的起算时间。胜蓝科技公司和曹某群该上诉意见缺乏法律依据，不予采信。

北京市第一中级人民法院判决：

驳回上诉，维持原判。

【法官后语】

诉讼时效制度的功能在于督促权利人及时行使请求权。本案诉讼时效的起算点应为债权人知道或者应当知道债务人股东怠于履行清算义务，导致公司主要财产、账册、重要文件等灭失，无法进行清算之时。法院裁定终结本次执行程序，并非意味着被执行人的财产已经全部灭失，而只是在当下的执行阶段法院经过财产调查未找到被执行人的财产。因此，以法院裁定终结本次执行程序的时间作为本案的时效起算时间确有不妥。

既然外部债权人不能通过法院执行情况得知公司财产状况，亦通常无法通过其他渠道获知公司到底能否清算，那么是否债权人主张权利的条件尚未成就、诉讼时效还未起算呢？对此，在股东怠于履行清算义务的情形下，清算赔偿责任是基于不作为的侵权行为而产生的，诉讼时效应当按照不作为的侵权行为计算。侵权人的不作为侵权行为一直持续，则被侵害的债权人可随时提起诉讼要求股东停止侵害和赔偿损失。依照《中华人民共和国公司法》规定，有限责任公司的股东应当于公司被吊销营业执照之日起十五日内成立清算组开始清算，本案工商行政部门向被告出具的行政处罚决定书也责令公司开展清算，而本案中作为清算义务人的股东并未在法定期限内开始清算，属于怠于履行清算义务，债权人有权要求主张其对公司债务承担责任。

此外从证明的角度看，股东主张诉讼时效已过，至少应举证证明外部债务人已经知道或应当知道下列内容的时间：（1）公司的营业执照被吊销；（2）公司股东未依法成立清算组；（3）因股东自身原因无法对公司进行清算；（4）债权人利益受到了损害。例如，股东未能举证证明上述内容，则其关于诉讼时效已过的主张，不能获得支持。

编写人：北京市海淀区人民法院　张烁

59

一人公司的股东财产独立的证明

——齐鲁银行股份有限公司天津分行诉爱康国宾健康体检管理集团有限公司股东损害公司债权人利益责任案

【案件基本信息】

1. 裁判书字号

北京市朝阳区人民法院（2016）京0105民初第41042号民事判决书

2. 案由：股东损害公司债权人利益责任纠纷

3. 当事人

原告：齐鲁银行股份有限公司天津分行（以下简称齐鲁银行天津分行）

被告：爱康国宾健康体检管理集团有限公司（以下简称爱康国宾公司）

【基本案情】

天津市第二中级人民法院于2015年2月3日对齐鲁银行天津分行与天津红鬃马医院投资管理有限公司、天津康盟医疗投资有限公司、赵某、上海铭源实业集团有限公司、红鬃马公司、合众公司金融借款合同纠纷一案作出（2014）二中保民初字第71号民事判决，判决红鬃马公司于判决生效后十五日内向齐鲁银行天津分行偿还贷款本金9690792.18元及利息；康盟公司、赵某、铭源公司、红鬃马门诊部、康盟门诊部承担连带给付责任，其承担连带给付责任后有权向红鬃马公司追偿。判决生效后，齐鲁银行天津分行申请强制执行，但因无财产可供执行，天津市第二中级人民法院裁定终结执行程序。

红鬃马门诊部公司类型为有限责任公司，股东为姚某和潘某霞。2015年2月17日，红鬃马门诊部股东变更为爱康国宾公司，成为一人有限责任公司。2015年5月8日，红鬃马门诊部变更名称为东润门诊部。康盟门诊部公司类型为有限责任公司，股东为姚某和潘某霞。2015年2月17日，康盟门诊部股东变更为爱康国宾公司，成为一人有限责任公司。2015年5月5日，康盟门诊部申请变更名称为峰汇门诊部。

东润门诊部2014年度和2015年度审计报告、峰汇门诊部2014年度和2015年度审计报告、爱康国宾公司2014年度和2015年度审计报告中的审计意见均为鉴证对象的财务报表已经按照企业会计准则和《企业会计制度》的规定编制，在所有重大方面公允反映了鉴证对象在审计年度内的财务状况以及经营成果和现金流量。审计机构未对鉴证对象的财务提出任何保留意见或者否定意见。齐鲁银行天津分行不认可审计报告，申请对爱康国宾公司与东润门诊部、峰汇门诊部的财产是否发生混同进行司法审计，爱康国宾公司按照审计机构的要求提供了审计资料，并经过齐鲁银行天津分行的质证。在审计过程中，齐鲁银行天津分行拒绝向审计机构支付审计费用，致使审计工作无法继续进行，审计机构决定终止审计工作，退回审计资料。

【案件焦点】

爱康国宾公司提交该公司、东润门诊部和峰汇门诊部的审计报告是否已经完成财产独立的举证责任。

【法院裁判要旨】

北京市朝阳区人民法院经审理认为：《中华人民共和国公司法》第六十三条规

定，一人有限责任公司的股东不能证明公司财产独立于股东自己的财产的，应当对公司债务承担连带责任。依据该条规定，公司股东应当对其财产与公司财产没有发生混同承担举证责任。本案中，东润门诊部和峰汇门诊部在 2015 年 2 月 17 日变更为一人有限责任公司，爱康国宾公司成为其唯一股东，故爱康国宾公司应当举证证明自 2015 年 2 月 17 日开始其财产独立于东润门诊部和峰汇门诊部。爱康国宾公司在庭审中提交的东润门诊部 2015 年度审计报告、峰汇门诊部 2015 年度审计报告和爱康国宾公司 2015 年度审计报告中，审计意见均为标准的无保留意见，客观描述了东润门诊部、峰汇门诊部和爱康国宾公司的财务资料均符合《会计准则》和《企业会计制度》的规定，没有发现东润门诊部、峰汇门诊部与爱康国宾公司存在财产混同等违法违规情形。因此，爱康国宾公司提交的审计报告足以证明其财产与东润门诊部的财产或峰汇门诊部的财产相互独立，没有混同的现象。齐鲁银行天津分行认为爱康国宾公司提交的审计报告不具有真实性，但其并未提交相反证据予以证明，法院对此不予采信。另外，齐鲁银行天津分行在司法审计过程中拒绝支付审计费用，致使审计工作无法开展，故其应当承担不利的法律后果。至于齐鲁银行天津分行提出的爱康国宾公司没有提交 2016 年度审计报告的辩论意见，法院认为，爱康国宾公司称系因本案的司法审计导致其自行委托的审计机构无法按时出具 2016 年度审计报告，该理由具有合理性，法院予以认可。爱康国宾公司提交的 2015 年度的审计报告已经足以证明其财产独立于东润门诊部和峰汇门诊部，故法院对齐鲁银行天津分行的主张不予支持。由于齐鲁银行天津分行缺乏充分的相反证据证明爱康国宾公司与东润门诊部、峰汇门诊部存在财产混同的现象，故其要求爱康国宾公司对东润门诊部和峰汇门诊部的债务承担连带责任的诉讼请求缺乏事实依据，法院不予支持。

北京市朝阳区人民法院依照《最高人民法院关于适用〈中华人民共和国民事诉讼法〉的解释》第九十条第一款之规定，判决如下：

驳回原告齐鲁银行天津分行的全部诉讼请求。

【法官后语】

由于信用体系的缺失和公司信息的不透明，一人有限责任公司的股东与公司在财产上、行为上极易发生混同，债权人的知情权与公平交易权也很容易受到侵害。

为降低交易风险、维护交易安全，《中华人民共和国公司法》第六十三条设计了法人资格滥用推定制度，由股东举证证明其个人财产独立于公司财产。

本案在审理过程中，通过正面肯定的方式，明确一人有限责任公司的股东只要能够提交载有“无保留意见”的审计报告，则视为股东完成举证义务。之所以载有“无保留意见”的审计报告可以证明股东的财产独立于公司的财产，原因有三方面：一是审计报告是注册会计师依照独立审计准则的要求，在遵守相关法律法规的情况下作出的，应当具有相应的法律效力。二是“无保留意见”是注册会计师对被审计单位的财务进行审查后，确认被审计单位采用的会计处理方法遵循会计准则和有关规定，会计报表反映的内容符合被审计单位的实际情况，会计报表内容完整、表述清楚、无重要遗漏，能够满足非特定多数利害关系人的共同需要以后而出具的。三是股东能够提交审计报告意味着公司已经按照《中华人民共和国公司法》的要求编制了财务会计报告，公司的财务管理符合法律要求。在股东提交审计报告后，如果债权人对该报告持否定意见，则相应的举证责任转移至债权人，债权人可以通过举出反证证明或者申请司法专项审计证明股东与公司有财产混同现象。当然，股东应当在司法审计中配合审计工作，积极提供相关审计资料，如果因股东无法提供审计资料而导致无法审计的，则股东应当承担相应的法律后果。

编写人：北京市朝阳区人民法院　代策

60

关于指向同一事实证据证明力的探讨

——林某杰诉戴某江等股东损害公司债权人利益责任案

【案件基本信息】

1. 裁判书字号

浙江省台州市中级人民法院（2017）浙10民终第2014号民事判决书

2. 案由：股东损害公司债权人利益责任纠纷

3. 当事人

原告（上诉人）：林某杰

被告（被上诉人）：戴某江、周某光、朱某平、陈某星、张某玮

【基本案情】

债务人箭驰公司是2013年3月20日在玉环县市场监督管理局经企业登记注册而成立的私营有限责任公司，经台州宏诚会计师事务所有限公司对注册资本的实收情况进行审验，箭驰公司成立时的股东是张某玮、陈某星、朱某平、戴某江、周某光，各股东均以货币出资，一次缴足应缴注册资本人民币1000万元。后于2013年7月13日箭驰公司的部分股东、股份发生变化，案外人张某某受让原股东张某玮的全部股份，成为箭驰公司股东，并担任公司法定代表人。由于债务人箭驰公司应当偿还在2013年11月至2014年1月向原告林某杰的三笔借款合计人民币220万元及利息而经法院强制执行无果，故原告诉请箭驰公司的股东在应当认缴注册资本而未出资的范围内承担补充赔偿责任。被告陈某星、朱某平、周某光以公司股东已缴足应缴注册资本为由而拒绝承担补充赔偿责任。

【案件焦点】

债权人以公司部分股东在他案中的自认行为为由诉请被告作为债务人的股东在出资不足范围内承担补充赔偿责任，因该证据证明力不及验资报告，原告是否应承担举证不力的法律后果。

【法院裁判要旨】

浙江省玉环市人民法院经审理认为：被告陈某星、朱某平、周某光辩称以公司股东已缴足应缴注册资本为由而拒绝承担补充赔偿责任，并辩称箭驰公司根本没有收到原告的借款，原告也根本没有向箭驰公司交付借款。本案原告林某杰与债务人箭驰公司的民间借贷纠纷一案，有原告提供的生效的民事判决予以证实，不是本案讼争审理范围。对债务人箭驰公司的股东是否存在注册资本不足，是本案纷争裁判的首要条件。现双方各自提供相应能力的证据用以证明各自的主张，以致发生证据证明力的碰撞，其不同的证据价值取向直接影响裁判。原告林某杰提供的（2015）台玉商初字第2870号民事判决书是以另案中本案被告陈某星与案外人张某某之间

公司股权转让纠纷诉讼为起始，所附的证据亦是股东之间关于公司的股份处分事宜，没有涉及公司注册资本真实情况，且以股东自认为主形成书面协议，也没有按照协议约定进行工商行政管理变更登记确认。因该案审理没有涉及公司注册资本，当事人对此亦无异议，且以均出资50%为前提进行公司内部股份处分，对各股东而言亦是机会权利均等。在审理该案时，因其不是纠纷裁判的事项且案件当事人对此均予自认，于是相应地将当事人陈述公司注册资本各股东实际均出资50%的意见描述在该案民事判决书中，并且本案被告当庭否认原告所诉出资不足的事实及对另案中出现所谓实际出资仅50%的产生经过作出合理解释。故被告辩称原告提供的（2016）浙1021民初1439号民事判决书，其本质意义上仍属于言词证据的意见，予以采纳。被告提供的验资报告，是会计师事务所出具的证明资金真实性的文件，表明公司注册资本数额的合法证明，用于证实被告一次缴足应缴注册资本；被告提供的审计报告，是对债务人箭驰公司财务报表合法性和公允性发表审计意见的书面文书，用于证实在经营过程中债务人箭驰公司不存在注册资本不足的事实，以加强其提交的验资报告。原告对被告提供的该二项证据否认，但其没有提交相反证据，故对被告提供的验资报告及审计报告中的有关注册资本缴付部分，予以采信。综观原、被告提供的证据证明力分析，被告提供证据属于实物证据范畴，更具客观、固定、可靠性。原告诉请的是公司股东出资不足承担赔偿责任，应当以债务人箭驰公司登记成立时的状况为时间节点，此后的情形，应当由原告通过提起债务人箭驰公司清算之诉获得救济。故对原告的申请，不予准许。

浙江省玉环市人民法院依照《中华人民共和国民事诉讼法》第六十四条第一款，判决如下：

驳回原告林某杰的诉讼请求。

浙江省台州市中级人民法院经审理认为：上诉人二审期间变更诉称的事实理由及请求权基础，已超出了本案二审的审理范围，不予审查。综上所述，上诉人林某杰的上诉请求不能成立，不予支持。一审判决认定事实清楚，适用法律正确，应予维持。

浙江省台州市中级人民法院依照《中华人民共和国民事诉讼法》第一百七十条第一款第（一）项，判决如下：

驳回上诉，维持原判。

【法官后语】

本案中，原告提供了玉环市人民法院（2015）台玉商初字第2870号起诉状及所附股权转让协议、退股协议和（2015）台玉商初字第2870号民事判决书，是以他案中本案被告陈某星与案外人张某某之间公司股权转让纠纷诉讼为起始，以股东自认为主形成的书面协议，没有涉及公司注册资本真实情况。且玉环市人民法院在审理该案时，因不是裁判纠纷的事项且案件当事人对此均予以自认，故将各股东实际出资50%的意见描述在判决书中。从法理上来说，该自认仍属于诉讼外的自认，原告诉请各股东在箭驰公司注册时仅出资50%还需提供其他证据予以佐证。

结合本案案情，原告提供的各被告之间的股权转让协议及退股协议虽披露五被告只按认缴额的50%实际出资，但并没有按照协议约定进行工商行政管理变更登记确认。而被告提供的公司注册成立时台州宏诚会计师事务所有限公司出具的验资报告（2013年3月20日），证实箭驰公司成立时，五被告一次缴足应缴注册资本人民币1000万元，箭驰公司不存在注册资本没有缴足的情形。且原告未能提供证据证明被告在提交验资报告时存在虚假验资情形，或者其他证据足以推翻验资报告的效力，法院无法据此认定箭驰公司成立时存在注册资本不足，也就无法认定箭驰公司股东出资不足损害公司债权人利益。

编写人：浙江省玉环市人民法院　陈芳

九、公司破产、解散和清算

61

主债权未过诉讼时效，抵押权是否应支持

——四川广汉农村商业银行股份有限公司诉四川省泸州市叙永县金虹肥业有限责任公司破产债权确认案

【案件基本信息】

1. 裁判书字号

四川省泸州市叙永县人民法院（2018）川0524民初第442号民事判决书

2. 案由：破产债权确认纠纷

3. 当事人

原告：四川广汉农村商业银行股份有限公司

被告：四川省泸州市叙永县金虹肥业有限责任公司

【基本案情】

2013年2月1日，四川广汉农村商业银行股份有限公司与广汉某某公司签订《流动资金借款合同》，约定广汉某某公司向四川广汉农村商业银行股份有限公司借款10000000元，还款时间为2014年1月31日。同日，四川省泸州市叙永县金虹肥业有限责任公司与四川广汉农村商业银行股份有限公司签订《抵押合同》，约定以其10T锅炉等机器设备3572台（件、套）为广汉某某公司的前述借款提供抵押担保，并办理了动产抵押登记。因广汉某某公司未按约向四川广汉农村商业银行股份有限公司偿还前述借款，四川广汉农村商业银行股份有限公司以广汉某某公司、

四川省泸州市叙永县金虹肥业有限责任公司、陈某某、李某某、陈某庆为被告提起诉讼，诉讼请求为：1. 判令被告广汉某某公司立即归还借款本金 10000000 元及利息；2. 判令四川省泸州市叙永县金虹肥业有限责任公司、陈某某、李某某、陈某庆承担连带还款责任……四川省德阳市中级人民法院于 2015 年 5 月 5 日受理了四川广汉农村商业银行股份有限公司提起的诉讼，并于 2016 年 3 月 16 日作出民事判决，判决内容为："一、被告广汉某某公司于本判决生效之日起三十日内向四川广汉农村商业银行股份有限公司归还借款本金 10000000 元及利息；二、被告陈某某、李某某、陈某庆对被告广汉某某公司应承担的上述债务承担连带保证责任；三、驳回四川广汉农村商业银行股份有限公司的其他诉讼请求。"四川省德阳市中级人民法院作出判决后，前述涉案被告未按判决偿还借款，四川广汉农村商业银行股份有限公司向四川省德阳市中级人民法院申请执行。2016 年 6 月 27 日，四川省德阳市中级人民法院受理四川广汉农村商业银行股份有限公司申请执行广汉某某公司、四川省泸州市叙永县金虹肥业有限责任公司、李某某、陈某某、陈某庆金融借款合同纠纷案。

四川省泸州市叙永县金虹肥业有限责任公司已进入破产程序，四川广汉农村商业银行股份有限公司于 2016 年 12 月 21 日向四川省泸州市叙永县金虹肥业有限责任公司致函，请求确认对 3572 台（件、套）机器设备的抵押合法有效，对抵押物处置价款享有优先受偿权，破产管理人认为主债权的诉讼时效期间为 2014 年 1 月 31 日至 2016 年 1 月 31 日，四川广汉农村商业银行股份有限公司未在主债权诉讼时效期间内行使抵押权，其抵押权已消灭。四川广汉农村商业银行股份有限公司遂提出诉讼请求：确认对四川省泸州市叙永县金虹肥业有限责任公司所有的 10T 锅炉等机器设备 3572 台享有优先受偿权，并有权就前述抵押物拍卖、变卖所得价款在抵押担保债权范围内优先受偿。

【案件焦点】

四川广汉农村商业银行股份有限公司主张的优先受偿权是否符合法律规定，是否应予支持。

【法院裁判要旨】

四川省泸州市叙永县人民法院经审理认为：《中华人民共和国物权法》第一百

七十七条规定："有下列情形之一的，担保物权消灭：（一）主债权消灭；（二）担保物权实现；（三）债权人放弃担保物权；（四）法律规定担保物权消灭的其他情形。"本案并未存在前三种导致担保物权消灭的情形。《中华人民共和国物权法》第二百零二条规定："抵押权人应当在主债权诉讼时效期间行使抵押权；未行使的，人民法院不予保护。"依据物权法原理，诉讼时效并不适用抵押权，将《中华人民共和国物权法》第二百零二条的规定理解为抵押权随主债权诉讼时效的经过而消灭更为恰当，故《中华人民共和国物权法》第二百零二条应视为《中华人民共和国物权法》第一百七十七条第（四）项规定的情形。换言之，如果主债权诉讼时效一直没有届满，则抵押权一直存续而未消灭。《流动资金借款合同》约定还款期限为2014年1月31日，主债权的诉讼时效届满日期为2016年1月31日。2015年5月5日前，四川广汉农村商业银行股份有限公司对广汉某某公司、四川省泸州市叙永县金虹肥业有限责任公司等提起诉讼，四川广汉农村商业银行股份有限公司对广汉某某公司的诉讼时效已中断。四川省德阳市中级人民法院于2016年3月16日作出民事判决后，主债权诉讼时效又重新开始计算。2016年6月27日，四川省德阳市中级人民法院受理四川广汉农村商业银行股份有限公司申请执行广汉某某公司、四川省泸州市叙永县金虹肥业有限责任公司等金融借款合同纠纷案，四川广汉农村商业银行股份有限公司对广汉某某公司的诉讼时效再次中断。故四川广汉农村商业银行股份有限公司于2016年12月21日致函，请求确认对3572台（件、套）机器设备的抵押合法有效，对抵押物处置价款享有优先受偿权时，四川广汉农村商业银行股份有限公司对广汉某某公司的主债权诉讼时效并未经过，抵押权并未过期间。

四川省泸州市叙永县人民法院依照《中华人民共和国企业破产法》第五十八条规定，判决如下：

确认在四川省德阳市中级人民法院（2015）德民二初字第90号民事判决书确认的广汉市农村信用合作联社对四川省广汉路桥工程有限公司享有的债权范围内，原告四川广汉农村商业银行股份有限公司有权以被告四川省泸州市叙永县金虹肥业有限责任公司所有的3572台（件、套）机器设备［登记编号为川工商泸叙抵字（2013）第5号动产抵押物清单所记载］折价或者拍卖、变卖后所得价款优先受偿。

【法官后语】

本案处理的重点是抵押权的行使期限与存续期限问题。四川广汉农村商业银行股份有限公司在主债权诉讼时效内提起诉讼，致诉讼时效发生中断，后又在主债权诉讼时效内申请执行。诉讼时效的效力在强制执行过程中继续存在，申请强制执行对已判决债权具有诉讼时效中断的效力。依据《中华人民共和国民事诉讼法》第二百三十九关于“申请执行的期间为二年。申请执行时效的中止、中断，适用法律有关诉讼时效中止、中断的规定”，生效裁判文书所确定的债权也应适用诉讼时效期间的规定。故四川广汉农村商业银行股份有限公司的主债权诉讼时效期间一直未届满，其抵押权也未消灭，其请求对于3572台（件、套）机器设备的抵押享有优先受偿权应予支持。

编写人：四川省泸州市叙永县人民法院　莫薇

62

公司解散纠纷诉讼案件的裁判思路

——白某莉诉宜昌市金海岸物流有限责任公司公司解散案

【案件基本信息】

1. 裁判书字号

湖北省宜昌市中级人民法院（2017）鄂05民终第2749号民事判决书

2. 案由：公司解散纠纷

3. 当事人

原告（被上诉人）：白某莉

被告（上诉人）：宜昌市金海岸物流有限责任公司（以下简称金海岸物流公司）

第三人（上诉人）：李某成

【基本案情】

被告金海岸物流公司是2006年3月登记成立的自然人出资有限责任公司，公司章程记载，公司经营范围为普通货物仓储、装卸、搬运及运输信息服务，矿产品、化工建材、机电设备、工程机械销售等；公司注册资本为100万元，白某莉及李某成分别出资50万元，持股比例各为50%，李某成为公司法定代表人；公司章程规定，股东由全体股东组成，股东会会议分为定期会议和临时会议，定期会议应每季召开一次，临时会议由代表十分之一以上表决权的股东、执行董事、监事提议方可召开。公司成立初期，因公司经营物流运输装卸业务需要，原告白某莉先后联系购买了地磅、涵管等经营设备并办理公司年检等事宜。自2007年起，原告白某莉安排到公司工作的财务管理人员等先后被李某成辞退，此后，原告白某莉与第三人李某成之间产生分歧，原告白某莉未能再参与公司的经营管理。2017年春节前，经原告白某莉多次索要，第三人李某成给付原告白某莉红利20万元。2017年4月12日，原告白某莉以公司未召开股东会，经营管理发生严重困难为由，诉至法院，请求判令解散公司。

被告金海岸物流公司自2006年3月登记成立以来，未在工商部门办理过任何变更登记，公司股东现仍为原告白某莉及第三人李某成，公司的每年度年检结果正常。2014年度至2017年度的公司水路运输装卸作业通知单显示，公司一直处于正常经营状态。另查明，被告金海岸物流公司自2006年3月登记成立至今未召开过股东会。

【案件焦点】

被告金海岸物流公司是否具备法定解散条件。

【法院裁判要旨】

湖北省宜昌市夷陵区人民法院经审理认为：被告金海岸物流公司经营管理已经发生严重困难：一是被告金海岸物流公司的最高权力机构股东会长期无法履行职能。根据公司章程的规定，金海岸物流公司股东会是公司最高权力机构，但公司自2006年3月登记成立至今未召开过股东会，股东会在长达十年的时间内未能履行公司章程规定的相关职能。二是被告金海岸物流公司股东之间的分歧和冲突长期无法解决。原告白某莉作为公司股东之一仅在公司成立之初履行了部分经营管理职能，自原告白某莉安排到公司工作的生产人员、财务管理人员等先后被李某成辞退后，原告白某莉未能再参与公司的经营管理。此后，原告白某莉与第三人李某成之间产生分歧，双方仍未能就公司的经营管理达成一致。三是公司继续存续会使公司股东权益受到重大损失。一方面，股东的投资长期未能获得回报，已经造成股东经济利益的重大损失；另一方面，白某莉作为公司股东却未能享有适当的公司经营决策、管理和监督的股东权利，其股东权益受到重大损失。四是经过多方努力无法解决公司僵局。被告金海岸物流公司股东间发生分歧后，原告白某莉与第三人李某成通过多种途径始终未能得到化解。被告金海岸物流公司已陷入公司僵局并由第三人李某成单方经营管理长达十年，经营管理发生严重困难，继续存续会使股东利益受到重大损失，且通过其他途径也无法解决，原告白某莉作为持有公司50%股份的股东，提出解散被告金海岸物流公司的请求，符合《中华人民共和国公司法》第一百八十二条的规定。

湖北省宜昌市夷陵区人民法院依照《中华人民共和国公司法》第一百八十二条，《最高人民法院关于适用〈中华人民共和国公司法〉若干问题的规定（二）》第一条、第五条第一款以及《中华人民共和国民事诉讼法》第一百四十二条之规定，判决解散金海岸物流公司。

被告金海岸物流公司、第三人李某成提起上诉。湖北省宜昌市中级人民法院经审理认为：第一，从工商登记来看，金海岸物流公司于2006年3月初始登记成立时，公司股东为李某成和白某莉，两人各持股50%，至今持股比例及其他事项未作任何变更，该股东登记具有对外公示的法律效力。第二，金海岸物流公司的公司章程中有公司股东李某成和白某莉的签名，公司章程上的“白某莉”虽不是其本人所签，但白某莉委托陈智雄（白某莉之夫）在公司章程上代为签字，并不违反法律规定。第三，湖北昌耀新材料股份有限公司出具的证明及该公司的财务账目记录明细，以及证人张渝及其他证人的证言可以形成证据链，证实在金海岸公司成立初期，因经营需要，白某莉出资购买了经营设备，履行了出资义务。第四，关于白某莉行使股东权利的情况。经查，金海岸物流公司2006年度、2007年度的公司年检报告书均由白某莉委托陈智雄编制填写，并报送登记机关进行年检登记；2017年春节前，经白某莉索要，李某成向白某莉支付20万元红利，上述事实可以证实白某莉在公司成立初期参与了公司的经营管理，行使过股东权利。综上，从工商登记、公司章程、出资情况、股东行使权利等因素分析，白某莉具备金海岸物流公司的股东资格，且享有50%的股权，有权提起公司解散之诉。

关于金海岸物流公司是否具备解除条件的问题。金海岸公司公司章程规定："股东会会议应对所议事项作出决议。股东会会议分为定期会议和临时会议。定期会议应每季度召开一次，临时会议由代表十分之一以上表决权的股东、执行董事、监事提议方可召开。"因公司仅有李某成和白某莉两名股东，两人各占50%的股份，只要两名股东的意见存在分歧、互不配合，就无法形成有效表决，不能依照公司章程规定对公司的经营作出决策，显然影响公司的运营。事实上，金海岸物流公司从成立以来，从未召开过股东会，未形成过任何决议，未通过股东会决议的方式管理公司，股东会机制已经失灵，即使尚未处于亏损状况，也不能改变该公司的经营管理已发生严重困难的事实。由于金海岸物流公司的内部运营机制早已失灵，致白某莉的股东权长期处于无法行使的状态，其投资金海岸物流公司的目的无法实现，利益受到重大损失，且金海岸物流公司的僵局通过其他途径长期无法解决。金海岸物流公司符合法律规定的解散条件，一审判决确定解散金海岸物流公司并无不当。

湖北省宜昌市中级人民法院判决：

驳回上诉，维持原判。

【法官后语】

本案中，原告白某莉具备金海岸物流公司的股东资格，享有50%的股权，符合《中华人民共和国公司法》第一百八十二条规定的持股条件，其有权提起公司解散纠纷诉讼。金海岸公司仅有李某成和白某莉两名股东，两人各占50%股份，因两名股东长期存在意见分歧、互不配合，金海岸物流公司从成立以来，从未召开过股东会，未形成过任何决议，未通过股东会决议的方式管理公司，作为金海岸物流公司的最高权力机构股东会已经失灵，即使尚未处于亏损状况，也不能改变该公司的经营管理已发生严重困难的事实。从股东利益的两个方面来看，虽然金海岸物流公司在股东李某成长达十年的单方经营管理中一直处于正常经营状态，但股东的投资长期未能获得回报，另外，由于金海岸物流公司的内部运营机制早已失灵，原告白某莉作为公司股东长期未能享有公司经营决策、管理和监督的股东权利，其股东权益受到重大损失。关于金海岸物流公司的僵局是否通过其他途径长期无法解决。本案中，金海岸物流公司的股东间发生分歧后，白某莉与李某成两股东在诉讼前通过多种途径始终未能得到化解。案件审理过程中，一审、二审法院也多次组织双方当事人进行调解，双方不能达成一致意见，且金海岸物流公司因政策原因事实上已停止经营。

综合以上因素，金海岸物流公司已陷入公司僵局长达多年，经营管理发生严重困难，继续存续会使股东利益受到重大损失，且通过其他途径也无法解决，原告白某莉作为持有公司50%股份的股东，提出解散金海岸物流公司的请求，符合《中华人民共和国公司法》第一百八十二条的规定，本案一审判决解散金海岸物流公司，二审予以维持，可见一审判决确定解散金海岸物流公司并无不当。

编写人：湖北省宜昌市夷陵区人民法院　江青青

63

公司权力机构虚设求解散，法院审慎依规释法予支持

——刘某诉信宜市某某房地产开发有限公司公司解散案

【案件基本信息】

1. 裁判书字号

广东省茂名市中级人民法院（2017）粤09民终第1864号民事判决书

2. 案由：公司解散纠纷

3. 当事人

原告（被上诉人）：刘某

被告（上诉人）：信宜市某某房地产开发有限公司（以下简称信宜某某房地产公司）

第三人：邱某某

【基本案情】

信宜某某房地产公司由刘某与邱某某共同出资成立。公司章程载明：公司注册资本为100万元；公司股东共2个，分别是邱某某、刘某；邱某某以货币出资70万元，占注册资本70%，刘某以货币出资30万元，占注册资本30%等内容。2015

年4月25日，该公司通过股东会表决选举邱某某为公司执行董事（法定代表人）兼经理，任期三年。选举刘某为公司监事，任期三年。2014年4月26日，刘某与邱某某签订《合作开发土地项目协议书》，后刘某与邱某某在履行该协议的过程中发生纠纷。信宜某某房地产公司的档案资料及公司印章均由邱某某保管，且信宜某某房地产公司自2014年4月25日成立后，没有召开过股东会议，在公司的执行董事、法定代表人、经理、监事的任期届满后，也未通过召开股东会进行选举。信宜某某房地产公司自成立后，仅有工商登记，没有办事机构及办事人员，也没有相应的财务管理制度。刘某以公司从未召开过股东会议及公司经营管理发生严重困难为由，主张解散信宜某某房地产公司。信宜某某房地产公司不同意刘某的诉讼请求。

【案件焦点】

信宜某某房地产公司是否经营管理已经发生严重困难。

【法院裁判要旨】

广东省信宜市人民法院经审理认为：信宜某某房地产公司的经营管理已经发生严重困难。原因有三：一是信宜某某房地产公司的最高权力机构股东会长期无法履行职能。自信宜某某房地产公司成立之初召开过股东会选举相应机构外，再没有召开过股东会，即使在执行董事、法定代表人、经理、监事的任期届满以及两位股东之间就信宜某某房地产公司的开发土地发生多起诉讼的情况下，信宜某某房地产公司的两位股东即刘某、邱某某都没有提出召开股东会来协商解决上述纠纷。股东会在公司成立后的长时间内未能履行公司章程规定的职能。二是公司股东之间的冲突长期无法解决。公司的两位股东即刘某、邱某某因合作开发的涉案土地而产生纠纷，长期相互诉讼，两位股东从未就该问题提出召开股东会来协商解决，双方也未通过其他方式来解决争议，股东之间的争议一直存在。三是公司章程规定的公司经营管理模式成为空设。信宜某某房地产公司自成立以来，未进行过任何的经营活动，未按照章程的规定设立财务会计制度及用工制度。且由于信宜某某房地产公司的印章由邱某某保管，导致关于信宜某某房地产公司的事宜由邱某某一人处理，即使是对外诉讼也是在未召开股东会讨论决定的情况下由邱某某一人决定，致使信宜某某房地产公司的股东会形同虚设。最后，在刘某诉至法院要求解散信宜某某房地产公司后，经过法院主持调解无法解决上述问题。信宜某某房地产公司的经营管理发生严重困难，继续存续会使股东利益受到重大损失，且无法通过其他途径予以解决，故对持有公司全部股东表决权 30% 的刘某提出解散信宜某某房地产公司的请求，依法予以准许。

广东省信宜市人民法院依照《中华人民共和国公司法》第一百八十二条，《中华人民共和国民事诉讼法》第一百四十四条之规定，判决如下：

解散信宜某某房地产公司。

信宜某某房地产公司不服原审判决，提起上诉。

广东省茂名市中级人民法院作出终审判决：

驳回上诉，维持原判。

【法官后语】

本案中，信宜某某房地产公司只有两位股东，且两股东间的冲突一直无法调和，致使该公司持续两年以上无法召开股东会，而股东之间的冲突也无法通过股东会进行解决，使该公司的经营管理模式成为空设。信宜某某房地产公司曾经以公司仍处于正常运作中并正通过诉讼维护自身的合法权益为由，证明其不存在经营管理发生严重困难，这是一个混淆概念的问题。公司经营管理与公司经营存在亏损是两个不同的概念。公司经营亏损是指公司财务出现困难，而公司经营管理出现严重困难的侧重点不在于公司的财务，而是经营管理方面的困难。如果公司权力机构运行正常，即使财务出现困难，还是有可能摆脱困境的。而因股东间的长期冲突不召开股东会，足以影响该公司的经营管理，以致其经营管理发生严重困难。这正是两者的不同之处。

审理本案的过程中，法院也试图为当事人协商调解，但当事人不能以收购股份或减资等方式致使公司存续，故应及时判决解散信宜某某房地产公司，避免出现久调不决的状态而损害各方的利益。

本案虽看似简单，却是现今经济高速发展的滞后产物，它代表的是一类的案件。就如本案中信宜某某房地产公司就只有两个股东，在这个情形下很容易对公司的权力机构股东会议不予重视，而发生像邱某某一人控制公司的状态。股东间的矛盾与纠纷不能通过公司股东会去解决，股权少的股东为了维护自身的利益，只能寻求法律的帮助，解散公司。

编写人：广东省信宜市人民法院 黄方强

64

股东能否以公司法定代表人被限制人身自由请求解散公司

——白某诉绍兴柯桥欧华汽车电器有限公司公司解散案

【案件基本信息】

1. 裁判书字号

浙江省绍兴市中级人民法院（2017）浙 06 民终第 1710 号民事判决书

2. 案由：公司解散纠纷

3. 当事人

原告（上诉人）：白某

被告（被上诉人）：绍兴柯桥欧华汽车电器有限公司（以下简称欧华公司）

【基本案情】

欧华公司于 2006 年 11 月 3 日设立经营，后公司名称、股东等事项经历了变更。现登记的注册资本为 5000 万元，股东为董某荣及白某，分别占出资的 70% 和 30%，董某荣任公司法定代表人。章程中载明，股东会以召开股东会会议的方式议事，法人股东由法定代表人参加，自然人股东由本人参加，因事不能参加可以书面委托他人参加。

2016 年 2 月，欧华公司员工章某通知白某在 2016 年 2 月 29 日召开股东会，白某到场参加并进行了讨论。次日，章某以微信方式将股东会决议（共七条）书面稿发送给白某，写明 2016 年 2 月 29 日欧华公司股东会实到股东 2 人，代表 100% 股权，全体股东一致通过决议。决议第一项为“2 名股东一致决定公司日常经营维持至 2016 年 9 月 1 日。如 9 月 1 日前公司经营有所转机则继续”。决议第四项为“公司经营过程中面临银行转贷、社会融资利息、工程款支付等多重资金压力，2 名股东一致通过变卖厂房，用于缓解资金压力。双方协商通过了两边厂房暂定最低出售价格（即欧华厂房最低均价 2000 元/平方米，宾驰厂房最低总价 6000 万元）”。白某不同意该股东会决议，认为该决议第四项没有讨论过，拒绝签字。董某荣遂在该股东会决议上签名，落款时间为2016年3月1日。欧华公司还形成了就上述股东会决议第四项的细化稿，董某荣在该股东会决议上签字，落款时间为2016年2月29日。该份股东会决议现在绍兴市柯桥区不动产登记服务中心登记，且所涉房产双方陈述均已完成物权变更登记。

2016年8月，白某曾以2016年2月29日股东会通知程序有瑕疵，且转让房产的股东会决议没有进行过表决等为由诉至一审法院，请求判令落款时间为2016年2月29日在绍兴市柯桥区不动产登记服务中心登记的股东会决议无效。一审法院判决驳回了白某的诉讼请求。白某不服判决上诉于绍兴市中级人民法院，该院二审判决撤销原判并确认上述股东会决议不存在。

另外，各方当事人在庭审中均陈述董某荣人身自由因其他案件正受限制。

【案件焦点】

公司股东能否以公司的法定代表人被限制人身自由、法定代表人有损害公司利益的行为为由请求解散公司。

【法院裁判要旨】

浙江省绍兴市柯桥区人民法院经审理认为：白某持有欧华公司30%股权，符合提起公司解散之诉的主体资格。根据我国公司法及相关司法解释的规定，在原告主体适格的情况下，公司解散应同时符合以下两项条件：一是“经营管理发生严重困难，继续存续会使股东利益受到重大损失”。根据欧华公司章程及股东持股比例，不存在“无法召开”或“无法达成有效决议”情形。二是“通过其他途径不能解决的”。对于诉讼中白某所称的公司未建立规范财务制度，董某荣股东财产与公司财产混同、不考虑小股东合法权利、未参与公司分红等均非公司解散之事由。至于董某荣目前人身自由受到限制对公司经营管理的影响，即使董某荣人身自由受到限制为真，对于是否会造成公司经营管理困难之局面亦应分别考虑，如人身自由限制之起点、限制情形的存续时间、是否影响除人身自由外的其他民事行为能力等。事实上，公司章程已对出现上述情况的处理作出了规定。据此，在董某荣人身自由确实受限的情况下，亦不必然导致公司陷入经营管理困难之局面。

浙江省绍兴市柯桥区人民法院依照《中华人民共和国公司法》第一百八十二

条,《最高人民法院关于适用〈中华人民共和国公司法〉若干问题的规定(二)》第一条,《中华人民共和国民事诉讼法》第六十四条第一款的规定,作出如下判决:

驳回白某的诉讼请求。

白某持原审起诉意见提起上诉。浙江省绍兴市中级人民法院经审理认为:本案的焦点在于欧华公司是否符合公司解散的条件。股东请求解散公司的必要条件为“公司经营管理发生严重困难”从而导致公司继续存续会使股东利益受到重大损失。总结而言,公司经营管理发生严重困难,主要指公司股东(大)会、董事会等权力机构和管理机构运行失灵,无法对公司的任何事项作出决议,公司的一切事务处于瘫痪状态,即已经形成公司僵局,而这种持续的公司僵局使得股东的利益在僵持中逐渐耗竭。本案中欧华公司不存在前述情形,公司法定代表人被限制人身自由也不必然导致公司陷入僵局。

浙江省绍兴市中级人民法院依照《中华人民共和国民事诉讼法》第一百七十条第一款第(一)项规定,作出如下判决:

驳回上诉,维持原判。

【法官后语】

股东请求解散公司诉讼作为一种特殊的制度安排,必须强调是“经营管理”出现严重困难,而判断公司的经营管理是否出现严重困难,应当从公司的股东会、董事会或执行董事及监事会或监事的运行现状进行综合分析。股东之间相互合作最大可能地维系公司的存续是股东利益实现之所需,如果允许股东内部发生争议时可以随意要求解散公司,不仅对公司经营的稳定性产生不利影响,也从根本上否定了股东组建公司的合理预期。

本案中,白某以公司法定代表人被限制人身自由的暂时性困难等为由提起公司解散诉讼,与公司经营管理是否发生严重困难缺乏必然的关联性,公司章程也规定了法定代表人因故不能行使职务的替代办法,同时亦不符合《中华人民共和国公司法》第一百八十二条规定的“通过其他途径不能解决”的公司解散要件。

当然,本案判决生效后,如通过协商等途径,股东之间仍然不能解决争议,当事人仍可以在合理期限内,基于新的事实和更充分的理由,再次提起公司解散诉讼。

编写人:浙江省绍兴市中级人民法院　袁小梁

65

股东怠于履行义务致公司无法清算应承担责任

——吴某伟诉洪甲、洪乙清算责任案

【案件基本信息】

1. 裁判书字号

江苏省常熟市人民法院（2017）苏0581民初第10017号民事判决书

2. 案由：清算责任纠纷

3. 当事人

原告：吴某伟

被告：洪甲、洪乙

【基本案情】

鸿瑞公司成立于2009年1月8日，注册资本为100万元，股东为洪甲和洪乙。

2011年7月15日，江苏省常熟市人民法院受理吴某伟诉鸿瑞公司、吴某民间借贷纠纷一案。审理中，吴某伟申请撤回对吴某的起诉。2011年8月15日，法院作出（2011）熟民初字第0903号民事判决书，判决鸿瑞公司于本判决生效之日起十日内归还吴某伟借款50万元并支付计算至2011年5月1日的利息32044.52元。宣判后，鸿瑞公司未提起上诉。

2011年12月22日，吴某伟向法院申请执行。2012年5月17日，法院作出（2012）熟执字第0033-2号民事裁定书，裁定终结执行，该裁定书载明："……本案在执行过程中，本院未查到被执行人鸿瑞公司可供执行的银行存款、车辆、房产；也未发现被执行人鸿瑞公司其他可供执行的财产及其法定代表人洪甲下落……"

2012年12月31日，鸿瑞公司被工商机关吊销营业执照。

2016年10月21日，法院根据吴某伟的申请，裁定受理鸿瑞公司破产清算一案，并指定管理人。2017年7月27日，法院作出（2016）苏0581破23号之一民事裁定书，裁定确认吴某伟的普通债权金额为60万元。同日，法院作出（2016）苏0581破23号之二民事裁定书，裁定宣告鸿瑞公司破产并终结破产程序，该裁定书载明："……本院查明：在清算程序中，管理人通过登报公告、邮寄、电话、上门查找等多种方式通知鸿瑞公司股东洪甲、洪乙移交公司财产、印章、账簿、文书等资料，但其均未履行移交义务。管理人无法查找到鸿瑞公司现有的任何财产，且公司股东、会计账簿、重要文件均下落不明，无法进行清算。本院认为：根据管理人清理工作的结果，鸿瑞公司无财产清偿破产费用。管理人以债务人财产不足以清偿破产费用为由申请宣告鸿瑞公司破产，并终结破产程序，符合法律规定。在清算程序中未受清偿的债权人有权另行依据《最高人民法院关于适用〈中华人民共和国公司法〉若干问题的规定（二）》第十八条的规定，向鸿瑞公司股东主张其对公司债务承担相应的民事责任……"

【案件焦点】

1. 是否存在股东怠于履行义务的情形；2. 股东怠于履行义务应对债权人承担什么责任；3. 债权人提起诉讼是否超过诉讼时效。

【法院裁判要旨】

江苏省常熟市人民法院经审理认为：吴某伟对鸿瑞公司享有60万元债权的事实，有（2011）熟民初字第0903号民事判决书和（2016）苏0581破23号之一民事裁定书予以确认，法院对此予以认定。洪甲、洪乙作为鸿瑞公司的股东，怠于履行义务，导致鸿瑞公司的财产无法查找，会计账簿、重要文件下落不明，无法进行清算的事实，有（2016）苏0581破23号之二民事裁定书予以确认，法院对此予以认定。根据《最高人民法院关于适用〈中华人民共和国公司法〉若干问题的规定（二）》第十八条的规定，吴某伟主张洪甲、洪乙对鸿瑞公司的债务承担连带清偿责任，向吴某伟归还60万元的诉讼请求，符合法律规定，法院予以支持。洪甲辩称其没有还款义务，该意见缺乏事实和法律依据，法院不予采信。洪甲辩称吴某伟起诉超过诉讼时效期间，因2017年7月27日法院作出（2016）苏0581破23号之二民事裁定书后，吴某伟才知道鸿瑞公司股东怠于履行义务、鸿瑞公司无法清算的事实，吴某伟提起诉讼时并未超过法律规定的诉讼时效期间，故对该辩称意见，法院不予采信。

江苏省常熟市人民法院依照《中华人民共和国民法总则》第一百八十八条、《最高人民法院关于适用〈中华人民共和国公司法〉若干问题的规定（二）》第十八条第二款之规定，判决如下：

洪甲、洪乙于本判决生效之日起十日内归还吴某伟60万元。

【法官后语】

本案中，鸿瑞公司被工商机关吊销营业执照，公司出现法定解散事由后，公司股东洪甲、洪乙没有在法定期限内成立清算组对公司进行清算。鸿瑞公司进入破产清算程序后，管理人通过登报公告、邮寄、电话、上门查找等多种方式通知洪甲、洪乙移交公司财产、印章、账簿、文书等资料，但洪甲、洪乙都没有履行移交义务，导致管理人无法查找公司财产，公司会计账簿、重要文件下落不明，公司无法清算。洪甲、洪乙作为鸿瑞公司股东，怠于履行法定义务，有明确的事实依据。在此情况下，根据上述司法解释条文的规定，洪甲、洪乙应当对鸿瑞公司的债务承担连带清偿责任。这一规定作为股东有限责任的补充，能够督促股东积极履行法定义务，有效保护公司及债权人的利益。

本案审理中，洪甲还提出诉讼时效的抗辩，认为鸿瑞公司于2012年12月31日被工商机关吊销营业执照，该内容属于政府公开信息，债权人吴某伟应当知道这一信息，但吴某伟在2017年9月4日才提起本案诉讼，已经超过诉讼时效期间。虽然鸿瑞公司被吊销营业执照的事实属于公开信息，但债权人吴某伟并不当然知道这一事实，吴某伟是在2017年7月27日法院作出终结鸿瑞公司破产程序的裁定后，才知道鸿瑞公司股东怠于履行义务、公司无法清算的事实，因此，吴某伟在2017年9月4日提起诉讼并没有超过诉讼时效期间。诉讼时效制度不是洪甲违背诚信、逃避债务的借口。

编写人：江苏省常熟市人民法院　周薇

66

经强制执行无法清偿债务，应认定债务人明显缺乏清偿能力

——中粮粮油厦门有限公司申请厦门煌发米业有限公司破产清算案

【案件基本信息】

1. 裁判书字号

福建省厦门市翔安区人民法院（2017）闽0213破申第2号民事裁定书

2. 案由：破产清算纠纷

3. 当事人

申请人：中粮粮油厦门有限公司（以下简称中粮公司）

被申请人：厦门煌发米业有限公司（以下简称煌发公司）

【基本案情】

2004年8月13日，煌发公司在厦门市翔安区工商行政管理局（现厦门市翔安区市场监督管理局）登记设立，企业类型为有限责任公司，法定代表人郑某发，注册资本2000万元，经营范围为生产大米、货物仓储服务。煌发公司的股东为郑某煌与郑某发，其中郑某煌认缴出资额为320万元，实缴出资额320万元，郑某发认缴出资额1680万元，实缴出资额1680万元。

2014年，中粮公司以买卖合同纠纷为由对煌发公司、郑某发、郑某水、郑某煌、郑某亮、厦门市佳润多贸易有限公司提起诉讼，厦门市中级人民法院（以下简称厦门中院）经审理于2014年11月11日作出（2014）厦民初字第748号民事判决：一、煌发公司应于判决生效之日起十日内向中粮公司支付货款74256794.33元、违约金3265500元、逾期付款利息（以41601794元为基数，自2014年2月11日起按照中国人民银行公布的同期同类贷款基准利率计至判决确定的还款日止）、

律师代理费360000元；二、郑某发、郑某水、郑某煌、郑某亮、厦门市佳润多贸易有限公司对煌发公司的以上债务承担连带清偿责任，并在履行保证责任后，有权向煌发公司追偿。该判决已于2015年3月13日发生法律效力。因煌发公司等未履行义务，中粮公司于2015年3月25日向厦门中院申请强制执行，案号为（2015）厦执字第322号，但至今未能执行。

煌发公司的主要资产为其名下位于翔安区侯滨路1号（1#厂房，厦地房证字第00771405号）及侯滨路3号（2#厂房，厦地房证字第00771404号）的厂房及土地。厂房均系2010年自建单位房，土地用途为工业，土地使用期限为2006年12月29日至2056年12月29日。其中，1#厂房建筑面积6529.75㎡，2#厂房建筑面积4800.07㎡。上述权证宗地总面积为7393.16㎡，该地块上有未办理产权的建筑。目前，1#、2#厂房因多起案件被申请查封，首封申请人为民生银行厦门分行，查封法院为厦门中院，查封时间为2014年2月17日。

2014年以来，法院已受理以煌发公司为被执行人的执行案件6件，执行标的额共8792953.58元，执行到位887163元，尚有7905790.58元未执行到位，上述案件均已裁定终结本次执行程序。同时，厦门中院受理以煌发公司为被执行人的执行案件5件。

申请人中粮公司以被申请人煌发公司不能清偿到期债务、明显缺乏清偿能力为由，申请对煌发公司进行破产清算。法院依法向煌发公司的住所地送达了破产清算申请书、证据等相关材料，煌发公司在法定期限内未提出异议。

【案件焦点】

煌发公司是否具备破产原因。

【法院裁判要旨】

福建省厦门市翔安区人民法院经审理认为：煌发公司的住所地在厦门市翔安区，该院依法享有对该公司破产清算的管辖权。现煌发公司拖欠大量到期债务，经人民法院强制执行仍未能清偿全部债务，明显缺乏清偿能力，具备破产原因。中粮公司享有对煌发公司的债权，其向法院申请对煌发公司进行破产清算，应予受理。

福建省厦门市翔安区人民法院依照《中华人民共和国企业破产法》第二条第一款、第三条、第七条第一款、第十条第一款，《最高人民法院关于适用〈中华人民共和国企业破产法〉若干问题的规定（一）》第四条第（三）项之规定，作出如下裁定：

受理申请人中粮公司对煌发公司的破产清算申请。

【法官后语】

《最高人民法院关于适用〈中华人民共和国企业破产法〉若干问题的规定（一）》第四条规定：债务人账面资产虽大于负债，但存在下列情形之一的，人民法院应当认定其明显缺乏清偿能力：（一）因资金严重不足或者财产不能变现等原因，无法清偿债务；（二）法定代表人下落不明且无其他人员负责管理财产，无法清偿债务；（三）经人民法院强制执行，无法清偿债务；（四）长期亏损且经营扭亏困难，无法清偿债务；（五）导致债务人丧失清偿能力的其他情形。

对于上述第（三）项，经采取强制执行措施仍不能还债的债务人显然已经丧失清偿能力，甚至因有法律程序确认而无须再以推定认定其发生破产原因。因为债务人对任何一项针对其财产的债权不能执行，都意味着其丧失了清偿能力。所以依据本项规定，只要债务人的任何一个债权人经法院强制执行未能得到清偿，其每一个债权人均有权提出破产申请，并不要求申请人自己已经采取了强制执行措施。

在执行程序中，如果经法院强制执行，申请执行人仍未获得清偿的，法院一般会作出终结本次执行程序的裁定并送达双方。申请执行人常以上述裁定为依据，向法院申请对被执行人进行破产清算，或者直接提起执行案件移送破产审查的申请。在此情形下，法院应受理申请执行人提起的破产清算申请。

本案中，被申请人煌发公司拖欠大量到期债务，经人民法院强制执行仍未能清偿全部债务，明显缺乏清偿能力，具备破产原因。申请人中粮公司享有对煌发公司的债权，其向法院申请对煌发公司进行破产清算，依法应予受理。

编写人：福建省厦门市翔安区人民法院　张春雷

67

强制清算和破产清算的衔接须符合企业破产法规定

——赵某申请北京融金智强投资管理有限公司破产清算案

【案件基本信息】

1. 裁判书字号

北京市东城区人民法院（2017）京0101破申第4号民事裁定书

2. 案由：破产清算纠纷

3. 当事人

申请人：赵某

被申请人：北京融金智强投资管理有限公司（以下简称融金智强公司）

【基本案情】

融金智强公司成立于2002年4月25日，注册资本1000万元。企业类型为其他有限责任公司，住所地北京市东城区交林夹道甲2楼×号地下室一层（住宅楼），法定代表人刘某，登记机关为北京市工商行政管理局东城分局。2012年10月10日，融金智强公司被北京市工商行政管理局东城分局吊销营业执照。赵某依据（2011）东民初字第02484号民事调解书对融金智强公司享有30万元债权，融金智强公司至今未履行调解书规定的义务。由于融金智强公司已被工商管理机关吊销营业执照，且不履行清算义务，故赵某向法院申请对其进行破产清算。

另外，2016年6月3日，北京市东城区人民法院裁定受理北京长城亮火金属结构厂与融金智强公司强制清算一案，并指定国浩律师（北京）事务所律师高峰、关联、陈敏组成融金智强公司清算组。目前，融金智强公司的强制清算工作正在进行，公司资产状况及债权债务情况尚未全部查清。融金智强公司清算组对赵某的申请提出异议称，在目前清算工作阶段，尚不能对融金智强公司的资产是否不足以清偿全部债务或者明显缺乏清偿能力的情况进行判断和确认。本案申请人赵某也并未向清算组依法申报债权。故不同意赵某关于融金智强公司的破产清算申请。

【案件焦点】

在公司强制清算中，对债权人另行提起的破产清算申请是否可以受理。

【法院裁判要旨】

北京市东城区人民法院经审理认为：依照《中华人民共和国企业破产法》第二条第一款规定："企业法人不能清偿到期债务，并且资产不足以清偿全部债务或者明显缺乏清偿能力的，依照本法规定清理债务。"首先，赵某以融金智强公司债权人的身份，以融金智强公司已被工商管理机关吊销营业执照，且不履行清算义务为由申请对其进行破产清算没有法律依据；其次，融金智强公司现在处于强制清算阶段，若融金智强公司清算组清理公司财产、编制资产负债表和财产清单时，发现公司财产不足清偿债务的，除依据相关规定，通过与债权人协商制订有关债务清偿方案并清偿债务的外，应依据《中华人民共和国公司法》第一百八十八条和《中华人民共和国企业破产法》第七条第三款的规定向本院申请宣告融金智强公司破产。融金智强公司清算组现尚未发现其公司财产不足以清偿债务。综上，认定融金智强公司的异议成立。赵某要求对融金智强公司进行破产清算的申请，不符合受理条件，不予受理。赵某可向融金智强公司清算组申报债权。

北京市东城区人民法院依照《中华人民共和国企业破产法》第七条第二款、第十条第一款、第十二条第一款之规定，裁定如下：

对赵某的申请，不予受理。

【法官后语】

强制清算与破产清算存在清算原因不同、资产状况不同、适用法律不同、程序效力不同等区别，但在一定条件下，强制清算可以转入破产清算，强制清算中也允许权利人另行提起破产清算申请，并对强制清算程序进行吸收。就这两个程序具体的衔接条件，《最高人民法院关于审理公司强制清算案件工作座谈会纪要》第三十二条及第三十三条分别作了如下规定："公司强制清算中，清算组在清理公司财产、编制资产负债表和财产清单时，发现公司财产不足清偿债务的，除依据公司法司法解释二第十七条的规定，通过与债权人协商制作有关债务清偿方案并清偿债务的外，应依据公司法第一百八十八条和企业破产法第七条第三款的规定向人民法院申请宣告破产。”“公司强制清算中，有关权利人依据企业破产法第二条和第七条的规定向人民法院另行提起破产申请的，人民法院应当依法进行审查。权利人的破产申请符合企业破产法规定的，人民法院应当依法裁定予以受理。人民法院裁定受理破产申请后，应当裁定终结强制清算程序。”上述条文既是对我国现行法律中涉及强制清算向破产清算转换的条文的全面梳理和重申，也规定了强制清算程序和破产清算程序的并行与合并情况。

根据上述规定，在强制清算程序中，可以提出程序转换申请的主体既可以是清算组，也可以是债权人等权利人，但审查依据均应该按照《中华人民共和国企业破产法》所规定的条件，即公司资产不足以清偿全部债务或明显缺乏清偿能力。而且在债权人申请破产清算的情况下，债务人公司虽然处于强制清算阶段，清算组作为其诉讼代表仍可就管辖权、申请人与被申请人的主体资格、申请人债权的真实性和合法性及债务人是否发生破产原因等提出异议。就本案而言，赵某具有融金智强公司债权人的身份，有权在融金智强公司强制清算中另行提起破产清算申请，但其理由与事实仍应符合破产法规定的相应条件。首先，其以融金智强公司已被工商管理机关吊销营业执照，且不履行清算义务为由申请对其进行破产清算显然不符合破产法的相关规定；其次，根据清算组提出的异议，融金智强公司的资产状况及债权债务情况尚未全部查清，因此无法确定其是否存在资不抵债的情况。因此，融金智强公司强制清算程序向破产清算程序的转化尚欠缺破产法规定的要件，不能成立。综上，法院认定融金智强公司清算组的异议成立。赵某要求对融金智强公司进行破产清算的申请，因不符合受理条件不予受理，并同时告知赵某向融金智强公司清算组申报债权。

编写人：北京市东城区人民法院　庄馥源

68

持有公司全部股东表决权百分之十以上的股东，可以请求人民法院解散公司

——郑某辉诉奎屯隆坤棉业有限公司公司解散案

【案件基本信息】

1. 裁判书字号

新疆生产建设兵团第七师中级人民法院（2017）兵07民终第115号民事判决书

2. 案由：公司解散纠纷

3. 当事人

原告（被上诉人）：郑某辉

被告：奎屯隆坤棉业有限公司（以下简称隆坤公司）

原审第三人（上诉人）：刘某、牛某军

原审第三人：刘某武、程某

【基本案情】

2014年6月27日，郑某辉、刘某、刘某武、牛某军、程某共同制定了隆坤公司公司章程，该章程主要内容为：隆坤公司注册资本为800万元，股东共5名，股东的出资方式均为货币出资，出资额、出资比例分别为郑某辉220万元占27.5%、刘某220万元占27.5%、刘某武120万元占15%、牛某军120万元占15%、程某120万元占15%，出资时间均为2014年6月26日；股东会会议分为定期会议和临时会议；定期会议每半年召开一次。该章程第十六条规定：股东会会议由股东按照认缴出资比例行使表决权。该章程还包括股东的权利义务、股权转让、公司机构及其产生办法、职权、议事规则等内容。

2014年6月27日，全体股东形成了股东会决议，该决议内容为：一、公司不设董事会，设执行董事一人，由全体股东选举郑某辉担任公司执行董事、经理兼法定代表人；二、公司不设监事会，设监事一人，由全体股东一致同意选举刘某担任公司监事职务；三、认缴出资情况（同章程一致）；四、通过表决，所持100%表决权的股东一致同意订立《隆坤公司章程》，并形成决议。

2014年7月2日，隆坤公司在奎屯市工商局登记成立，经营范围：皮棉、棉短绒、棉粕、棉籽的销售；籽棉收购；废棉的收购、加工。

从郑某辉提供的会计凭证反映入账的投资款如下：2014年8月6日、9月1日、9月21日，刘某分别向隆坤公司交纳投资款4000元、100000元、50000元；2014年11月13日，郑某辉向隆坤公司交纳投资款4000元；2014年9月21日，牛某军向隆坤公司交纳投资款50000元。

2015年、2016年，隆坤公司无经营项目、未开展经营活动，未召开过股东会议。

【案件焦点】

1. 程某是否为隆坤公司的股东；2. 隆坤公司是否出现解散公司的法定事由；3. 郑某辉是否有资格提起隆坤公司解散的诉讼。

【法院裁判要旨】

新疆生产建设兵团奎屯垦区人民法院经审理认为：一、《中华人民共和国公司法》第三十五条规定："公司成立后，股东不得抽逃出资。"第三人程某与郑某辉、刘某、刘某武、牛某军共同制定了隆坤公司公司章程，在2014年6月27日的股东会行使了股东权利，选举了执行董事、监事，并认缴出资120万元，出资比例15%，隆坤公司已登记成立，程某亦为工商登记的股东。有限责任公司股东可以根据《中华人民共和国公司法》第七十一条的规定，通过股权转让的方式退出公司。但程某未提供股权转让或者其他方面的证据，故程某仍然是隆坤公司的股东，应当履行作为公司股东的义务，不得随意抽回出资。二、《中华人民共和国公司法》第一百八十二条规定："公司经营管理发生严重困难，继续存续会使股东利益受到重大损失，通过其他途径不能解决的，持有公司全部股东表决权百分之十以上的股东，可以请求人民法院解散公司。"《最高人民法院关于适用〈中华人民共和国公司法〉若干问题的规定（二）》第一条规定："单独或者合计持有公司全部股东表决权百分之十以上的股东，以下列事由之一提起解散公司诉讼，并符合公司法第一百八十二条规定的，人民法院应予受理：（一）公司持续两年以上无法召开股东会或者股东大会，公司经营管理发生严重困难的；（二）股东表决时无法达到法定或者公司章程规定的比例，持续两年以上不能做出有效的股东会或者股东大会决议，公司经营管理发生严重困难的；（三）公司董事长期冲突，且无法通过股东会或者股东大会解决，公司经营管理发生严重困难的；（四）经营管理发生其他严重困难，公司继续存续会使股东利益受到重大损失的情形。股东以知情权、利润分配请求权等权益受到损害，或者公司亏损、财产不足以偿还全部债务，以及公司被吊销企业法人营业执照未进行清算等为由，提起解散公司诉讼的，人民法院不予受理。"郑某辉按照出资比例享有隆坤公司27.5%的股权，有权提起解散公司的诉讼。公司解散的标准为公司经营管理出现了严重的困难，法律条文中的"经营管理发生严重困难"应当理解为公司在决策、管理层面上的困难，导致内部治理机构失灵，主要指股东会机制失灵，无法就公司管理进行决策，而不包括一般的经营性亏损或者其他困难。隆坤公司股东之间产生了矛盾，已持续两年无法召开股东会议，程某述称，其已退出公司不是股东；而股东刘某、刘某武、牛某军均述称，不同意解散公司，要求由郑某辉来承担公司的损失。郑某辉亦不同意其一人承担公司债务问题。由此，隆坤公司的股东对公司经营过程中出现的问题、困境及公司的发展决策，已不能形成有效的决议，公司管理层陷入了僵持，损害了股东的利益，隆坤公司符合公司解散的法定事由。综上所述，郑某辉主张公司解散的诉讼请求，予以支持。

新疆生产建设兵团奎屯垦区人民法院依照《中华人民共和国公司法》第一百八十二条，《最高人民法院关于适用〈中华人民共和国公司法〉若干问题的规定（二）》第一条第一款第（一）项，《中华人民共和国民事诉讼法》第一百四十二条之规定，作出如下判决：

解散奎屯隆坤棉业有限公司。

刘某、牛某军不服一审判决，提出上诉。新疆生产建设兵团第七师中级人民法院经审理认为：《中华人民共和国公司法》第四十二条规定："股东会会议由股东按照出资比例行使表决权；但是，公司章程另有规定的除外。"隆坤公司公司章程规定，股东会会议由股东按照认缴出资比例行使表决权。本案中，郑某辉认缴出资比例为27.5%，符合《中华人民共和国公司法》第一百八十二条："……持有公司全部股东表决权百分之十以上的股东，可以请求人民法院解散公司"的规定，具备起诉资格。上诉人刘某、牛某军上诉称股东应按照实缴出资比例行使表决权的理由，与法律规定相悖，本院不予支持。

一审法院对隆坤公司是否具备解散事由的认定观点所作阐释合理、详尽，本院不再赘述。

综上所述，刘某、牛某军的上诉请求不能成立，应予驳回；一审判决认定事实清楚，适用法律正确，应予维持。

新疆生产建设兵团第七师中级人民法院依照《中华人民共和国民事诉讼法》第一百七十条第一款第（一）项之规定，作出如下判决：

驳回上诉，维持原判。

【法官后语】

判断一个公司的经营管理是否出现严重困难，应从公司组织机构的运行现状入手。而公司本身是否处于盈利状况并非判断公司经营管理是否发生严重困难的必要条件。本案中，隆坤公司股东之间产生了矛盾，已持续两年无法召开股东会议，程某述称，其已退出公司不是股东；而股东刘某、刘某武、牛某军均述称，不同意解散公司，要求由郑某辉来承担公司的损失。郑某辉亦不同意其一人承担公司债务问题。由此，隆坤公司的股东对公司经营过程中出现的问题、困境及公司的发展决策，已不能形成有效的决议，公司管理层陷入了僵持，损害了股东的利益，属于"公司经营管理发生严重困难"的情形，符合《最高人民法院关于适用〈中华人民共和国公司法〉若干问题的规定（二）》第一条第一款第（一）项、第（二）项规定的公司僵局情形。

《中华人民共和国公司法》第一百八十二条规定了司法解散公司的实质条件，只要具备这四个条件，公司就能司法解散，而不取决于公司僵局产生的原因和责任。《中华人民共和国公司法》第一百八十二条没有限制过错方股东解散公司，因此即使一方股东对公司僵局的产生具有过错，其仍然有权依据该条规定，请求解散公司。因此，对于刘某称，由于郑某辉没有办成贷款，致使公司当年未完成收购，公司只能暂停运转。郑某辉对公司僵局的产生具有过错，不具备提起公司解散资格的主张不予采纳。

将调解等其他救济途径设置为司法解散公司的前置程序，并不代表前置程序可以久拖不决，在通过其他多种方法仍无法化解纠纷时，只能通过司法解散公司这一股东退出机制来打破僵局。因此，在强调司法解散公司前置程序的同时，《最高人民法院关于适用〈中华人民共和国公司法〉若干问题的规定（二）》第五条明确规定“当事人不能协商一致使公司存续的，人民法院应当及时判决”，否则，过于冗长的前置程序可能使得公司司法解散机制形同虚设。本案经过一、二审法院多次调解，双方始终不能就转让股权、公司回购或减资等维系隆坤公司存续的解决方案达成合意。相较而言，解散隆坤公司能为双方股东提供退出机制，避免股东利益受到不可挽回的重大损失。在调解等前置程序无法解决纠纷时，应及时判决解散公司以维护股东合法权益。

编写人：新疆生产建设兵团第七师中级人民法院　敬红

69

当事人申请解散公司的诉求需要从严认定

——赵某诉无锡零玖壹捌贸易有限公司公司解散案

【案件基本信息】

1. 裁判书字号

江苏省无锡市中级人民法院（2017）苏02民终第2215号民事判决书。

2. 案由：公司解散纠纷

3. 当事人

原告（上诉人）：赵某

被告（被上诉人）：无锡零玖壹捌贸易有限公司（以下简称零玖壹捌公司）

第三人（原审第三人）：孙某燕、魏某平、张某成、张某立、崔某利

【基本案情】

零玖壹捌公司于2016年5月11日设立，注册资本200万元，股东为孙某燕（占65%）、魏某平（占35%）。后经股权变更，至2016年7月17日，赵某、孙某燕、魏某平、张某成、张某立、崔某利签订《关于股权出资的补充协议》，约定，各方持股比例为赵某15%、孙某燕35%、魏某平10%、张某成5%、张某立25%、崔某利10%。张某立、崔某利为隐名股东，股份分别隐名在张某成、赵某名下。2016年8月8日的零玖壹捌公司章程载明：公司注册资本为200万元，股东为孙某燕（认缴70万元，即占35%）、赵某（认缴50万元，即占25%）、魏某平（认缴20万元，即占10%）、张某成（认缴60万元，即占30%），出资时间均为2046年4月11日前，出资方式均为货币；股东会会议作出修改公司章程、增加或者减少注册资本的决议，以及公司合并、分立、解散或者变更公司形式的决议，决议应由全体股东表决通过，股东会应当对所议事项的决定作出会议记录，出席会议的股东应当在会议记录上签名；公司营业期限为长期，自公司营业执照签发之日起计算。

2016年9月1日，孙某燕向张某立出具《授权委托书》，载明：因本人各方面原因，不能及时处理公司各项业务，为了公司更好地进行管理和经营，授权总经理张某立全权代理董事长孙某燕的职责和权限，请股东签字确认。孙某燕、张某立分别在授权人、被授权人处签名，赵某、魏某平、张某成在股东见证处签名。

赵某于2016年9月27日起诉要求解散公司，理由是零玖壹捌公司经营管理发生了严重困难，出现了股东出资不及时、股东僵局、财务混乱等情况；零玖壹捌公司不同意公司解散。其他股东部分同意解散、部分不同意解散。

【案件焦点】

赵某主张解散零玖壹捌公司的诉讼请求是否符合“公司经营管理发生严重困难，继续存续会使股东利益受到重大损失”以及“通过其他途径不能解决的”两项认定标准。

【法院裁判要旨】

江苏省无锡市梁溪区人民法院经审理认为：关于公司解散的条件，《中华人民共和国公司法》（以下简称《公司法》）第一百八十二条规定：“公司经营管理发生严重困难，继续存续会使股东利益受到重大损失，通过其他途径不能解决的……”

《最高人民法院关于适用〈中华人民共和国公司法〉若干问题的规定（二）》（以下简称《公司法解释二》）第一条列举了“公司经营管理发生严重困难”的四种情形，本案中，零玖壹捌公司于 2016 年 5 月设立，至赵某提起诉讼时仅经过 4 个多月，赵某未举证证明零玖壹捌公司存在公司经营管理发生严重困难，公司继续存续会使股东利益受到重大损失的情形，不符合法律规定解散公司的条件。零玖壹捌公司的章程中规定，公司经营期限为长期，股东会作出解散公司的决议，应由全体股东表决通过，现赵某未提供证据证明股东达成解散公司的决议，故本案也不符合公司经营期限届满、股东会决议解散的情形。

零玖壹捌公司的公司章程中规定各股东的出资期限均为 2046 年 4 月 11 日前，现出资期限尚未届满，各股东出资不违反公司章程的规定。零玖壹捌公司的法定代表人孙某燕已在赵某等其他股东的见证下委托股东张某立管理公司，不违反法律和公司章程的规定。赵某诉称公司财务管理混乱，但未提供证据加以证明，退一步讲，即使赵某诉称属实，公司经营中遇到困难属常见现象，公司股东间应当齐心团结，查找原因，共同协商解决。

江苏省无锡市梁溪区人民法院依照《公司法》第一百八十条、第一百八十二条，《公司法解释二》第一条第一款，《中华人民共和国民事诉讼法》第一百四十四条之规定，判决：

驳回赵某的诉讼请求。

赵某不服一审判决，提起上诉。江苏省无锡市中级人民法院经审理，同意一审法院裁判意见。故依照《中华人民共和国民法通则》第四条、《中华人民共和国民事诉讼法》第一百七十条第一款第（一）项的规定，作出如下终审判决：

驳回上诉，维持原判。

【法官后语】

根据《公司法》和《公司法解释二》的规定，股东起诉要求解散公司，应该符合“公司经营管理发生严重困难，继续存续会使股东利益受到重大损失”。《公司法解释二》第一条对“公司经营管理发生严重困难，继续存续会使股东利益受到重大损失”的情形进行了列举，该规定列举的前三种情形均强调股东僵局及董事僵局的持续性已达到了“两年”或“长期”的标准。

本案中，零玖壹捌公司从设立至赵某提起解散公司诉讼仅经过4个多月，未达到“两年”或“长期”的标准。《公司法解释二》第一条列举的第四种情形规定的“经营管理发生其他严重困难，公司继续存续会使股东利益受到重大损失”是一个兜底条款，虽然并未设定时间标准，但是从《公司法》《公司法解释二》立法精神衡量，对“其他严重困难”的认定应该从严把握。比如，《公司法解释二》明确规定，股东以知情权、利润分配请求权等权益受到损害，或者公司亏损、财产不足以偿还全部债务，以及公司被吊销企业法人营业执照未进行清算为由，提起解散公司诉讼的，人民法院不予支持。可见，《公司法解释二》中对股东起诉要求解散公司设置了非常严格的条件。赵某所述的经营亏损、财务混乱等并不能达到“其他严重困难”的认定标准。

股东起诉要求解散公司应当符合“通过其他途径不能解决的”。《公司法》虽然赋予股东在法定条件下解散公司的权利，但是要求是在“无路可走”情况下方可行使，有限责任公司具有人合性，股东加入公司时享有一种期待权，其有权期待公司的人格即特定的经营特征保持一种持续性。司法裁判要引导股东充分尊重公司自治原则，公司经营管理出现困难实属正常现象，在困难发生时公司及股东应当团结合作，寻求通过各种途径解决公司面临的困难，必要时可以通过股东离散代替公司解散来挽救公司。司法裁判不能轻易支持股东通过司法程序强制解散公司的主张。

编写人：江苏省无锡市中级人民法院　徐冰　吕明天

十、与公司有关的纠纷

70

公司监事不能通过诉讼程序行使知情权

——肖某民诉诺莱生物医学研究院（北京）有限公司与公司有关的纠纷案

【案件基本信息】

1. 裁判书字号

北京市海淀区人民法院（2017）京0108民初第14746号民事裁定书

2. 案由：与公司有关的纠纷

3. 当事人

原告：肖某民

被告：诺莱生物医学研究院（北京）有限公司（以下简称诺莱公司）

【基本案情】

诺莱公司成立于2016年5月24日，其股东为南京普洛生生物医学科技有限公司，持股比例为100%。肖某民自2016年11月23日至2017年5月2日为诺莱公司工商登记的监事。肖某民主张，诺莱公司在经营期间，财务不透明，管理非常混乱，直接导致公司濒临倒闭。肖某民作为诺莱公司的监事，按照法律规定及章程规定，依法有查账的权利。肖某民出于挽救诺莱公司危机、对投资者负责之立场，自2017年2月下旬至今多次提出查账，但都未能行使职权，屡次受到法人代表及财务部的干扰。因此诉至法院，要求诺莱公司提供其从2016年5月24日至2017年3月

31日的财务报告、会计账簿。诺莱公司主张，在其收到本案应诉材料之后，股东南京普洛生生物医学科技有限公司于2017年4月8日作出决定，免去肖某民在诺莱公司的监事职务。上述变更事项已于2017年5月21日经北京市工商行政管理总局海淀分局审核后在工商档案中变更。现在诺莱公司的监事是宋某威。鉴于肖某民不再担任诺莱公司监事一职，就不具备本案原告诉讼主体资格。故请求法院依法驳回肖某民的起诉。

【案件焦点】

监事是否有权起诉要求行使知情权。

【法院裁判要旨】

北京市海淀区人民法院经审理认为：有限责任公司的监事会或不设监事会的公司监事，是依照法律规定和章程代表公司股东和职工对公司董事会、执行董事和经理依法履行职务情况进行监督的机关或个人，其权利的来源是公司的权力机构所赋予，其权利的本质是公司治理结构中的监督机构，属于内部职能部门，不能独立对外承担法律责任，不具有独立的诉讼主体资格，不符合《中华人民共和国民事诉讼法》第一百一十九条关于诉讼主体的有关规定，监事会或监事不具有程序意义上的诉权。监事会或监事履行相关职权属于公司内部治理的范畴，该权利的行使与否并不涉及监事会或监事的民事权益，故监事会或监事不具有实体意义上的诉权。因监事会或监事行使监督权发生的冲突，属于公司自治的范畴，不具有可诉性。

北京市海淀区人民法院依照《中华人民共和国民事诉讼法》第一百一十九条、第一百五十四条第（三）项之规定，裁定如下：

驳回原告肖某民的起诉。

【法官后语】

监事会作为与董事会平行的股东会所产生出的监督机构，其作用是代表股东和公司监督董事会和管理层的经营行为，是为他人谋利益的机构，与自益权或共益权的股东不同，监事在公司的经营过程中没有自身的特殊利益。监事（会）履行相关职权属于公司内部治理的范畴，该权利的行使与否并不涉及其自身的民事权益。

因监事会非为自己利益，故起诉需要法律明确规定，否则不具有起诉的权利。

监事对公司经营没有直接利害关系，不具有民事诉讼原告起诉的资格。

公司监事提起知情权诉讼，不利于公司内部治理结构的稳定。如果公司经营真的存在异常，公司监事也可以通过公司内部程序得到解决，如召开临时股东会、向股东会会议提出管理层撤换建议等相关议案等方式，而非必须通过公司外部提起诉讼的方式。

此外，公司监事（会）作为公司的内设机构，如提起知情权诉讼则应当以公司为被告，作为一个公司的内部机构来起诉公司，将会导致逻辑的混乱。因此，不允许公司监事提起知情权诉讼是公司监事的身份使然。

编写人：北京市海淀区人民法院　唐盈盈

71

验资机构出具虚假验资报告应承担补充赔偿责任并享有追偿权

——北京瑞文成联合会计师事务所（普通合伙）诉北京华富恒通科技有限公司、中国专利技术开发公司与公司有关的纠纷案

【案件基本信息】

1. 裁判书字号

北京市第二中级人民法院（2017）京02民终第10313号民事判决书

2. 案由：与公司有关的纠纷

3. 当事人

原告（被上诉人）：北京瑞文成联合会计师事务所（普通合伙）（以下简称瑞文成事务所）

被告（上诉人）：中国专利技术开发公司（以下简称专利技术公司）

被告（原审被告）：北京华富恒通科技有限公司（以下简称华富恒通公司）

【基本案情】

2001年5月15日，瑞文成事务所为华富恒通公司（原名称为北京丰源鸿泰技术开发有限公司，以下简称丰源鸿泰公司）出具《变更登记验资报告书》和《验资注册资本说明书》，主要内容为：华富恒通公司注册资本由500万元变更为8000万元。其股东专利技术公司原货币出资50万元，本次追加货币670万元，共计出资720万元。

2012年9月10日，山东省汶上县人民法院作出（2010）汶民一初字第2228号民事判决书，判决华富恒通公司因交通事故人身损害赔偿案，赔偿原告朱某英各项损失530777.47元，华富恒通公司不能清偿赔偿款时，由瑞文成会计师事务所在验资时所证明的金额范围内承担赔偿责任，且因朱某英需要后续继续治疗所以保留诉权。山东省汶上县人民法院执行过程中，华富恒通公司名下财产可供执行，强制执行瑞文成事务所，导致瑞文成事务所替华富恒通公司向朱某英支付70万元，并支付执行费10800元。瑞文成事务所诉至法院要求判令：1. 华富恒通公司赔偿瑞文成事务所710800元；2. 专利技术公司对以上款项在其未出资670万元范围内承担补充赔偿责任。

【案件焦点】

1. 瑞文成事务所承担的是什么责任；2. 瑞文成事务所是否享有追偿权。

【法院裁判要旨】

北京市东城区人民法院经审理认为：瑞文成事务所在为华富恒通公司验资过程中存在虚假验资现象，并出具了不实的审计报告，此已为山东省汶上县人民法院的生效判决所确认。依据该判决华富恒通公司赔付朱某英各项损失530777.47元，瑞文成事务所在华富恒通公司未向朱某英清偿全部赔偿款时，在所验资时所证明的金额范围内承担赔偿责任。瑞文成事务所在承担赔偿责任后可向丰源鸿泰公司变更名称后的华富恒通公司追偿，予以支持。

公司股东应当履行其对公司的出资义务，包括公司设立时股东的出资义务和公司增资时股东的出资义务。专利技术公司作为华富恒通公司的原始股东，其于2001年增加的注册资本金670万元并未实际出资，此已被生效判决书所确认。专利技术公司未全面履行出资义务的行为已违反法律规定，瑞文成事务所作为华富恒通公司的债权人，有权要求其在未出资本息范围内对公司债务不能清偿的部分承担补充赔偿责任，亦予以支持。

北京市东城区人民法院依照《中华人民共和国公司法》第二十八条，《最高人民法院关于适用〈中华人民共和国公司法〉若干问题的规定（三）》第十三条、第十八条，《中华人民共和国民事诉讼法》第一百四十四条之规定，判决如下：

一、自本判决生效之日起七日内，华富恒通公司赔偿瑞文成事务所530777.47元；

二、中国专利技术开发公司在其未出资670万元范围内对华富恒通公司不能清偿的部分承担补充赔偿责任；

三、驳回瑞文成事务所的其他诉讼请求。

专利技术公司不服上述判决，提起上诉。北京市第二中级人民法院经审理认为：山东省汶上县人民法院作出的（2010）汶民一初字第2228号生效民事判决，已对“丰源鸿泰公司8000万注册资金不到位，瑞文成会计师事务所在为丰源鸿泰公司验资过程中存在着虚假验资”的事实予以认定。现专利技术公司作为丰源鸿泰公司设立之初的股东，没有提交相反的证据推翻上述事实的认定，故其主张一审法院对于专利技术公司存在虚假验资的事实认定不清的上诉理由，缺乏事实依据，不予支持。

瑞文成事务所作为被告之一在（2010）汶民一初字第2228号案件审理过程中，经法院传票传唤未到庭参加诉讼。但目前没有证据证明，因瑞文成事务所未参加该案诉讼而造成法院认定事实错误，作出错误判决。瑞文成事务所在承担判决确定的赔偿责任后，有权向华富恒通公司追偿，并要求专利技术公司对华富恒通公司上述赔偿款项在其未出资的670万元范围内承担补充赔偿责任。专利技术公司以瑞文成事务所在案件审理过程中放弃诉讼权利，相应不利后果应由其自行承担的上诉理由于法无据，不予支持。

其他裁判理由与一审法院一致。

北京市第二中级人民法院依照《中华人民共和国民事诉讼法》第一百七十条第一款第（一）项之规定，判决：

驳回上诉，维持原判。

【法官后语】

本案系验资机构因出具虚假验资报告而承担责任的典型案例。

验资机构承担责任的形式为补充清偿责任。

验资机构承担的责任应当在公司、股东承担责任之后，属于补充责任。若债权人直接起诉验资机构承担责任，则验资机构享有先诉抗辩权。在公司、股东承担责任前，验资机构有权拒签债权人要求其承担民事责任的要求。

本案中，公司虚假验资是导致债权人无法清偿的根本性、终局性原因，验资机构虚假验资是消极原因，故验资机构有权向公司追偿。值得注意的是，本案中还涉及连环补充责任，专利技术公司虚假出资，验资机构作为华富恒通公司新的债权人，有权要求专利技术公司在虚假出资范围内对验资机构的债权承担补充责任。

编写人：北京市东城区人民法院　崔万朋

72

外商在我国境内投资的准入规定

——然泰生物科技有限公司诉达雅高生物科技有限公司、广州百皋医学检验所有限公司与公司有关的纠纷案

【案件基本信息】

1. 裁判书字号

广东省广州市中级人民法院（2017）粤01民终第19709号民事判决书

2. 案由：与公司有关的纠纷

3. 当事人

原告（上诉人）：然泰生物科技有限公司（Zendex Bio Strategy Incorporated）（以下简称然泰公司）

被告（被上诉人）：达雅高生物科技有限公司（Diagcor Bioscience Incorporation Limited）（以下简称达雅高公司）、广州百皋医学检验所有限公司（以下简称百皋公司）

【基本案情】

然泰公司是在英属维尔京群岛注册成立的公司，达雅高公司是我国香港公司，两公司签订《合作意向书》等文件，约定双方合作在香港成立新公司后，以新公司名义在中国大陆设立百皋公司。我国香港特别行政区政府工业贸易署于2013年6月18日向达雅高公司签发了《香港服务提供者证明书》。2013年8月26日，广东省卫生厅出具《设置医疗机构批准书》批准达雅高公司设置百皋公司。经广州市人民政府、广州市对外贸易经济合作局批准、批复，百皋公司于2013年10月28日成立，投资人及唯一股东为达雅高公司。2014年6月23日，然泰公司与达雅高公司签订《协议》，规定运营过程中百皋公司独立临床实验室成功实现下述两个条件及目标，应立即给予然泰公司百皋公司的22%的普通股：一、完成许可：由适当的政府部门向百皋公司颁发必要的许可证以便使百皋公司作为私有企业独立运作临床诊断中心。二、年营业额：百皋公司的独立临床实验室第一年营业额应不少于人民币500万元人民币，第二年不少于1500万元人民币，自2014年10月1日开展业务算起。如果未能在2016年9月30日前达到总的营业收入指标，然泰公司同意放弃持有的与22%普通股相关的权利……达雅高要按照中国及香港的法律法规转让百皋公司独立临床实验室22%的普通股，该法律法规与《内地与香港关于建立更紧密经贸关系的安排》下外商独资企业的身份有关。上述两个条件都满足的情况下，如果股权转让导致不能遵守法律法规，双方应共同协商寻求替代办法转让22%的股权或让然泰公司享有相当于持有百皋公司独立临床实验室22%股权的经济利益。2014年7月31日百皋公司取得《医疗机构执业许可证》，广州市卫生和计划生育委员会于2015年8月24日对百皋公司进行检查，检查结果为合格。

2015年12月2日，广东省临床检验中心向百皋公司出具《临床基因扩增检验实验室技术验收通知》，通知百皋公司该中心已委派专家到百皋公司去验收。2016年1月19日，百皋公司获得广东省临床检验中心出具的《临床基因扩增检验实验室验收合格证书》。

【案件焦点】

1. 然泰公司和达雅高公司合作关系及事实；2. 百皋公司的性质；3. 然泰公司的诉求是否应予以支持。

【法院裁判要旨】

广东省广州市海珠区人民法院经审理认为，然泰公司和达雅高公司签订的协议的主要内容是双方合作运营百皋公司及分别占有百皋公司股权的比例等。从百皋公司的成立即运营初期情况可以认定然泰公司与达雅高公司合作运营百皋公司，根据《中华人民共和国外资企业法》第十条规定及第十二届全国人民代表大会常务委员会《中华人民共和国外资企业法》修改的规定，国家规定的准入特别管理措施由国务院发布或者批准发布。百皋公司从事的产业项目是医疗机构，该项目属于《外商投资产业指导目录（2015 年修订）》中“限制外资投资产业目录”第十二项第三十四款的“医疗机构（限于合资、合作）”。我国香港特别行政区政府工业贸易署根据《内地与香港关于建立更紧密经贸关系的安排》向达雅高公司签发了《香港服务提供者证明书》，此后达雅高公司持有《香港服务提供者证明书》向内地相关政府部门报批，经广东省卫生厅、广州市人民政府等政府部门审批后在工商部门核准注册成立了百皋公司，此后百皋公司取得《医疗机构执业许可证》。《中华人民共和国公司法》第六条规定的须依法律、法规规定办理批准手续才能成立的公司，其股权如果要发生变更也须依法律、法规规定办理批准手续，且不能违反《内地与香港关于建立更紧密经贸关系的安排》的规定。然泰公司是外资企业，并未取得《香港服务提供者证明书》，也未取得我国内地相关政府部门批准可以成为与港资公司一起共同投资内地医疗机构投资人的批准文件。因此，然泰公司不具备成为香港特别行政区企业投资内地医疗机构的投资主体资格。

广东省广州市海珠区人民法院依照《中华人民共和国公司法》第六条，《中华人民共和国涉外民事关系法律适用法》第十四条，《中华人民共和国外资企业法》第十条，《中华人民共和国民事诉讼法》第一百一十九条之规定，判决如下：

驳回原告然泰公司的全部诉讼请求。

广东省广州市中级人民法院同意一审法院裁判意见，判决：

驳回上诉，维持原判。

【法官后语】

《中华人民共和国外资企业法》规定，外国的企业和其他经济组织或者个人可以在我国境内举办外资企业，外资企业的设立由国务院对外经济贸易主管部门或者国务院授权的机关审查批准。国务院出于国家安全及维护主权等方面的考虑，在2015年（已失效）及2017年分别印发的《自由贸易实验区外商投资准入特别管理措施》中，对外商投资准入列出了行业负面清单，详细明确了我国鼓励、限制、禁止外商投资准入的行业类别。本案的“医疗机构”行业则归于清单内的“限制”类别，属于“限于合资、合作”，即外国公司、企业和其他经济组织或个人在中国境内必须同中国的企业或者其他经济组织共同投资或合作。《内地与香港关于建立更紧密经贸关系的安排》服务贸易协议的签订突破了上述特别管理措施对外资企业的部分限制，香港企业取得《香港服务提供者证明书》后，经过内地相关政府部门的审批可注册设立独资企业。达雅高公司作为香港法人，正是根据该服务贸易协议经广东省卫生厅、广州市人民政府等政府部门审批后在工商部门核准注册成立了独资企业百皋公司，并取得《医疗机构执业许可证》。

然泰公司作为“投资人”，因受限于我国外资企业法及国务院的相关规定而无权参与百皋公司的注册登记，故回避了在百皋公司设立时即以股东身份参与运营，选择在百皋公司成立之后通过股权转让的方式取得自己的权益。从立法角度来看，国务院设置对限制性行业特别管理措施是为了提高对外资企业的监管水平和风险防控，而公司法赋予股东会决定公司的经营方针和投资计划等重要的职权，若外资企业通过变更股东的形式能成为限制性行业的股东，则国务院对限制性行业的特别管理措施形同虚设。《中华人民共和国外资企业法实施细则》规定，企业投资者股权变更必须符合中国法律、法规对投资者资格的规定和产业政策要求。本案百皋公司属于限制设立外资企业的行业，应按照国家指导外商投资方向的规定及外商投资产业指导目录执行，通过政府部门的审批方可进行股权变更。然泰公司正因为未能提供其通过政府部门审批获得成为百皋公司股东的资格故而败诉。

诚然，本案中达雅高公司和百皋公司并无否认然泰公司在设立百皋公司中所付出的努力，只是然泰公司悖于我国的法律、法规的规定而不能成为股东。其实然泰公司的付出除了以股东的身份获得回报，还可以通过在私法领域以对价的形式寻求价值受偿。

编写人：广东省广州市海珠区人民法院　戴肖锋　廖洁玲

73

中外合资企业董事长产生需经董事会决议

——泛金管理有限公司诉盈之美（北京）食品饮料有限公司与公司有关的纠纷案

【案件基本信息】

1. 裁判书字号

北京市第三中级人民法院（2017）京03民终第9549号民事判决书

2. 案由：与公司有关的纠纷

3. 当事人

原告：泛金管理有限公司（以下简称泛金公司）

被告：盈之美（北京）食品饮料有限公司（以下简称盈之美公司）

第三人：北京汇源佳必爽商贸有限责任公司（以下简称汇源佳必爽公司）、张某秋

【基本案情】

2004年9月8日，汇源佳必爽公司作为甲方与泛金公司作为乙方签订《中外合资经营企业合同》。2004年10月6日，双方签订《中外合资经营企业章程》。上述合同及章程中约定：董事会由三名董事组成，其中甲方委派一名，乙方委派二名。董事长一名，由乙方指定。董事、董事长每届任期四年，经委派方委派可以连任。

2007年9月30日，汇源佳必爽公司（甲方）与泛金公司（乙方）签订《合资合同及章程修改协议》。汇源佳必爽公司与泛金公司在修改后的合同及章程中约定：董事会由五名董事组成，其中甲方委派三名，乙方委派二名。董事长一名，由乙方推荐。董事、董事长每届任期三年，接受董事会考核，考核合格的，经委派方、推荐方继续委派、推荐可以连任。

2007年10月10日，泛金公司出具《任免书》，载明：兹任命纪某担任盈之美

公司董事职务，免去原盈之美公司法定代表人及董事长职务。兹任命张某秋担任盈之美公司法定代表人及董事长职务。同日，盈之美公司通过董事会决议，同意免去纪某法定代表人及董事长职务，由张某秋担任盈之美公司法定代表人及董事长职务。各方认可汇源佳必爽公司委派董事为张某秋、刘某英、郑某相，泛金公司委派董事为纪某、张碧茹。

2015年6月28日，泛金公司出具《委派书》，载明：按照盈之美公司章程之规定，兹委派纪某为盈之美公司法定代表人，同时撤销对张某秋作为该公司法定代表人的委派。泛金公司称曾要求召开董事会、股东会，但因汇源佳必爽公司不配合，未召开。另外，盈之美公司另案起诉泛金公司，要求解除泛金公司作为盈之美公司的股东资格。

泛金公司起诉要求确认：1. 原告于2015年6月28日作出的《委派书》合法有效；2. 判令被告依照《委派书》的规定向国家主管部门报请审批，并根据审批结果及时办理法定代表人变更登记手续。

【案件焦点】

1. 本案是否应中止审理，等待盈之美起诉解除泛金公司股东资格案件结果；2. 泛金公司是否享有直接决定盈之美公司董事长人选的权利。

【法院裁判要旨】

北京市顺义区人民法院经审理认为：在中华人民共和国境内履行的中外合资经营企业合同、中外合作经营企业合同、中外合作勘探开发自然资源合同，适用中华人民共和国法律。本案的准据法为中华人民共和国法律。本案必须以另一案的审理结果为依据，而另一案尚未审结的，需要中止审理。但本案中，泛金公司是否具有股东资格并非本案审理必须依据的内容。推荐董事长或法定代表人是股东才具有的权利，如泛金公司不具有股东资格，该推荐自然不发生确定纪某为法定代表人的效力。

如果泛金公司具有股东资格。《中华人民共和国中外合资经营企业法》第六条规定，“合营企业设董事会，其人数组成由合营各方协商，在合同、章程中确定，并由合营各方委派和撤换。董事长和副董事长由合营各方协商确定或由董事会选举产生”。本案中，修改前的合营合同及章程约定董事长由泛金公司“指定”，该约定视为汇源佳必爽公司放弃相关权利，泛金公司可以直接指定董事长，但修改后的合营合同及章程约定董事长由泛金公司“推荐”，推荐字面含义为“介绍好的人或事物希望被任用或接受”，且合营合同及章程专门对此进行修改，应理解为“推荐”不同于之前的“指定”，否则没有修改的必要，泛金公司对此解释为笔误，本院不予采信，故修改后的合营合同及章程中“推荐”表示泛金公司介绍董事长人选，但不产生直接任免的效果。张某秋任命为董事长在合同和章程修改之后，其任命先由泛金公司推荐，而后经过了董事会决议，泛金公司的推荐并非张某秋成为董事长的唯一条件，但通过董事会决议是张某秋成为董事长的必要条件。本案中《委派书》是泛金公司的真实意思表示，不违反法律强制性规定，但泛金公司没有直接指定法定代表人的权利，且泛金公司既未提交任命纪某为董事长或法定代表人的决议，亦未提交双方协商确认纪某为董事长或法定代表人的证据，故泛金公司的“委派”并不产生确定纪某为法定代表人的效力。

北京市顺义区人民法院依照《中华人民共和国合同法》第一百二十六条，《中华人民共和国中外合资经营企业法》第六条，《中华人民共和国中外合资经营企业法实施条例》第三十条，《最高人民法院关于适用〈中华人民共和国民事诉讼法〉的解释》第九十条之规定，作出如下判决：

驳回原告泛金公司的全部诉讼请求。

泛金公司不服判决，提起上诉。北京市第三中级人民法院同意一审法院的判决理由，修改后的合营合同及章程中“推荐”表示泛金公司有权介绍董事长人选，但不产生直接任免的效果，因泛金公司没有直接指定法定代表人的权利，泛金公司的“委派”并不产生确定纪某为法定代表人的效力。在此基础上，一审法院对于泛金公司的各项诉讼请求均不予支持是正确的，应当予以维持。

北京市第三中级人民法院依照《中华人民共和国民事诉讼法》第一百七十条第一款第（一）项规定，作出如下判决：

驳回上诉，维持原判。

【法官后语】

本案审理过程中分别于2016年6月21日、2016年7月27日、2016年9月9日三次开庭审理本案。庭审结束后，2016年9月29日，盈之美公司另案提起公司决议效力确认纠纷，要求确认盈之美公司于2016年4月10日作出的《盈之美公司董事会决议》有效，确认解除泛金公司作为盈之美公司股东的资格。由此，盈之美公司提出本案应中止审理。是否应中止审理本案是合议庭首先需要考虑的问题。合议庭最终意见认为，本案必须以另一案的审理结果为依据，而另一案尚未审结的，需要中止审理，但本案中，庭审流程已经结束，庭审查明的事实显示无论泛金公司是否具有股东资格均不影响本案结果，本案并非“必须”以另案审理结果为依据，故本案未中止审理而是径行出具判决书。

实践中，为实现自身的诉讼目的，当事人可能会通过“迂回”手段，启动另案而意图中止本案审理。很多案件确实必须中止审理等待另案结果。但需要注意的是，并非所有案件均需中止审理，“贸然”中止审理不仅拖累诉讼进程，而且影响当事人权利的及时确认或实现。是否中止审理的裁量权在法官，且当事人不享有上诉的权利，故对于“中止”的适用应保持谨慎态度。

本案的实体问题主要涉及中外合资经营企业的相关法律适用问题。中外合资经营企业不同于一般有限责任公司，在审理该类案件时必须要捋顺中外合资经营企业的治理结构和法律规定的立法目的。《中华人民共和国中外合资经营企业法》及其实施条例的立法目的更加强调合资各方的协商合作，所以董事长的产生并非完全依据资本多数决，法律赋予合营各方更多的自由，合营各方可以协商确定董事长的产生。基于中外合资经营企业以上治理结构，合营各方如出现分歧可能会产生如本案一样的问题，一方具有推荐董事长的权利，但其推荐董事长后对该董事长失控，又因种种原因无法召开董事会，或即使召开董事会也可能因董事成员数量少而无法变更董事长为己方推荐人员，由此导致其无法掌握公司控制权，公司运营也处于失调甚至僵局状态。本案的导火索其实是该中外合资经营企业所占场地因拆迁分得巨额拆迁款，各方对拆迁款的分配无法达成一致意见。

鉴于此，中外合资经营企业各方在制定公司章程、合同时，要特别注意在极端情况下对于己方权利的保护。合资企业的固有特性和合资各方的分歧可能会导致公司僵局的情形。如出现公司僵局，可及时启动公司解散程序，避免各方出现类似本案的争议和诉讼。

编写人：北京市顺义区人民法院　张翔鹏

图书在版编目（CIP）数据

中国法院2019年度案例．公司纠纷/国家法官学院案例开发研究中心编．—北京：中国法制出版社，2019.4

ISBN 978-7-5216-0088-9

Ⅰ.①中… Ⅱ.①国… Ⅲ.①公司-经济纠纷-案例-汇编-中国 Ⅳ.①D920.5

中国版本图书馆CIP数据核字（2019）第050375号

策划编辑：李小草（lixiaocao2008@sina.cn）

责任编辑：韩璐玮（hanluwei666@163.com）　　封面设计：温培英、李宁

中国法院2019年度案例·公司纠纷

ZHONGGUO FAYUAN 2019 NIANDU ANLI · GONGSI JIUFEN

编者/国家法官学院案例开发研究中心

经销/新华书店

印刷/三河市紫恒印装有限公司

开本/730毫米×1030毫米　16开　　印张/17　字数/219千

版次/2019年4月第1版　　2019年4月第1次印刷

中国法制出版社出版

书号 ISBN 978-7-5216-0088-9　　定价：53.00元

北京西单横二条2号

邮政编码 100031　　传真：010-66031119

网址：http：//www.zgfzs.com　　**编辑部电话：010-66070084**

市场营销部电话：010-66033393　　**邮购部电话：010-66033288**

（如有印装质量问题，请与本社印务部联系调换。电话：010-66032926）

中国法院2012～2019年度案例系列

国家法官学院案例开发研究中心　编

简便易用、权威实用——打造“好读有用”的案例

1. 权威的作者：国家法官学院案例开发研究中心持续20余年编辑了享誉海内外的《中国审判案例要览》丛书，2012年起推出《中国法院年度案例》丛书，旨在探索编辑案例的新方法、新模式，以弥补当前各种案例书的不足。

2. 强大的规模：2012、2013年各推出15本，2014年推出18本，2015年推出19本，2016年推出20本，2017年推出21本，2018、2019年推出23本，含传统和新近的所有热点纠纷，所有案例均是从全国各地法院收集到的上一年度审结的近万件典型案例中挑选出来的，具有广泛的选编基础和较强的代表性。

3. 独特的内容：不再有繁杂的案情，高度提炼案情和裁判要旨，突出争议焦点问题。不再有冗长的分析，主审法官撰写“法官后语”，展现裁判思路方法。

1. 婚姻家庭与继承纠纷
2. 物权纠纷
3. 土地纠纷（含林地纠纷）
4. 房屋买卖合同纠纷
5. 合同纠纷
6. 买卖合同纠纷
7. 借款担保纠纷
8. 民间借贷纠纷
9. 侵权赔偿纠纷
10. 道路交通纠纷
11. 雇员受害赔偿纠纷（含帮工受害纠纷）
12. 人格权纠纷（含生命、健康、身体、姓名、肖像、名誉权纠纷）
13. 劳动纠纷（含社会保险纠纷）
14. 公司纠纷
15. 保险纠纷
16. 金融纠纷
17. 知识产权纠纷
18. 行政纠纷
19. 刑事案例一
20. 刑事案例二
21. 刑事案例三
22. 刑事案例四
23. 执行案例